裁判実務のデジタル化に対応！

証拠収集 第4版
実務マニュアル

東京弁護士会法友全期会 民事訴訟実務研究会 ［編集］

ぎょうせい

発刊にあたって

　法友全期会は東京弁護士会の政策団体である法友会の会員のうち、弁護士登録15年以内の若手会員（約1,400名）で構成される団体です。日々、若手弁護士の視点から今後の司法の在り方に対する提言を行い、また弁護士業務の改革等についても積極的な取り組みを続けております。

　法友全期会では、業務委員会を中心に、若手会員が多種多様な案件に応えられるように各研修を実施するとともに、自己研鑽の研究発表を兼ねた分担執筆による出版活動を続けております。それらの成果の一部ではありますが、これまでに遺産分割実務、刑事弁護や離婚・離縁実務など幅広い分野を対象とした書籍の出版を行っており、近時では、令和5年2月に『新破産実務マニュアル（全訂版）』、令和6年2月に『交通事故実務マニュアル（三訂版）』などを発刊し多くの実務家の好評を得てきました。

　本書は、法友全期会20周年にあたる平成11年10月に発刊した『証拠収集実務マニュアル』を改訂したものになります。本書は、裁判実務における証拠の収集にあたっては、何も手がかりがない状態から一歩踏み出すための実務家向けの書籍として誕生し、多くの実務家から好評を得てきました。この度、度重なる法改正や制度変更にも対応した内容とすべく、第4版を発刊することとなりました。そして、日々自己研鑽を重ねてきた新進気鋭の若手会員が執筆者として加わり、各種法改正や、制度変更等の情報を新たに盛り込むことはもちろん、新しい視点からの証拠開示のポイントを追記するなどより充実した内容になりました。

　そして、本年度業務委員会の委員長である佐藤新弁護士や委員会の執筆担当である宮城海斗弁護士、吉田正樹弁護士を中心に、業務で多忙のなか執筆を担当した会員及び編集担当の会員の尽力によって、本書を世の中に送り出すことができました。本書の発刊に携わってくれた全てのメンバーに心より感謝申し上げる次第です。多くの実務家の方々が証拠収集の壁にぶつかったときに本書が解決へと導いてくれる存在になることを願ってやみません。

最後に、本書改訂作業にあたり、ご指導ご鞭撻をいただいた株式会社ぎょうせいのご担当者には改めて御礼を申し上げます。

　令和7年1月
　　　東京弁護士会法友全期会　令和6年度代表幹事　　森　　　大輔

はしがき

　本書の初版は、平成11年10月に刊行された。初版刊行の約１年前には、民事訴訟法が抜本的に改正され、民事訴訟を国民に利用しやすくわかりやすいものにするとともに、迅速かつ充実した審理の実現が図られた。訴訟における証拠の提出についても、随時提出主義から適時提出主義に改められるなど、民事訴訟の当事者代理人である弁護士にとっては、必要となる証拠を迅速に収集する必要性が増している状況であった。

　本書初版は、このような状況に即した実務書の必要性に照らし企画・刊行されたものである。そして、初版発刊から10年を経過する間に、諸法令の改正等や判例変更がなされ、また、インターネット技術の発達等に伴う新たな証拠方法が出現するに至り、平成21年９月発刊の改訂版において、内容の充実が図られたものである。

　その後、SNSの普及や、インターネットを通じた情報収集手段の発達、科学技術の発展に伴い、本書の内容のさらなるアップデートの必要が生じたため、第３版の刊行が企画、実施された。

　時代は令和になり、さらなるSNSの普及により誹謗中傷が増えたことから、発信者情報開示請求が多用されることとなり、また、国際ロマンス詐欺及び投資詐欺といった特殊詐欺事件が増え、詐欺被害者の救済のための弁護士活動の必要性が増したため、今般の第４版の刊行に至った。

　本書の基本的構成は、初版、改訂版及び第３版と同様に基本編と実践編の２編構成を維持している。

　基本編では、各訴訟事件において共通して必要となる証拠についてその意義と入手方法を解説するとともに、近時の証拠収集手段についての説明を見直し、発信者情報開示制度や特殊詐欺被害の救済方法についても解説を加え、章の構成等も改めた。

　また、実践編では、訴訟類型毎に必要と考えられる証拠を掲げ、その入手方法及び近時の法改正等の情報を踏まえた内容を解説している。

本書が、初版、改訂版及び第3版に引き続き、法曹関係者のみならず裁判実務に関わる方々の実務処理にあたってのツールとして、また、法曹を志す学生の方々にも裁判実務に対する理解の一助となることを祈念する次第である。

　本書の執筆にあたっては、第3版発刊後の法制度等の変遷には極力留意したつもりではあるが、不十分な点もあろうかと思われる。初版、改訂版及び第3版と同様、みなさまの忌憚なきご批判をいただければ幸いである。

　最後に、多忙のなか執筆をご担当いただいた会員のみなさまに深く感謝するとともに、改訂作業にあたり多大なご協力・ご指導をいただいた株式会社ぎょうせいのご担当者のみなさまに深く御礼申し上げる次第である。

　令和7年1月

監修者一同

監修者・執筆者一覧

監修者（五十音順）

荒木耕太郎	鐙　由暢	飯塚　弘樹	池田　大介	池田　大介
稲元　祥子	井上壮太郎	大野　千鶴	佐藤　新	野澤賢太郎
古郡　賢大	宮城　海斗	森　大輔	山縣　史也	吉直　達法
吉田　正樹				

執筆者（五十音順）

青木　和久	鐙　由暢	新井　翼	飯嶋　太郎	井上壮太郎
伊伏　康典	梅津　恵里	大澤隆太郎	小熊　弘之	尾関　瑛子
金川　素大	菊地　漠	北島　東吾	久保　俊之	髙　佑学
小林　英憲	佐藤　新	佐藤　孝丞	須藤　泰宏	照井　国興
西野　正昭	野澤賢太郎	萩生田　彩	林　美桜	原澤　恭平
福士　貴紀	船木　久義	本多　基記	桝本　英晃	松島健太郎
牟田　武史	森　詩絵里	柳井　聡	柳川夢太郎	山里　翔
吉田　正樹	吉直　達法	若井　恵太	我妻　大輔	渡邊　雄太

※監修者一覧の池田大介弁護士は2名おり、それぞれが監修しています。

凡　例

1　法令名略語

本文中の法令名は、特に言及のない限り原則として正式名称で記したが、（　）内は次に掲げる略語を用いた。

意匠	意匠法		る法律
意匠規	意匠法施行規則	自賠	自動車損害賠償保障法
会更	会社更生法	借地借家	借地借家法
会社	会社法	宗法	宗教法人法
会社規	会社法施行規則	商登	商業登記法
家事	家事事件手続法	商登規	商業登記規則
家事規	家事事件手続規則	少審規	少年審判規則
割賦	割賦販売法	少年	少年法
行審	行政不服審査法	商標	商標法
行訴	行政事件訴訟法	食品	食品衛生法
行手	行政手続法	政資	政治資金規正法
金商	金融商品取引法	地税	地方税法
区分所有	建物の区分所有等に関	道交	道路交通法
	する法律	道交規	道路交通法施行規則
計算規	会社計算規則	特定商取引	特定商取引に関する法律
刑訴	刑事訴訟法	特許	特許法
刑訴記録	刑事確定訴訟記録法	独禁	私的独占の禁止及び公
建基	建築基準法		正取引の確保に関する
戸	戸籍法		法律
戸規	戸籍法施行規則	入管	出入国管理及び難民認
公証	公証人法		定法
公証規	公証人法施行規則	破	破産法
国税通則	国税通則法	破規	破産規則
個人情報保護	個人情報の保護に関す	風営	風俗営業等の規制及び

	業務の適正化等に関す	民訴	民事訴訟法
	る法律	民訴規	民事訴訟規則
不正競争	不正競争防止法	民訴費	民事訴訟費用等に関す
不登	不動産登記法		る法律
不登規	不動産登記法施行規則	民調	民事調停法
不登令	不動産登記法施行令	民保	民事保全法
弁護	弁護士法	民保規	民事保全規則
民	民法	郵便	郵便法
民再	民事再生法	労基	労働基準法
民執	民事執行法	労契	労働契約法
民執規	民事執行規則	労審	労働審判法
民施	民法施行法	労審規	労働審判規則

2 裁判例

　裁判例を示す場合、「判決」→「判」、「決定」→「決」、「審判」→「審」
と略した。また、裁判所の表示及び裁判例の出典（代表的なもの一つに限っ
た）については、次に掲げる略語を用いた。

　　ア　裁判所名略語

大	大審院
最大	最高裁判所大法廷
最○小	最高裁判所第○小法廷
○○高	○○高等裁判所
○○地	○○地方裁判所
○○家	○○家庭裁判所
○○支	○○支部

　　イ　判例集・雑誌等出典略語

民録	大審院民事判決録	裁判集民	最高裁判所裁判集民事編
民集	大審院民事判例集	高民(刑)集	高等裁判所民事(刑事)
	最高裁判所民事判例集		判例集
刑集	最高裁判所刑事判例集	下民集	下級裁判所民事裁判例集

家月	家庭裁判月報	金判	金融・商事判例
訟月	訟務月報	労判	労働判例
東高民事報	東京高等裁判所判決時報（民事）	自正	自由と正義
		法時	法律時報
労民集	労働関係民事裁判例集	ジュリ	ジュリスト
最高裁HP	最高裁判所ホームページ裁判例集	登研	登記研究
		判時	判例時報
判例秘書	判例秘書INTERNET	判タ	判例タイムズ
ウエストロー	ウエストロー・ジャパン		

目　次

発刊にあたって／はしがき／監修者・執筆者一覧／凡例

基 本 編

第1章　登記事項の調査…………………………………………… 3

1　不動産登記　3

2　商業・法人登記　5

3　車両・船舶の登録事項　8

4　戸籍・住民登録　11

5　印鑑証明　16

6　外国人住民　18

第2章　不動産価格等の調査……………………………………… 22

1　時　価　22

第3章　公証制度（公正証書等）・内容証明郵便等 …………… 28

1　公証制度（公正証書等）　28

2　内容証明・配達証明　32

第4章　法令、判例等の調査……………………………………… 36

1　日本の法令・判例等　36

2　外国法令　38

第5章　裁判記録等の調査………………………………………… 42

1　民事裁判記録　42

2　家事審判事件の記録　44

3　家事調停事件の記録　46

4　刑事裁判記録　49

5　刑事不起訴事件記録　50

6　少年事件記録　54

第6章　鑑　定……………………………………………………… 56

1　筆　跡　56

i

目次

　　2　印　影　58

　　3　DNA　59

第7章　渉外関係……………………………………………………66

　　1　はじめに　66

　　2　外国における身分関係の登録・公証制度　66

　　3　署名の認証　68

第8章　インターネット・SNS関係 ………………………………72

　　1　サイト調査等　72

　　2　誹謗中傷等の投稿者の特定　75

　　3　仮処分手続　77

　　4　IPアドレス等開示後の措置　80

　　5　発信者情報開示命令　84

第9章　SNSを利用した詐欺被害対策 ……………………………88

　　1　はじめに　88

　　2　振込先口座からの追跡　88

　　3　SNSアカウントからの追跡　89

第10章　デジタル証拠 ………………………………………………90

　　1　はじめに　90

　　2　写真・音声・録画データ　90

　　3　パソコン・スマートフォン等端末内部の情報　93

　　4　ウェブサイトやSNS等インターネット上の情報　95

第11章　訴え提起前の証拠収集 ……………………………………99

　　1　訴え提起前の証拠収集手続　99

　　2　弁護士会照会制度　99

　　3　情報公開制度　102

　　4　証拠保全　105

　　5　訴えの提起前における証拠収集の処分等　108

第12章　訴え提起後の証拠収集 ……………………………………111

　　1　はじめに　111

目次

2　当事者照会（民訴163条）　111

3　調査嘱託（民訴186条）　112

4　文書送付嘱託（民訴226条）　113

5　文書提出命令　114

実　践　編

第1章　不動産関係‥‥‥‥‥‥‥‥‥‥‥‥‥‥‥‥‥‥‥‥‥‥　123

1　土地・建物の明渡請求訴訟　123

2　マンション・区分所有権関係訴訟　128

3　借地借家訴訟・非訟　131

4　登記関係訴訟　137

5　日照・通風・騒音訴訟　143

6　境界確定訴訟　149

7　私道関係訴訟　153

8　建築関係訴訟　157

第2章　損害賠償関係‥‥‥‥‥‥‥‥‥‥‥‥‥‥‥‥‥‥‥‥‥　161

1　交通事故　161

2　医療過誤　166

3　名誉毀損　171

4　スポーツ事故　175

5　製造物責任　177

第3章　消費者問題関係‥‥‥‥‥‥‥‥‥‥‥‥‥‥‥‥‥‥‥‥　181

1　割賦販売・訪問販売　181

2　先物取引・証券取引　183

3　宗教団体に関する紛争　187

4　クレサラ関係　192

第4章　破産・倒産関係‥‥‥‥‥‥‥‥‥‥‥‥‥‥‥‥‥‥‥‥　195

1　企業倒産　195

目次

第5章　その他民事関係 ……………………………………………… 199

1　詐害行為取消関係訴訟　199

2　実践編　201

第6章　労働関係 …………………………………………………… 204

1　労働関係訴訟　204

2　労働災害・公務災害　208

3　労働審判手続　214

第7章　商事関係 …………………………………………………… 217

1　株主総会関係訴訟　217

2　株主代表訴訟　219

3　手形・小切手訴訟　223

4　保険金請求訴訟　226

第8章　知的財産権関係 ……………………………………………… 230

1　特許権侵害訴訟　230

2　商標権侵害訴訟　238

3　意匠権侵害訴訟　251

4　不正競争防止法関係訴訟　256

第9章　公法関係 …………………………………………………… 269

1　新しい行政不服審査制度と証拠収集　269

2　独占禁止法　271

3　課税処分取消訴訟　276

4　退去強制令書発付処分等取消訴訟　280

第10章　親族関係 …………………………………………………… 284

1　離婚事件　284

2　財産分与・慰謝料請求、年金分割　288

3　親権者・監護者の指定、養育費・婚姻費用分担請求　293

4　婚姻・離婚無効確認訴訟　297

5　養子縁組無効確認訴訟　300

iv

第11章 相続関係 ……………………………………… 303

1 相続財産の調査 303

2 遺言書に関する問題 306

3 相続放棄・限定承認の有無の調査 310

第12章 民事保全・民事執行関係 ……………………… 313

1 仮差押え・仮処分 313

2 民事介入暴力事件に関わる保全処分 317

3 民事執行申立手続 321

4 民事執行法上の保全処分 324

5 現況調査報告書 327

6 競売物件の情報収集 329

7 財産開示手続 331

8 第三者からの情報取得手続 336

事項別索引 342

裁判例年月日別索引 349

基本編

第1章　登記事項の調査

1　不動産登記

(1)　不動産登記の制度

ア　はじめに

　土地や建物の現在及び過去の所有者は誰か、どのような原因（相続・売買・贈与等）で所有権が移転したのか、抵当権などが設定されているのか、差し押さえられているかなどを知るためには不動産登記の内容を調べる必要がある。

　何人も登記事項証明書・登記簿謄抄本の交付を請求することができ、法務局のホームページ（https://houmukyoku.moj.go.jp/homu/static/fudousantouki.html）で詳しい情報を得ることができる。

イ　登記事項証明書・登記簿謄抄本等の取寄せ方法

　不動産所在地の住居表示では不動産が特定できないので、地番又は家屋番号で特定して申請する必要がある。地番や家屋番号がわからないときは、登記済証（いわゆる権利証）や登記識別情報、固定資産税課税証明書や納税通知書の記載により確認することができる。あるいは、登記所（法務局）に備え付けられた地図、市区町村役場への問合せ、住居表示地番対照住宅地図（ブルーマップ）などにより確認することも可能である。

　登記事項証明書・登記簿謄写本等の申請には、以下の四つの方法がある。

① 　不動産の所在地を管轄する登記所の窓口で申請する方法

　　申請に際しては、手数料を収入印紙で納める必要がある。なお、平成23年に新規発行が中止された登記印紙を、引き続き使用することもできる。

② 　不動産の所在地を管轄する登記所に対し郵送で申請する方法

　　この場合は、返信用の切手と返送先の宛先を記載した封筒を同封する必要がある。

③ 　最寄りの登記所で不動産の所在地を管轄する登記所の登記記録の証明書を申請する方法（登記情報交換サービス）

④ 　オンライン庁として法務大臣の指定を受けた登記所に対し手持ちのパ

ソコンを使いオンラインで申請する方法（登記・供託オンラインシステムの利用）

(2) 登記所（法務局）で取得できるその他の資料

ア 地　図

　不動産登記法14条1項の規定により備え付けられている地図である。公図よりも正確な地図であるが、厳格性が求められるため（不登規10条3項参照）、平成30年4月1日現在、登記所に備え付けられている地図のうち、14条1項の地図の備付率は56.4％にとどまっている（残りの43.6％は公図である）。

　14条1項の地図は、閲覧・謄写ができ、郵送での取寄せも可能である。また、オンライン庁として法務大臣の指定を受けた登記所のうち地図のコンピュータ化が完了した登記所に対してはオンラインによる申請も可能である。

イ 公　図

　14条1項の地図（ア参照）が完備されていないことから、これを補うために備え付けられる図面である（不登14条4項）。明治時代に作成された旧土地台帳附属の地図であるため、14条1項の地図に比べて精度が低いものとなっているが、一定の範囲の土地につき、地番ごとにそれぞれの土地がどのように区分されているかが記載されており、土地の形状や位置関係の概要がわかる。

　閲覧・謄写ができ、郵送での取寄せも可能である。

ウ 地積測量図

　土地の分筆登記などの申請書に添付された図面である。土地の面積・形状等を知ることができ、土地を特定することにも役立つ。閲覧・謄写ができ、郵送での取寄せも可能である。

エ 建物図面、各階平面図

　建物の表示登記の申請書に添付された図面である。建物の面積・形状等を知ることができ、建物を特定することにも役立つ。閲覧のうえコピーをとることができ、郵送での取寄せも可能である。

オ 登記簿の附属書類

　登記申請行為自体の有効性を争う場合等、何人も、登記申請書及びその添

付書類（登記申請委任状等）の閲覧をすることができる。ただし、図面を除き閲覧できる範囲は利害関係のある部分に限られる。委任状等の署名の筆跡・印影、代理人としての司法書士の氏名等を知ることができる。コピーは認められていないので、書き写すか写真機で撮影する必要がある。ただし、図面についてはその写しの交付を請求できる場合がある。登記の申請情報及び添付情報は、表示登記の場合５年、権利登記の場合10年間保存される。

(3) （一財）民事法務協会の登記情報提供サービス

　登記情報を確認するだけでよければ、一般財団法人民事法務協会の運営するサービスに登録して手持ちのパソコンから内容を知ることも可能である（インターネット登記情報提供サービス）。このサービスでは、不動産登記情報（全部事項・所有者事項）、地図情報（14条１項の地図又は公図）、図面情報（土地所在図／地積測量図、地役権図面及び建物図面／各階平面図）が入手できる。

　入手した情報をプリントアウトしても認証文がないので証拠価値は低いが、その場で登記情報を確認できることから利便性は高いといえる。また、同サービスにおいては「地番検索サービス」が開始され、ネット上において地番が検索できるようになっている。

2　商業・法人登記

(1)　商業・法人登記の制度

ア　はじめに

　株式会社の代表者は誰か、本店はどこか、会社の目的は何かなどを知るためには商業登記の内容を調べる必要がある。

　なお、会社以外の法人（社団法人、学校法人、宗教法人など）に関する法人登記に関しても同様の扱いがなされている。

　法務局のホームページ（https://houmukyoku.moj.go.jp/homu/static/shougyou.html）で詳しい情報を得ることができる。

基本編　第1章　登記事項の調査

イ　登記事項証明書・登記簿謄抄本等の取寄せ方法

申請の方法には、以下の四つの方法がある。

① 　会社の本店又は支店を管轄する登記所の窓口で申請する方法

申請に際しては、手数料を収入印紙で納める必要がある。なお、平成23年に新規発行が中止された登記印紙を、引き続き使用することもできる。

② 　会社の本店又は支店を管轄する登記所に対し郵送で申請する方法

この場合は、返信用の切手と返送先の宛先を記載した封筒を同封する必要がある。

③ 　最寄りの登記所で会社の本店又は支店を管轄する登記所の登記記録の証明書を申請する方法（登記情報交換サービス）

④ 　オンライン庁として法務大臣の指定を受けた登記所に対し手持ちのパソコンを使いオンラインで申請する方法（登記・供託オンラインシステムの利用）

(2)　登記所で取得できる登記事項証明書

登記所で取得できる登記事項証明書としては以下の種類がある。

ア　現在事項証明書

①現に効力を有する登記事項、②取締役、代表取締役、重要財産委員、監査役、委員会員、執行役の就任の年月日並びに、③会社の商号及び本店の登記変更に係る事項で現に効力を有するものの直前のものを記載した書面に認証文を付したもの

イ　履歴事項証明書

従前の登記簿謄本に相当するものであり、現在事項証明の記載事項に加えて、当該証明書の交付の請求のあった日の3年前の日の属する年の1月1日から請求の日までの間に抹消された事項などを記載した書面に認証文を付したもの

ウ　閉鎖事項証明書

閉鎖した登記記録に記録されている事項を記載した書面に認証文を付したもの

2 商業・法人登記

エ 代表者事項証明書

従来の資格証明書に代わるものであり、会社代表者の代表権に関する事項で、現に効力を有する事項を記載した書面に認証文を付したもの

オ 閉鎖登記簿の謄抄本

登記所のコンピュータ化に伴い閉鎖された登記簿など、コンピュータで管理されていない登記簿については、従来どおり登記簿の謄本や抄本を請求することができる。

カ 登記簿の附属書類

登記申請行為自体の有効性を争う場合等、利害関係のある者は登記簿の附属書面類（登記申請委任状など）の閲覧をすることができる。委任状等の署名の筆跡・印影、代理人としての司法書士の氏名等を知ることができる。コピーは認められていないので、書き写すか写真機で撮影する必要がある。申請書その他の附属書類は5年間保存される。

キ 債権譲渡の登記制度

債権譲渡登記制度は、法人がする金銭債権の譲渡及び金銭債権を目的とする質権の設定について、簡易に債務者以外の第三者に対する対抗要件を具備することができる制度である。

債権譲渡登記制度においては、債務者のプライバシー保護の観点から、二段階の公示制度が設けられている。登記事項概要証明書からは、登記されている事項のうち債務者名などの個々の債権を特定する事項を除いた事項（譲受人の氏名・住所等、債権の総額、債権譲渡登記の登記番号、登記の年月日等）のみを知ることができる。これは何人も請求できる。これに対し、登記事項証明書からは、個々の債権に関する登記事項の全部を知りうる。しかし、請求権者は、債権譲渡登記等の当事者、譲渡された個々の債権の債務者その他の政令に定められた利害関係を有する者に限定される。

債権譲渡登記、質権設定登記又はその抹消登記がなされた場合は、譲渡人又は質権設定者の本店又は主たる事務所所在地の登記所に対し登記された事項の概要が通知され、譲渡人などの債権譲渡登記概要ファイルに登記の目的、譲渡人の表示などが記載される。何人も、この債権譲渡登記事項概要ファイ

基本編　第1章　登記事項の調査

ルの内容について概要記録事項証明書の交付を請求できる。

ク　動産譲渡の登記制度

　動産譲渡登記制度は、法人がする担保目的譲渡及び真正譲渡について、簡易に民法178条の引渡しがあったものとみなされ、第三者に対する対抗要件を具備することができる制度である。

　動産譲渡登記制度においても、債務者のプライバシー保護の観点から、二段階の公示制度が設けられている。登記事項概要証明書からは、登記されている事項のうち譲渡した動産を特定する事項を除いた事項のみを知ることができる。これは何人も請求できる。これに対し、登記事項証明書からは、譲渡された動産を特定する事項を含む登記事項の全てを知りうる。しかし、請求権者は、動産譲渡登記等の当事者や利害関係人に限定される。

　何人も、譲渡人の本店などの所在地を管轄する登記所に、譲渡された動産を特定する事項や登記原因を除いた事項を記載した動産譲渡登記事項概要ファイルの内容について概要登録事項証明書の交付を請求することができる。

(3)　（一財）民事法務協会の登記情報提供サービス

　不動産登記と同様に、登記情報を確認するだけでよければ、不動産登記情報と同様に、一般財団法人民事法務協会の運営するサービスに登録して手持ちのパソコンから内容を知ることも可能である（インターネット登記情報提供サービス）。

3　車両・船舶の登録事項

(1)　自動車の登録事項等証明書

ア　意　義

　自動車の登録は電子情報処理組織により自動車登録ファイルに入れられるため、自動車登録原簿及びその謄・抄本の作成、交付が不可能である。自動車登録事項等証明書は、原簿公開に代わるものとして作成、交付される。

8

3　車両・船舶の登録事項

イ　自動車登録制度の性格

　自動車登録制度は、自動車の使用の実態等を把握するための「行政登録」としての性格と、自動車の取引安全を確保するための「民事登録」としての性格をあわせもつ。

ウ　取得方法

　登録事項等証明書の請求は、全国どこの運輸支局又は自動車検査登録事務所からでも全登録自動車について行うことができる。また、誰でも請求することができる。請求は、郵送によってもすることができる。

　ただし、従来はナンバープレートに記載されている自動車登録番号さえあれば、誰でも登録事項等証明書を取得できたが、近年、この制度を悪用し、自動車窃盗や恐喝等の犯罪に利用されたりする例が多く見受けられ、また、平成17年4月の個人情報保護法の施行等、個人情報に対する国民の意識が高まったことなどから、平成19年11月より、登録事項等証明書の取得手続が厳格化された。すなわち、登録事項等証明書の交付を受けるためには、交付請求時に、以下の事項が必要となった。

①　自動車登録番号と車台番号（下7桁）の両方を明示

②　請求者の本人確認（運転免許証等の提示）

③　請求理由を具体的に明示

　ただし、上記①について、例外として、私有地における放置車両の所有者・使用者を確認する場合や、裁判手続の書類として必要不可欠な場合など特段の理由がある場合には、自動車登録番号のみで登録事項等証明書の交付が受けられることがあるので、取得前に運輸支局等で確認する必要がある。

エ　登録事項等証明書の種類

　登録事項等証明書は、請求者の必要とする事項の範囲に応じて次の2種類に分けられる。

①　現在証明書

　　自動車登録ファイルのうち現在記録ファイルの記録、すなわち登録自動車の現状に関する記録を記載した書面である。

基本編　第1章　登記事項の調査

②　詳細証明書

現在記録ファイルと保存記録ファイルの記録、すなわち登録自動車が新規登録をされてから現在までの、又は新規登録されてから抹消登録されるまでの自動車登録ファイルの記録を全て記載した書面である。

オ　登録事項等証明書による証明事項

登録事項等証明書によって、自動車登録番号又は車両番号ないし自動車予備検査証番号、登録年月日又は交付年月日、初年度登録年月日、自動車の種別、用途、自家用・事業用の別、車体の形状、車名、型式、乗車定員、最大積載量、車両重量、車両総重量、車台番号、原動機の型式、長さ、幅、高さ、総排気量又は定格出力、燃料の種類、型式指定番号、類別区分番号、所有者の氏名又は名称、所有者の住所、使用者の氏名又は名称（所有者が異なるとき）、使用者の住所、使用の本拠の位置又は自動車の所在する位置、有効期間の満了する日、その他備考が証明される。ただし、必ずしも全てが記載されているわけではない。

カ　軽自動車の場合

軽自動車は、陸運支局の自動車登録ファイルには記録されず、車検を受けることにより、軽自動車検査協会が管理する検査記録ファイルに情報が記録されることになる。軽自動車検査協会に対して、検査記録事項等証明書の交付を請求することができるが、請求者は所有者に限られている。なお、車検に合格した軽自動車には自動車検査証（車検証）が交付されることは自動車と同様なので、車検証の記載によって軽自動車に関する情報を立証することもできる。いずれにしても、同じ自動車であっても軽自動車の場合、問い合わせ先が異なることがあるので注意されたい。

(2)　船舶の登記簿・登録原簿

ア　船舶の公示方法

我が国は、船舶の公示に関し登記及び登録の二元制度を採用しており、船舶登記は私法上の権利関係を公示することを目的として船舶登記簿に登記され、船舶登録は、公法上の関係を公示することを目的として船舶原簿に登録

されるものである。

イ　船舶登記・船舶原簿登録の対象

総トン数20t以上の船舶（ただし、端舟、ろかい舟を除く）である。
※総トン数20t未満の小型船舶については「小型船舶登録原簿」への登録、総トン数1t未満の無動力漁船を除く全ての漁船については「漁船原簿」への登録制度がある。

ウ　取得方法

船舶登記簿については、登記所（法務省設置法15条、18条ないし20条の法務局及び地方法務局並びにその支局及び出張所）に対し、謄抄本あるいは事項証明書の交付を請求する方法により、誰でも請求することができる。

船舶原簿については、全国の地方運輸局、沖縄総合事務局、海事事務所に対し、誰でも謄抄本あるいは事項証明書の交付を請求することができる。
※総トン数20t未満の登録船舶については、日本小型船舶検査機構に請求する。

エ　船舶登記簿・船舶原簿等による証明事項

① 　船舶登記簿

船舶所有者等船舶の表示に関する事項、所有権移転及び抵当権の設定の有無などが証明できる。

② 　船舶原簿等

船舶所有者等船舶の表示に関する事項及び所有権移転などが証明できる。

4　戸籍・住民登録

(1)　戸籍謄本・住民票が必要となる場面

弁護士業務において、戸籍謄本、住民票等が必要になる場面は多い。相続の前提となる相続人の範囲の調査（被相続人の子の範囲を確定するために、通常、被相続人の出生から死亡に至るまでの戸籍、除籍、改製原戸籍を調査する）、改姓・改名がなされた場合の同一人であることの調査など紛争解決の出発点において、訴状等の送達先の調査など訴訟手続若しくは強制執行手続の中で、関係者の戸籍謄本・住民票が必要となる。

基本編　第1章　登記事項の調査

戸籍関係及び住民票関係の資料は、人の身分関係が記載されたものであるから、プライバシー保護の観点からその取得に制限があり、弁護士の守秘義務との関係でもその取扱いは慎重でなければならない。

⑵　戸　籍

ア　意　義

戸籍とは、戸籍法に基づき、各個人の身分関係事項を時間的に、かつ、動的に記録する公文書である。戸籍は、原則として一夫婦とこれと氏を同じくする子ごとに編製されている（戸6条）。

イ　戸籍謄本・抄本

a　戸籍謄本・抄本の意義

戸籍の記載事項の全部を転写したものが戸籍謄本であり、一部を転写したものが戸籍抄本である。戸籍事務の一部がコンピュータ処理されている市区町村では、「磁気ディスクをもつて調製された戸籍又は除かれた戸籍に記載されている事項の全部又は一部を証明した書面」（記録事項証明書、戸120条1項）が発行される。

b　調査可能な事項

戸籍謄本・抄本により、本籍地、筆頭者氏名、各人の氏名、出生、認知、縁組、婚姻、離縁、離婚、失踪、死亡、未成年後見人の存在、両親が離婚した場合の親権者の指定等の身分事項、戸籍に出入りのあった原因・年月日、各人の父母及び父母との続柄、当該戸籍に入籍する前の戸籍の所在、当該戸籍が編製された原因（戸籍改製による場合は改製原戸籍の所在）が調査可能である。

c　取得方法

(i)　請求手続

戸籍謄本・抄本の交付請求は、プライバシー保護の観点から法律上の制限がある。

弁護士による職務上請求の場合には、弁護士会所定の統一用紙（職務上請求書）を使用して行う必要があるが、裁判手続又は裁判外における紛争処理

12

4 戸籍・住民登録

手続の代理の場合や刑事弁護人等として請求する場合には、職務上請求用紙（A用紙）を使用し、破産管財人・成年後見人・遺言執行者等として請求する場合には、本人請求・第三者請求用紙（C用紙）を使用する必要があり、また、利用目的の種別に応じて一定の範囲で利用目的を記載する必要があるので、職務上請求に当たって注意が必要である。

(ii)　請求先

本籍地の市区町村役場の戸籍係に請求する。郵送による請求も可能である。郵送の場合、職務上請求書に切手を貼った返信用封筒を同封して、手数料を定額小為替か現金書留で送金する。

ウ　除籍簿、改製原戸籍

「除かれた戸籍」とは、戸籍に記載されている（在籍している）者の全てが、死亡、婚姻、養子縁組等によりその戸籍から除かれる（全部除籍）か、あるいは本籍を他の市区町村に移したこと（転籍）により、その市区町村が必要としなくなった戸籍であり、除籍簿に綴られる。「改製原戸籍」とは、戦前の家族単位の戸籍を夫婦単位の戸籍に改製する、戸籍を電算化するなど、法律による戸籍の改製が行われた場合の改製前の戸籍である。その謄本の取得により、それらが戸籍簿として使用されていた時の戸籍記載事項を調査することができる。謄本の請求に際しては、戸籍謄本と同様の制限、手続が必要であり、請求先は、除籍、改製原戸籍の所在地の市区町村役場の戸籍係である。

エ　同一の役所で戸籍を遡って請求する場合

同一の市区町村役場の戸籍係で戸籍、除籍、改製原戸籍を遡って取得できそうな場合、例えば「被相続人○○の相続関係調査のため」と必要な範囲を明らかにし、手数料を余分に同封することにより、先方の役所でまとめてとれたものを送ってくれることがある。ただし、法的な根拠があるものではなく、役所の担当者の好意での事実上の扱いにすぎない。

オ　告知書

除籍や改製原戸籍の謄本が戦災等により減失している場合などに、謄本を交付できない事情を明らかにした告知書の発行を市区町村役場に請求することができる。

(3) 住民票

ア 住民基本台帳・住民票

a 意 義

市区町村役場は、住民基本台帳法6条に基づき、個人又は世帯を単位として、氏名、住所、本籍地、生年月日、世帯主との続柄、住民となった年月日等を記載した住民基本台帳を作成・保管している。住民票は、その基本台帳に綴られた個人又は世帯ごとの記録である。

住民基本台帳は住民基本台帳法の定める一定の活動を行うために必要な限度で閲覧することができるが、閲覧に際しては利用目的を明らかにするものとされ、相当と認められる場合でなければならない。

b 調査可能な事項

現在の住所から本籍地、以前の住所を調査する場合、家族（世帯）構成の調査等に用いられる。訴訟、登記手続等で、現住所の証明、住所移転の証明のために要求されることが多い。なお、裁判所は、平成28年1月1日から施行されたいわゆるマイナンバー法の趣旨を踏まえ、訴訟手続等において必要な範囲を超えてマイナンバーを提供しないよう注意を呼び掛けている。住民票の写しには、原則としてマイナンバーは記載されないが、本人の求めに応じてマイナンバーが記載される場合があるため、個人の自己破産の申立ての際等、住民票の写しを裁判所に提出する際には注意する必要がある。

c 取得方法

(i) 請求手続

住民基本台帳制度については、昭和42年の住民基本台帳法制定時から、何人でも住民基本台帳の閲覧を請求できること、住民票の写し及び住民票記載事項証明書並びに戸籍の附票の写しの交付を請求できることとなっていたが、昭和60年の法改正により、不当な目的によることが明らかなとき等には、住民基本台帳の閲覧や住民票の写し等の交付の請求を拒否できるとされた。

弁護士による職務上請求の場合、弁護士会所定の統一用紙（職務上請求書）を使用し、必ずその利用目的を記載することが求められている。

また、裁判手続又は裁判外における紛争処理手続の代理の場合や刑事弁護

4　戸籍・住民登録

人等として請求する場合には、職務上請求用紙（B用紙）を使用し、破産管財人・成年後見人・遺言執行者等として請求する場合には、本人請求・第三者請求用紙（D用紙）を使用する必要があるので注意が必要である。

　住民票の写しを請求する際、本籍、続柄等の記載があるものが必要な場合には、請求書にその旨を記載しておく（記載しない場合には、原則として本籍、続柄の記載が省略されたものが送付されてくる）。

　　　(ii)　請求先

　住所地の市区町村役場の住民票係へ請求する。郵送による請求の場合は、職務上請求書に切手を貼った返信用封筒を同封して、手数料を定額小為替か現金書留で送金する。

　市区町村によっては、役場の支部・出張所が写しの発送事務を処理していることがあるので、急ぐ場合には電話で確認し、直接支部・出張所に請求するほうがよい。

イ　除票・改製原住民票

　除票は、住民票に記載された家族全員の転出・死亡又は職権により住民基本台帳から除かれた住民票であり、改製原住民票は、世帯主の変更、記載事項の増加等により住民票が改製された場合の改製前の住民票である。

　除票・改製原住民票の取得により、住所、家族構成等を過去に遡って調査することができる。ただし、住民基本台帳法の改正前に5年の保存期間が経過し、移転先を届け出ずに住所を移った者について職権で除票とされた場合等には、除票から移転先の住所がわからないことがある。そのため、本籍地が判明している場合には、後述の戸籍の附票を併せ取得するほうがよい。なお、住民基本台帳法の改正により、消除又は改製した日から150年間保存されることとなった（住民基本台帳法施行令34条）。

　写しの請求方法、取得に関する制限は、住民票の写しの請求と同様である。

(4)　戸籍の附票

ア　意　義

　各人の住所が記載されない戸籍と住所（住民票上の住所）とを結びつける

15

基本編　第1章　登記事項の調査

ものとして、住民基本台帳法に基づき作成される戸籍の附票がある。戸籍の附票は、本籍地の市区町村役場に備え付けられている。

イ　調査可能な事項

戸籍の附票には、各人の氏名、住所及び住所を定めた年月日、生年月日並びに性別が記載される（ただし、生年月日及び性別については、令和4年1月11日よりも前に除籍となった者を除く）。戸籍の附票から、住所の変遷を調査できる。前述のように住民票の除票等から住所移転の調査ができない場合であっても、戸籍の附票により調査が可能な場合がある。

令和4年1月11日よりも前においては、戸籍の表示も必ず記載されていたが、住民基本台帳法の一部改正（同日施行）に伴い、戸籍の表示は原則として省略されることとなった。戸籍の表示の記載を希望するには、戸籍の表示が必要である旨及び利用目的を交付請求書に記入する必要がある。

戸籍の附票について、改製又は除票となった場合の保存期間は、従来5年間であったが、住民基本台帳法の一部改正（令和3年6月20日施行）に伴い、150年間に延長された。ただし、令和3年6月19日以前に改正又は除票となったものについては、保存期間は従来どおり5年間である。

ウ　取得方法

住民票と同様の制限のもと、本籍地の市区町村役場に、戸籍の附票の写しの交付を請求できる。弁護士が請求する場合は、弁護士会の統一用紙（住民票の写しの交付請求の場合に準じてB用紙ないしD用紙）を使用する。

【参考文献】

・司法研修所編『7訂　民事弁護における立証活動（増補版）』（司法研修所民事弁護教官室、令和元年）

5　印鑑証明

(1)　印鑑証明の意義

一般に印鑑証明は、使用した印鑑が住民票所在地の市区町村に登録した印

鑑（「実印」といわれる）と同一であることを証明するもので、正確には印鑑登録証明書又は印鑑証明書という。登録する主体により、個人（外国人を含む）と法人とに分かれる。いずれも社会生活の中で必要となる様々な手続や法律行為に用いられ、実質的には法律行為を行う者や会社代表者の同一性の確認、意思の確認がなされるもので、法律上も極めて重要な意味を有する。

(2) 印鑑登録の方法

ア 個人の場合

一般の個人の場合、住民票所在地の市区町村の窓口で登録手続を行う。登録手続については、印鑑登録証明事務処理要領及び各市区町村の条例において定められている。詳細は各窓口で教示している。登録されると印鑑登録証（カード）が給付され、このカードがあれば証明書は誰でもとれることになっている。

イ 外国人の場合

外国人でも印鑑登録申請はでき、同じく住所地の市区町村の窓口で扱っている。ただ、外国人の場合、本人の同一性の証明には後述のとおり、署名証明が広く用いられている。

ウ 法人の場合

法人の印鑑登録は、代表者の印鑑登録をいうが、その登録は法人の住所地を管轄する法務局でなされている。

(3) 印鑑証明書の証明力

ア 民事訴訟法上、印鑑証明書についての明文の規定はないが、実印との同一性を証明するものとして、同法229条の対照手段として実印を押した文書の真否を判断する極めて有力な証拠となる。

イ また、公証人が嘱託に基づき公正証書を作成するに当たっては、官公署の作成した印鑑証明書の提出をもって、嘱託人に人違いがないことの証明とされている（公証28条）。

ウ その他、法務局での登記手続や銀行など金融機関での本人確認手続に

基本編　第1章　登記事項の調査

用いられている。

(4)　印鑑登録申請書などの閲覧謄写

ア　問題の所在

印鑑登録自体本人に無断あるいは本人の無能力状態を利用して不正になされることがあるので、本人の自筆による印鑑登録手続がなされたか否かを確認することが重要になってくる。また、印鑑証明書交付申請書の筆跡により誰が関与しているのかを知ることも重要となる。

イ　印鑑登録申請書などの閲覧謄写について

a　申請者本人が存命であり、意識がしっかりしている場合は直接行政窓口に本人とともに出頭して事情を説明すれば、閲覧は可能である。

b　登録者本人が存命だが、同行が不可能な場合、弁護士法23条の2第2項による照会が考えられるが、現行の行政実例では弁護士への依頼者が印鑑登録に係る本人であることが確認でき、かつ、相当な理由があることが要件とされている。なお、照会に応じてもらえたとしても、閲覧までしか認められていない（市町村自治研究会編集『窓口事務質疑応答集』（ぎょうせい、加除式）1750頁以下）。

c　登録者本人が死亡している場合、死後5年間保存されている印鑑登録原票が問題となるが、相続人、その他の承継人の閲覧謄写については行政実例では認められていない。弁護士法23条の2第2項による照会にも応じていない（東京弁護士会調査室編『活用マニュアルと事例集　弁護士会照会制度（第6版）』（商事法務、令和3年）49頁）。そこで死亡の場合には、裁判所による送付嘱託の手続によらなければならない（裁判所の嘱託の場合は、ａｂの場合も同様に可能であるが、裁判所への手続係属が前提となる）。

6　外国人住民

(1)　外国人登録事項について

日本国民は、その身分関係、居住関係を証明する場合に、戸籍謄・抄本及

び住民票の写しを用いる。外国人の場合、以前は、これらに代わるものとして外国人登録法（平成24年7月9日廃止）に基づく外国人登録原票に記載された事項に関する証明が用いられていた。しかし、同法が廃止され、住民基本台帳法が改正されたことで、外国人住民も、住民基本台帳制度の対象となった。これにより、中長期在留者（在留カード交付対象者／入管19条の3）、特別永住者、一時庇護許可者又は仮滞在許可者、出生による経過滞在者又は国籍喪失による経過滞在者に対して住民票が交付されることとなった。

(2)　在留カード

ア　中長期在留者

　出入国在留管理庁長官は、本邦に在留資格をもって在留する外国人のうち、次に掲げる者以外の者に対し、在留カードを交付する（入管19条の3）。

①　3月以下の在留期間が決定された者

②　短期滞在の在留資格が決定された者

③　外交又は公用の在留資格が決定された者

④　前3号に準ずる者として法務省令で定めるもの

　中長期在留者は、在留カードを受領し、常にこれを携行していなければならず（入管23条2項）、これらに反し又は提示を求められたのに提示を拒んだときは、罰則が科される（入管75条の2第1項・75条の3）。

イ　記載内容

　在留カードには、氏名、生年月日、性別、国籍、住居地（本邦における主たる住居の所在地）、在留資格、在留期間及び在留期間の満了の日、許可の種類及び年月日、在留カードの番号、交付年月日及び有効期間の満了の日、並びに就労制限の有無等、身分関係及び居住関係に関する項目が記載される（入管19条の4第1項各号参照）。

ウ　通称名について

　在留カードに通称名を記載することは、法律上も運用上もなされない。通称名は在留管理に必要な情報ではないためである。もっとも、疎明資料と共に申し出て、住民票に通称名を一つに限り登録することは可能である。その

基本編　第1章　登記事項の調査

ため、通称名の使用を証明するには、住民票の写しや住民基本台帳カードの提示による。なお、特別永住者証明書の取扱いも同様である。

(3) 日弁連統一用紙による職務上請求

ア　職務上請求の利用

居住関係等の証明が必要な外国人については、日弁連の統一用紙による職務上請求によって、交付を求めることができる。外国人登録制度が廃止されているため、平成24年7月9日以降は、「住民票の写し等職務上請求書」を使用して外国人住民の住民票の写しを請求する。

通称名での請求も認められるが、在留資格等の記載を求めるときは、利用目的等を詳細に記載する必要があるため注意を要する。

イ　開示の内容

住民票住所地の市区町村長に対し、住民票の写しの交付を請求する方法による。住民票記載事項は、氏名（通称の記載がある場合は、氏名及び通称）、出生の年月日、男女の別、世帯主である旨（世帯主でない場合は世帯主の氏名及び世帯主との続柄）、住所（及び転居した場合はその住所を定めた年月日）、国籍・地域、外国人住民となった年月日など20項目である。

(4) 旧外国人登録原票の開示請求

外国人登録制度の廃止まで市区町村に保管されていた外国人登録原票は、法務省に送付され、出入国在留管理庁において保管されている。

この外国人登録原票の開示請求は、原則として本人、本人が未成年者又は成年被後見人の場合には、その法定代理人が行うことができる。

また、死亡した外国人に係る外国人登録原票の写しの交付請求は、死亡した外国人の死亡の当時における、同居の親族、配偶者（婚姻の届出をしていないが、事実上婚姻関係と同様の事情にあった者を含む）、直系尊属、直系卑属又は兄弟姉妹、これらの者が未成年者又は成年被後見人の場合には、その法定代理人が行うことができる。

6　外国人住民

【参考文献】

・群馬弁護士会編『立証の実務：証拠収集とその活用の手引（改訂版)』（ぎょう
　せい、平成28年）

基本編　第2章　不動産価格等の調査

第2章　不動産価格等の調査

1　時　価

(1)　不動産や株式の評価額が問題となる場合

ア　訴訟提起・民事保全申立て

訴額は手数料算出の基礎、事物管轄を定める基準となるため、訴訟の目的が固定資産税評価額のある不動産である場合は、訴額を明らかにするため、訴訟の添付書類として裁判所に固定資産評価証明書を提出する。

また、固定資産評価額は不動産を目的物とする民事保全を申し立てる場合の担保額決定基準となるので、申立ての添付資料として固定資産評価証明書を裁判所に提出する。

固定資産評価額のない不動産の場合は、取引価格が明らかな場合は取引価格が基準となるが、そうでないものについては、近隣地又は類似の不動産の価格に準じて算定するため、これらの価格を明らかにする書面を提出する必要がある。

イ　事件の争点となる場合

不動産や株式の価格が事件の争点になっている場合、それを根拠付ける証拠が必要になる。特に、株式については、非上場会社の株式など、相場のない株式の算定が問題となる。

(2)　不動産の時価・評価

地価には、実勢価格、公示価格、路線価、基準地価、固定資産税評価額がある。

ア　実勢価格（時価）

実勢価格とは、実際に不動産売買の契約が成立するときの価格で、時価あるいは取引価格ともいわれる。

東京都の場合、「東京都実勢地価図」（国際地学協会・年刊）が参照される。同書籍には、実勢価格をはじめ、地価公示価格、基準地価格を地図（用途地

域図）上に集約して示されている。巻末の一覧表には、地価公示価格と基準
地価格と路線価格の、最近3か年の推移が収録されている。市街地1万分の
1、周辺地2〜4万分の1の縮尺で東京都全域が網羅されている。

　また、国土交通省の「土地総合情報ライブラリー」（https://www.reinfolib.
mlit.go.jp/）内の「土地総合情報システム」（https://www.reinfolib.mlit.go.jp/
realEstatePrices/）で、2005年第三四半期からの実際の取引情報を検索できる。

イ　公示価格

　地価公示法2条1項に基づき、国土交通省の土地鑑定委員会が、地域の標
準的な地点を選定し、毎年1月1日時点の正常な価格を公表するもので、昭
和45年以降、毎年実施されている。公表は、毎年3月下旬頃で、官報に掲載
されるほか、主要地点は、官報掲載日翌日の各朝刊に掲載される。一般的な
土地取引の目安となるだけでなく、国や自治体の用地取得や国土利用計画法
に基づく土地取引価格の判断基準となる。

　官報で公表されたデータを中心に公示価格、公示の実施状況及び地価の状
況について土地鑑定委員会が説明を加えとりまとめた『地価公示』（国土交
通省土地鑑定委員会編）等の書籍もあるが、国土交通省のホームページから「土
地総合情報ライブラリー」（https://www.mlit.go.jp/totikensangyo/totiken
sangyo_tk5_000069.html）中の「土地総合情報システム」（http://www.land.
mlit.go.jp/webland/）で、常時1970年以降の検索が可能である。

ウ　路線価

　市街地において主要道路に面した1平方メートル当たりの土地の評価額
で、国税庁が毎年1月1日現在を評価時点とし、売買実例や不動産鑑定士ら
の意見も取り入れて最終的な価格を決める。路線価は、相続税及び贈与税の
算定基準とされるが、東京都内の一般的な地域であれば、路線価額を0.8で
割戻した金額が時価に近いといわれている。

　毎年8月に冊子になったものが政府刊行物センター等で発売され、各国税
局や主要税務署で閲覧できる。国税庁のホームページでは、平成22年分以降
の検索が可能である。

　路線価がない地域については、その土地の固定資産税評価額に一定の割合

基本編　第2章　不動産価格等の調査

を乗じて評価する倍率方式によって相続税及び贈与税の財産評価を行う。

　評価倍率表も、政府刊行物センター等で販売しているし、各税務署に問い合わせれば教えてくれる。また、国税庁のホームページで検索可能である。

エ　基準地価

　国土利用計画法施行令9条に基づき、都道府県知事が毎年7月1日時点の基準地の標準価格（基準地価格）を判定するもので、昭和50年以降毎年実施されている。公示価格が都市計画区域内のみを対象とするのに対し、基準地価は都市計画区域外の土地も含む。国が行う地価公示とあわせて一般の土地取引の指標となっている。

　9月下旬に公表され、主要なポイントは、翌日の朝刊にも掲載される。冊子になったものは市販されていないが、市役所等で閲覧できるし、また、国土交通省による「土地総合情報ライブラリ」（https://www.reinfolib.mlit.go.jp/）でも詳しい内容を検索可能である。東京都の場合は、東京都財務局のホームページでも検索可能である（https://www.zaimu.metro.tokyo.lg.jp/kijunchi）。

オ　固定資産税路線価

　市区町村が土地・建物にかかる税金（固定資産税）の課税のために算定するもので、土地の評価方法は、路線価方式で行われ公示価格の7割程度が目安となる。原則として3年に1度、実態に即した見直しである「評価替え」が行われる。この評価替えを行う年度を基準年度というが、直近の基準年度は令和6年度で、多くの地域で価格の上昇があったが、地価下落が認められる地域については、修正率を決定しこれを評価額に適用させている。修正率表は毎年発行されている。一般財団法人資産評価システム研究センター（https://www.chikamap.jp/）のホームページでは、地図上で固定資産税路線価・相続税路線価・公示価格・基準地価を検索することができる。

a　証明書の種類

　固定資産税に関する評価書には、所有者の住所・氏名、物件の表示、用途、面積のほか、①評価額等が記載された「評価証明書」、②評価額のほかに課税標準額・税相当額を記載した「公課証明書」、③登記手続に係る登録免許税の軽減を受けるために必要な「住宅用家屋証明書」、④同一人が所有する、

24

土地及び家屋の所在・用途・面積・評価額等が記載された「固定資産課税台帳（名寄帳）」等がある。

b　請求先

固定資産税は市町村税である（地税342条１項）から、原則、当該不動産が存在する市町村に請求する。ただし、東京23区においては都によって課税されるので、都税事務所に請求する（地税734条１項・737条１項）。

c　縦覧

固定資産課税台帳は、毎年４月１日から４月20日又は当該年度の最初の納期限の日のいずれか遅い日以後の日までの間、これを関係者の縦覧に供さなければならないとされている（地税416条１項）。

判例（最三小判昭和62年７月17日裁判集民151号605頁）は、「関係者」の意義について、「一葉ごとの固定資産課税台帳の固定資産について、同法343条の規定により納税義務者となるべき者又はその代理人等納税義務者本人に準ずる者をいう」と狭く解している。

d　名寄帳

土地及び家屋については、名寄帳が備え付けられ、納税義務者であれば、閲覧することもできる（地税387条）。ただし、判例（最三小判昭和57年１月19日裁判集民135号39頁）は、「固定資産の所有者であっても法律上市町村に対し名寄帳の閲覧を請求する権利を有するものではない」としているので注意が必要である。

カ　昭和44年以前の土地の価格

公示価格の調査は昭和45年からであるが、路線価は、それ以前からあり（昭和47年以前のものは、昭和28年から昭和47年刊行の『相続税財産評価基準書』）、昭和25年刊行の『富裕税財産評価基準書』等のマイクロフィルムが国会図書館にある。

このほか、市街地の宅地価格の推移を示す「市街地価格指数」を利用することもできる。昭和11年９月末の価格を基準（100）とする売買価格の指標を示す旧日本勧業銀行の「市街地価格の推移状況調査」、平成12年３月末のデータを100とした用途別（住宅地、商業地、工業地）の価格の推移を指数で

基本編　第2章　不動産価格等の調査

とらえた一般財団法人日本不動産研究所の「市街地価格指数」を利用することが可能である。

　ただし、この方法によっても、昭和30年以前のものについては算定不能となる。

(3)　株式の相場

ア　上場株式株

　上場株式については、前日の株価（終値）が各朝刊に載っている。

　過去の株価は『会社四季報』（東洋経済新報社）や株価チャートのCD-ROMで検索することもできるが、Yahoo! JAPAN、NIKKEI NET、MSNマネーなどの無料のサイトで、過去10年以上さかのぼって検索できる。

イ　相場のない株式（非上場株式）

　相場のない株式の評価方法としては、贈与税や相続税の課税価格を計算する際に用いられる財産評価基本通達による評価方法と、それ以外の評価方法がある。財産評価基本通達による評価は、株主が支配株主と評価される場合には原則的評価方式により、少数株主と評価される場合には配当還元方式による。詳細は国税庁のホームページに記載されておりウェブでも閲覧可能である。

　それ以外の評価方法としては、

　　①　会社の利益、配当額、キャッシュ・フロー等に基づいて評価を行うインカム・アプローチ（DCF法、配当還元法、収益還元法）

　　②　会社の資産負債に基づいて評価を行うコスト・アプローチ（簿価純資産法、時価純資産法）

　　③　類似する会社や業種、先例等に基づいて評価を行うマーケット・アプローチ（類似上場会社法、取引先例価格法）

がある。これらの評価方法によって株式価値を算定する場合には、通常公認会計士等の専門家による鑑定を行うことが多い。

　また、税法上用いられる財産評価基本通達に基づき株式の価額を算定することもある。これは税理士に依頼すれば算定してもらうことは容易であり、

26

1 時　価

画一的に株価を算定できるというメリットはある。もっとも、譲渡制限株式
の譲渡において買取人が指定された場合の価格決定等、裁判において株式の
評価が問題となる場合には、より個別的な事情を用いて株式価値を算定する
前記インカム・アプローチ等によって評価がなされることが多い。

基本編　第3章　公証制度（公正証書等）・内容証明郵便等

第3章　公証制度（公正証書等）・内容証明郵便等

1　公証制度（公正証書等）

(1)　証拠収集の観点からみた公証制度の意義

　我が国の公証制度において、公証人は、当事者の嘱託に基づき、法令の定めに従って、公正証書の作成や確定日付の付与、会社の定款の認証、私書証書の認証等、公証業務を行うことを職務としている。それらの職務の目的とするところは、後日の当事者間における紛争を未然に防止することである。公証制度を証拠収集の観点からみた場合、①公証制度を利用して証拠を作成する場合と、②公証制度を利用して作成された証拠（具体的には公証役場にある証拠）を収集する場合が考えられる。以下、この二つの場合に分けて説明する（公証役場の活用については、以下の記事が参考になる。「公証人に訊く「公証役場を活用しよう」」東京弁護士会月刊広報誌『LIBRA』2010年8月号2頁以下 https://www.toben.or.jp/message/libra/pdf/2010_08/p02-15.pdf）。

(2)　公証制度により証拠を作成する場合

ア　事実を記録し証拠とする方法

a　事実実験公正証書

　事実実験公正証書は、公証人自身が目撃した私権の得喪に直接間接に影響を及ぼす事実について作成される。具体例としては、各種知的財産権訴訟における証拠保存のための弁済提供事実の記録等がある（その他の例として、自正1998年10月号58頁以下：活用状況について、自正2000年11月号70頁以下：公証役場の証拠保全機能・事実実験公正証書の活用実例について、公証37号（平成19年）1頁以下）。

　事実実験公正証書は、公証人自身が目撃した事実について作成されるものであるから、公証人に対しては、嘱託の趣旨、すなわち、なぜその実験が必

28

要なのか、それを証書化する目的は何かを文書にて明らかにすべきであるし、手順や実験のポイント、専門用語等を事前に説明する必要もある。また、写真等の準備についても打ち合わせておくべきである。

b 宣誓認証

宣誓認証は、私署証書、すなわち、特定の私人が作成した文書につき、その作成者が本人であることを証明し、公証人の面前で内容が真実であることについて宣誓したうえで署名（記名捺印）したときに、公証人がこれを認証するものである（公証58条の2第1項）。この認証を受けた文書を宣誓供述書という。私署証書であれば、陳述書、供述書、契約証書、覚書等、法律効果に直接間接に影響のある事実が記載されている文書である限り、認証の対象となる。

外国においては、官公庁・裁判所等に提出する文書や取引に関連する証明などの文書につき、作成者による宣誓を伴う文書（Affidavit）が求められることがあるが、宣誓認証は、このような要請に対応することを一つの狙いとして導入されたものである。

また、宣誓認証制度は、民事訴訟において書証として提出される陳述書の記載内容の正確性を担保し、又は簡易かつ正確に証拠を保全する方法として利用することもできる（制度導入の目的の一つとされている）。

たしかに、宣誓供述書は、反対尋問を経ていない点では陳述書と同じである。もっとも、供述者が外国に長期滞在する予定であったり、高齢・重病であったりする場合のように訴訟手続における尋問を行うことが難しいと予想されるようなときには、文書の信用性を担保するための手段として宣誓供述書を利用することが考えられよう。

なお、配偶者からの暴力の防止及び被害者の保護に関する法律に基づく保護命令の申立てにおいて、宣誓供述書を申立書に添付しなければならない場合がある（同法12条3項）。

イ 日付を記録し証拠とする方法

対象が文書の場合は、確定日付を取得する方法がある。

また、対象がフロッピーディスク・録音テープ等の場合は、これを封印し

基本編　第3章　公証制度（公正証書等）・内容証明郵便等

て認証を受ける方法がある。具体的には、証明書（内容的には「添付のフロッピーディスクは○○を内容とするもので、当社が独自に作成し、当社において保管・管理するものである」等）に認証を受け、証明書とフロッピーディスクを入れた封筒との綴り目に契印をし、かつ、封筒に公証人印による封印をする方法（封印方式）と、証明文言が記載されたラベルをフロッピーディスクに接着剤（破棄するのでなければラベルを剥がすことができない程度に強力な接着剤）等を用いて貼付する方法（ラベル方式）がある（平成3年11月19日法規委協議（公証100号245頁参照））。それ故、嘱託する前に公証人といずれの方法をとるか打ち合わせておく必要がある。なお、この場合、訴訟上の証拠としては、裁判において、検証の手続により、開封して使用することになる。

ウ　電磁的記録の認証（電子認証制度）

　電磁的記録の方法で作成された文書（電子文書）についても、上記アbの宣誓認証や（公証62条の6第2項）、上記イの確定日付の付与（民施5条2項、3項）を行うことができる。これを電子公証制度という。

　電子公証制度を利用する場合、①公証人と事前に打ち合わせを行った上、②電子公証を受ける電子文書を作成し、電子署名を行う（ただし電子確定日付の付与の場合には電子署名を行うことを要しない。）。そして、③法務省が運営する「登記・供託オンライン申請システム」により、上記②の電子文書を添付ファイルとして添付した上、電子公証のオンライン申請を行う。これにより、④公証人は当該電子文書に電子公証を行い、⑤嘱託人（請求者）は電子公証された電子文書等を受け取ることができる。その他の詳細については日本公証人連合会のウェブページ（https://www.koshonin.gr.jp/notary/ow09_5.html）を確認されたい。

エ　公正証書に係る一連の手続のデジタル化

　令和5年6月6日、民事関係手続等における情報通信技術の活用等の推進を図るための関係法律の整備に関する法律（令和5年法律第53号。以下「民事関係手続デジタル化法」といい、民事関係手続デジタル化法に基づく改正後の公証人法を「改正公証人法」という）が成立し、同月14日に公布された。

　同法により、①公正証書の作成の嘱託（申請）を、インターネットを利用

して、電子署名を付して行うことが可能になるほか（改正公証人法28条）、②公証人の面前での手続について、嘱託人が希望し、かつ、公証人が相当と認めるときは、ウェブ会議を利用して行うことを選択できるようになる（改正公証人法37条2項等）。また、③公正証書の原本は、原則として、電子データで作成・保存することとされ（改正公証人法36条）、④公正証書に関する証明書（正本・謄抄本）を電子データで作成・提供することを嘱託人が選択できるようになる（改正公証人法43条1項3号）。

　上記改正公証人法に係る民事関係手続デジタル化法は、同法が公布された日（令和5年6月14日）から2年6月以内において別途政令で定める日に施行される。

(3)　公証役場より証拠等を取得する場合

ア　公正証書及びその附属書類を取得する方法

　作成された公正証書により法律上の義務を負う者が、公正証書の内容、作成の経緯を争う場合等に、これらの証拠が必要になる。

　公正証書及び附属書類に限らず、証書類については、公証人法には閲覧の規定はあるが（公証44条）、謄写の規定はない。しかし、これらの書類については、謄本の交付（公正証書・附属書類の謄本）が受けられる（公証51条）。したがって、これらの書類を証拠として収集するためには、閲覧ないし謄本の交付の手続をとることになる。なお、上記改正公証人法の施行以降においては、電子データで作成・保存されたものについては、電子データの提供の請求をすることもできる。

　附属書類には、委任状のほか身分確認のための免許証等の写しも綴られる扱いが一般である。また、附属書類は、公正証書原本に連綴され証書と共に保存されるから、その保存期間は、証書原本と同じく、原則として20年間である（公証規27条）。

　嘱託人本人が閲覧ないし謄本を請求する場合には、本人であることを証明しなければならない。証明方法は、一般原則により、公証人との面識（弁護士はこれに該当する）、印鑑証明書と実印、その他確実な方法（例えば住民票

＋証人＋ *a* ）の三つがある。

　代理人の場合、代理人自身の身分証明については本人と同様であるが、そのほかに代理権限を証する書面（委任状）が必要である。また、委任状の真正を証明するため、認証又は印鑑証明書の添付が必要である。

イ　定款原本及び附属書類の閲覧・謄本請求を行う方法

　会社設立当初の株主を知る必要がある場合等に、定款等の証拠が必要になる。

　定款原本及び附属書類の閲覧・謄本請求は、公正証書と同様に、嘱託人及び利害関係人が請求できる。ただし、定款については、遺言と異なり登録制度がないので、管轄内に複数の公証役場がある場合は、検索の方法がない。法務局の商業登記簿の附属書類の保存期間内（商登規34条４項４号：令和元年10月１日以降に受け付けられたものについては受付の日から10年間）であれば、法務局で閲覧し、認証した公証役場に赴いて謄本請求することができるが、その期間経過後は、複数の公証役場に照会する必要がある。なお、定款原本の保存期間は、20年間である（公証規27条１項１号）。

　本人・代理人からの閲覧・謄本請求に必要な書類は、前記の公正証書等の閲覧・謄本請求の場合と同様である。ただし、利害関係人のときは、利害関係の疎明も必要である。

ウ　公正証書遺言の検索

　遺言書に関する問題（実践編第11章２）を参照。

2　内容証明・配達証明

⑴　意　義

　内容証明は、郵便物の内容である文書について、いつ、いかなる内容のものを、誰が誰に宛てて差し出したかを、差出人が作成した謄本によって日本郵便株式会社が証明する制度である（郵便48条１項、内国郵便約款（以下本章において「約款」という）120条）。内容証明郵便は、差し出した文書の内容を公的に証明したものであるから、相手方に差し出した文書の内容を証拠として残したいときに利用される。

実務では、内容証明郵便を、配達証明と併せて利用するのが通常である。配達証明郵便は、事業所（郵便局等を含む）において差出人に配達証明書を送付することによって、その郵便物を配達し又は交付したことを、日本郵便株式会社が証明する制度である（郵便47条、約款117条）。配達証明郵便によれば、郵便物が相手方にいつ送達されたのかを確認、証明することができる。

したがって、配達証明付きの内容証明郵便により、相手方に対する特定の意思表示がいつ到達したのかを証拠化することが可能である。

(2) 内容証明郵便

ア 内容証明郵便の利用

権利義務の得喪や変更に関する意思表示を行うときのように、意思表示が相手方に到達したことによって一定の法的効果が生ずるときは、配達証明付内容証明郵便の利用は必須といえる。

また、債権譲渡における第三者に対する対抗要件である「確定日付ある証書による通知」に、内容証明郵便が利用される（民467条2項、民施5条）。債権譲渡では、債権差押えと競合したときのように通知到達の時期が問題となることもあるから、配達証明付きで行う必要がある。

通知それ自体によって法的効果が生ずるわけではないが、重要な内容の通知であり、通知の存否や内容について将来紛争が生じそうなときにも内容証明郵便を利用する。

イ 内容証明として送付できる文書

内容証明は、仮名、漢字及び数字を記載した文書1通のみを内容とする通常郵便物でなければならない等所定の条件が決まっており（約款121条1項。ただし英字等の利用につき同条2項）、この条件を満たさない文書は、内容証明郵便として送付することができない。そのため、内容証明の対象となる文書以外の文書や図面、返信用封筒その他の物品を同封したりすることはできない。

ウ 内容証明の出し方

内容証明郵便を送付するには、1枚当たり1行20字（句読点、記号も1字

扱いである）以内×26行（縦書きの場合。横書きの場合は、このほか1行13字以内×40行又は1行26字以内×20行も選択可能である）等の所定の書式（約款123条）を備えた同文同形式の文書3通（相手方に送付するための内容文書1通、謄本2通）に、郵便切手等を添えて内容証明郵便取扱局（集配事業所及び日本郵便株式会社が別に定める事業所）に提出すればよい（約款122条）。差出人に交付された証明済み謄本が、証拠として利用する内容証明郵便となる。なお、差出事業所における謄本の保存期間は、5年である（約款129条）。

エ　内容証明郵便の閲覧と再度の証明

　当該内容証明郵便の差出人は、保存期間の5年間に限り、差出事業所に当該郵便物の書留郵便物受領証を提示して、謄本の閲覧を請求することができる（約款128条）。また、当該内容証明郵便の差出人は、保存期間の5年間に限り、差出事業所に当該郵便物の書留郵便物受領証を提示し、その郵便物の内容である文書の謄本を提出して内容証明を受けることができる（約款127条）。いずれも有料である。

オ　電子内容証明郵便

　電子内容証明郵便とは、上記の内容証明郵便を電子化し、インターネットを通じて24時間受付を行う日本郵便株式会社のサービスである（電子郵便約款34条）。窓口に行く必要がなく、一括差出しができる等の利点がある。また、文字制限が緩和されている。

　電子内容証明郵便とする郵便物を差し出した場合、送信された文書は電子計算機に記録され、受取人宛原本・差出人宛謄本が自動で印刷、封入された上それぞれ郵送される。

　電子内容証明郵便については、謄本の情報が5年間保存される（電子郵便約款42条）。差出人は、照合記号番号等所定の情報を入出力装置から入力する方法により差出事業所から再度の証明を受けることができる（電子郵便約款41条1項2項）。有料である。

　電子内容証明郵便の利用に当たって所定の利用登録等が必要である。詳細については日本郵便株式会社のウェブページ（https://www.post.japanpost.jp/service/enaiyo/）を確認されたい。

2 内容証明・配達証明

カ 内容証明郵便が配達されなかったときについて

相手方が受領を拒絶したとき（約款87条1項）、又は、配達時に受取人が不在でかつ受取人が留置期間内に郵便局に郵便物を取りにいかなかったとき（約款88条1項2項）には、内容証明郵便は封筒に入ったまま、「受取拒絶」ないし「不在で配達できないため還付」と記載した付箋がついて差出人に戻る。居所不明のときには、郵便物の表面に「転居先不明」の印が押されて返戻される。

このように内容証明郵便が返戻された場合において、意思表示到達の効力が認められるか否かは、①内容の推知可能性及び②郵便物の受領可能性の2つの要件を踏まえて、社会通念上了知可能な状態に置かれたといえるか否かによって判断されるものと考えられる（意思表示の到達を認めた例として、最一小判平成10年6月11日民集52巻4号1034頁）。すなわち、内容証明郵便を発送しさえすれば一律に意思表示到達の効力が認められるとは限らないため、内容証明郵便が返戻された場合には別の手段を講ずる方が望ましい。

(3) 配達証明郵便

配達証明は、書留とした郵便物であれば（郵便44条3項）、通常郵便物だけでなく小包郵便物にも利用することができる。ただし、配達証明郵便は、郵便物が相手方に配達されたことを証明するにとどまり、何を郵送したかについてまで証明するものではない。郵送物の明細について証拠を残したいときには、「別便の同日付配達証明郵便にて、○○を送付致します」等の記載をした内容証明郵便を併せて送付するとよい。

郵便が配達されると配達証明書が差出人のもとに届き、当該郵便物が配達されたことを確認、証明できる。配達証明書は配達郵便局から送付されてくるから、差出人が認識している相手方住所地を受け持つ郵便局以外の局から配達証明書が送付されてきたときには、相手方が転送届を出していると推認することができる。

なお、郵便物を差し出した後でも差出しの日から1年以内に限り、差出郵便局に郵便物の書留郵便物受領証を提示して、配達証明を請求できる（約款119条）。

基本編　第4章　法令、判例等の調査

第4章　法令、判例等の調査

1　日本の法令・判例等

(1) 総　論

　自身の法的主張や反論を説得的に相手に伝えるためには、その主張や反論が法令・判例等（下級審裁判例を含む）に基づいたものであることを示すことが求められる。それゆえ、法令・判例等の調査は、裁判手続内での紛争の解決のみならず、裁判外の紛争処理、更には紛争予防のための契約書類の作成、コンプライアンスの確保等のためにも必要である。なお、本節においては日本の法令・判例等の調査方法を紹介する。外国法に関する調査は本章2をご参照いただきたい。

(2) 法令の調査

ア　現行法令の調査

　総務省の提供する「法令データ提供システム」（「法令データベース」https://laws.e-gov.go.jp/）で、キーワード検索を行い、調査課題となっている事案（「本件事案」）に適用されそうな法令の見当を付ける。

　見当を付けた法令について、法令データベース又は市販されている六法から本件事案に適用されると思われる法令（「当該法令」）及び条項（「当該条項」）をある程度確定することになる。なお、当該条項の見当がつきづらい場合には、当該法令の最新の概説書やコンメンタール（逐条解説書）の目次及び索引を参考にするとよい。

　必要に応じて、当該条項に関する改廃の有無、内容及び当該改廃の施行日を法令データベース、官報又は法令全書（場合によっては法令改廃に関する各種法律雑誌の資料及び新聞記事）によって確認したり、当該法令の所轄官庁及びその関連外郭団体（場合によっては各種六法、法令集の編集者）に照会し、当該条項の最終改廃年月日、内容及び当該改廃の施行日を確認する。

　場合によっては、当該法令の所轄官庁及びその関連外郭団体に照会し、本

36

件事案に実際に当該条項の適用があることを確認することも検討が必要になる。

イ　過去の法令の調査

過去の一定の時点（「当該時点」）における法令の調査も大筋ではアと同様になるが、必要に応じて、当該時点において最新であった概説書、コンメンタール類、各種六法及び法令集、並びに『現行日本法規』及び『現行法規総覧』の改正沿革の掲記欄等を参照することが有用である。

ウ　将来の法令（改正動向）の調査

内閣法制局のウェブサイト（https://www.clb.go.jp/recent-laws/）や各省庁のウェブサイトを参照したり、各種新聞及び法律雑誌の法律案及び各種審議会等に関する記事並びに「官報資料版」の「第〇回国会で審議された法律案・条約一覧」等によって基礎的な調査をしたうえで、当該法令の所轄官庁及びその関係外郭団体等に照会する。

(3)　判例等の調査方法

裁判所のウェブサイト（https://www.courts.go.jp/）やLEX/DBインターネット（https://www.tkclex.ne.jp/）、D1-Law.com（https://www.d1-law.com/）、West law Japan（https://www.westlawjapan.com/）等の判例データベースで、キーワード検索を行い、本件事案に関連する判例等がいかなる法令のいかなる条項に関するものとして分類されているか見当を付ける。

見当を付けた法令に関する概説書及びコンメンタール類のうち、できるだけ新しくかつ詳しいものの条文索引（条文索引がない場合には事項索引及び目次）において見当を付けた条項を調べ、本件事案に関連する判例等に共通して含まれる可能性の高いキーワード（場合によっては、含まれない可能性の高いキーワードも）を複数選定する。

選定したキーワードを用いて判例データベースを検索し、本件事案に関連する判例等のみを抽出する。抽出した判例等の確定の有無が判例データベースの審級情報や判例評釈等から明らかでない場合には、必要に応じて裁判所に照会する。その結果、上級審の裁判結果が出ていることが判明した場合には、その内容をインターネット、各種新聞及び法律雑誌類の裁判関係記事そ

基本編　第4章　法令、判例等の調査

の他（場合によっては当該裁判の当事者や裁判所）で確認する（当該裁判に関連の深い業界の研究機関を通じて確認できることも多い）。

　民事の確定記録は、担当部の整理が終わった後は第一審裁判所記録係の保管になる。したがって、閲覧は裁判所の記録係に申請する。判決書だけの冊子等はなく、記録全部が倉庫で保管されている。民事確定記録については、民事通常訴訟の場合、判決書原本は50年、それ以外の記録の保存期間は5年である（詳細については基本編第5章1を参照）。

　刑事の確定記録は、裁判所担当部の整理が終わった後は第一審の裁判をした裁判所に対応する検察庁記録係の保管になる。したがって、閲覧は検察庁記録係に対して申請する（利害関係の疎明を求められる）。民事と異なり、裁判内容により保管期間がそれぞれ異なる。例えば、死刑又は無期の懲役・禁錮に処する確定裁判については、裁判書は100年、裁判書以外の記録は50年であり、有期の懲役・禁錮に当たる罪についての裁判書は50年、有期の懲役・禁錮に処する確定裁判の裁判書以外の記録は裁判内容により5年～30年が保管期間とされている（詳細については基本編第5章4を参照）。裁判例はあくまでも個別の事案を前提にしたものであるから、その射程の評価及び本件事案との関係には慎重な検討が不可欠である。

2　外国法令

(1)　調査が必要となる場面（調査の範囲）

　外国の法令が必要となる最も中心的な場面は、国際間の契約において準拠法が外国法に指定されている場合である。当該契約に関する当事者間の争いは、当該指定された国の法令を適用して規律されることになるが、この場合「適用」されるのは、文言としての法文だけでなく、その解釈も含まれることになる。

　日本法適用下で展開する我々の日常実務においてですら、しばしば個々の条文にかかわる判例実務や学説上の議論をあらためて調査する必要にかられるが、これは必ずしも容易な作業ではない。

38

しかしながら、このようなときにこそ、できることを淡々と一つ一つつぶしていくしかない。

(2) 情報源

以下、法文、その解釈、実務状況の区別なく、情報源について述べる。

ア　インターネット

最も簡便かつ短時間で多くの情報を取得できる調査方法は、インターネットを利用することである。適当なキーワードをGoogle等の検索エンジンで検索することにより目指す資料に行き当たる場合が多くある。また、当該法令を管轄していると思われる外国官庁や関連団体のホームページを狙い撃ちし、さらにそのホームページ自体が検索エンジンを持っていれば、非常に効率よく情報が集まる。

イ　図書館での独自調査

上記のとおり、インターネットは簡便かつ短時間で膨大な量の情報を収集できるが、すべての情報が信頼のできるものとは限らない。他方で、出版社が発行する書籍などの文献は一般的に一定の信頼性が確保されている。そこで、インターネットにより収集した情報の信頼性を確認するため、弁護士会や国会図書館等で独自に文献を調査することが有用である。当然ながら、インターネット調査に先行して、又はインターネット調査と並行して書籍などの文献を調査することも有効な手段である。

ウ　外務省や法務省等に対する問合せ

外務省は在外日本公館を管轄しており、そこには法務担当官（法務省／検察庁等から出向）も派遣されているのであるから、外務省や法務省に問い合わせれば、正確なデータが得られる可能性が高いといえる。

エ　在日外国領事館等

また、当該外国の在日公館に問い合わせることも有用である。ある程度の規模のところになると、法務部が設置され、あるいは法務担当官が駐在しているので、資料の入手先程度の情報は得られる場合が多い。また、交渉次第で、手持ちの法令集のコピーをくれることもある。さらに、担当官と議論す

ることにより、実務等に関するある程度の情報が得られる場合もある。

オ　在日商工会議所

当該国の在日商工会議所は、その本国の企業の我が国での活動のサポートだけでなく、日本企業のその本国でのビジネスについてもサポートすることを職務としている場合が多く、フランクで親切な対応をしてもらえることが多いと思われる。法務の専門スタッフを抱えていたり、法律実務上役に立つ種々の資料を持っていたり、あるいは、アポイントメントを申し入れると、時間をとってくれたりすることもある。外国の法令の調査に当たり、ひとまず商工会議所にコンタクトしてみて、法務担当者と議論できると、相当有益な資料が集まることがある。

カ　在外日本公館・JETRO・日本商工会議所

日本企業は世界中至るところで活動しているわけであるが、その日本企業の活動地域の拠点の多くには、在外日本公館があり、あるいは、JETROの現地事務所や現地の日本商工会議所がある。そして在外公館は、原則として現地主要法令について正確な情報を収集していると考えられるし、また、JETROや商工会議所は、その国で現に活動している日本企業の活動を支援することを重要な役割としており、その中には、現地の法令に関する情報提供も含まれている。したがって、電話代等若干のコストはかかるが、直接外国のそのような日本官署・団体に問い合わせるのも有効である。

キ　当該国の担当官署に直接問合せ・資料送付請求

当該外国語、少なくとも英語の会話がある程度できることを前提とするが、直接外国の担当官署に問い合わせ、担当者の話を聞くことができれば、これ以上最新で実務の現場に即した情報源はないであろう。

ク　当該国の法律事務所、その在日出先機関への問合せ

当該外国法を原資格法とする外国法事務弁護士事務所も貴重な情報源である。自分の知りたいポイントについて突っ込んだ調査をしたいときは、むしろ当該外国法事務弁護士に相談することが不可欠となる場合もあるであろう。彼らはほぼ全て、外国の「大手」事務所の出先機関であり、その原資格法に関する情報提供がまさに彼らの業務なのであるから、彼らに依頼すれば、

その本部のリソースやネットワークを駆使して情報を集め、こちらの要求する資料を出してくれるのが通常である。

ただし、日本人側としては「ちょっとした」調査として依頼したつもりでも、分厚い報告書が提出され、請求額が高額となるということが起こりうるので、注意を要する。また、その情報の質についても、安易に信頼するわけにはいかない場合がある。

従前から何らかの関係があるのであれば、当該国の法律事務所に直接連絡してみることも可能であろう。

(3) 収集した資料の利用

このようにして収集した資料を内部的にだけでなく、例えば訴訟等での証拠資料として提出する場合、第一に、当該資料を日本語に翻訳するという作業が不可欠となる。ここで肝要なのは、常日頃から有能な翻訳者に関する情報を集めておくことである。

また、当該国における法解釈等、実務の立証にも工夫が必要である。例えば、当該国の法律家の間では、「これは民法の〇〇コンメンタールに書いてある」と言えば誰もが納得することでも、これを資料として我が国裁判所に持ってきた場合、理論的には、「当該資料の信頼性」ということから立証していかなければならない。

(4) 結 び

外国法令の調査は、まず費用に余裕があるのであれば、当該国の法律事務所に依頼すればそれで済むことが通常である。また、特に主要国のそれであれば、例示的に上述した方法も利用しつつ調査をすれば、多少の苦労はするもののある程度の資料は集まるであろう。

いかに少ない労力とコストで、かつ、短期間で目指す資料を取得できるかは、一人一人の創造性と、外国語の日頃の修練と、日頃の人付き合いにかかっているといえるだろう。

基本編　第5章　裁判記録等の調査

第5章　裁判記録等の調査

1　民事裁判記録

(1)　はじめに

　代理人弁護士として民事事件記録を利用する典型的な場面は、代理人として関与している事件の尋問調書を謄写する場合があるが、そのほかにも、民事訴訟記録を必要とする場面として、一方当事者が手続に関与しない間に決定が出た保全・執行等に対する不服申立てをする場合や代理人として関与していない第三者の事件内容を把握する必要がある場合等が考えられる。

　民事裁判記録は、係属中の事件の記録は当然のことながら各係属部において保管されている。これに対して、確定事件の記録は当該事件の第一審裁判所に送られて各裁判所で保管されている。

(2)　閲　覧

ア　主　体

　原則として公開事件については、事件の係属中・確定済みを問わず誰でも記録を閲覧することができる（民訴91条1項）。

　これに対して、非公開事件（保全、執行、破産等）については、事件の係属中・確定済みを問わず当事者及び利害関係を疎明した利害関係人のみが記録を閲覧することができる（民訴91条2項）。なお、利害関係は法律上の利害関係が必要であるとされており、被担保債権が問題となっている場合の物上保証人や抵当不動産の第三取得者が典型例であるが、利害関係の有無については最終的には書記官の判断によることになる。

イ　手　続

　裁判所によって閲覧のための窓口がどこであるかは異なるが、東京地方裁判所、東京高等裁判所や最高裁判所においてはそれぞれ記録閲覧室が設けられているので、そこで手続をすることになる。手続の際に必要なものとしては、閲覧謄写の申請書、印鑑、本人確認書類等（利害関係の疎明が必要な場合

42

の疎明資料、代理人による場合の委任状等も含む）、収入印紙（令和6年10月現在150円。ただし、当事者及び利害関係人が係属中の事件の記録を閲覧する場合は不要）である。

(3) 謄 写

ア 主 体

謄写ができるのは、事件の種類、その係属・確定を問わず当事者及び利害関係を疎明した利害関係人のみである（民訴91条3項）。

イ 手 続

謄写については司法協会（司法協会がない場合には、各弁護士会）に申し込むのが事実上の取扱いである。

手続の際に必要なものとしては、閲覧謄写の申請書、印鑑、本人確認書類等（利害関係の疎明が必要な場合の疎明資料、司法協会などの代理人に謄写を依頼する場合の謄写委任状等も含む）、収入印紙（令和6年11月現在150円。ただし、当事者等が係属中の事件の記録を謄写する場合は不要）である。調書等が録音テープやビデオテープ（これらに準ずる方法により一定の事項を記録した物を含む）である場合には、謄写や謄本等の交付ではなく複製の方法によることになる（民訴91条4項）から、原則として請求の際に複製先のテープ等も用意することが必要である。

(4) 正本・謄本等

訴訟記録の正本・謄本等の交付を請求できるのも、事件の種類、その係属・確定を問わず当事者及び利害関係を疎明した利害関係人のみである（民訴91条3項）。

(5) その他

記録の閲覧・謄写等の手続をする際には事件番号を特定して請求することが必要である。

しかし、事件によっては事件番号が請求人の側で把握できていないという

基本編　第5章　裁判記録等の調査

場合には、記録閲覧室に原告と被告の氏名などの情報を伝えて、事件番号を調べてもらうことが可能である。ただし、確定してから長期間が経過している場合には、記録閲覧室において事件の特定ができない場合もある。

2　家事審判事件の記録

(1)　はじめに

家事審判事件の場合は対審・公開の手続がとられていないことから、手続の当事者となっていない場合はもちろん、当事者となっている場合でも家事審判事件の記録を利用して相手方の主張・言動の把握が必要となる場合がある。

家事審判事件の記録についても、係属中の事件の記録は各係属部において保管されている。これに対して、確定事件の記録は当該事件の第一審裁判所（家庭裁判所）に送られて各家庭裁判所で保管されている。

(2)　閲覧・謄写

ア　主　体

家事審判事件の記録について閲覧・謄写の申立てができるのは、事件の係属中・確定済みを問わず、当事者又は利害関係を疎明した第三者である（家事47条1項）。なお、利害関係を疎明した第三者に該当するかについては、最終的には裁判所の判断による。

イ　手　続

家事審判事件の記録の閲覧・謄写については、事件の係属中・確定済みを問わず裁判所の許可が必要である（家事47条1項）。許可が出るまでには通常数日を要するようである。当事者による閲覧の場合、当事者による主体的な手続追行の機会を確保するため、原則として家庭裁判所は許可をしなければならない（家事47条3項）。もっとも、未成年者の利益を害するおそれがあると認められるなど、家事事件手続法47条4項所定の事由がある場合は、当事者であっても許可をしないことができ、また、審判前の保全処分の場面においても特則が設けられている（家事108条）。一方、利害関係を疎明した第三者に

2 家事審判事件の記録

よる場合は、相当と認めるときは許可をするとされている（家事47条5項）。

裁判所は、許可する裁判をする場合、記録中の閲覧等を許す部分を特定するとされており、全ての事件記録が閲覧できるとは限らない点に注意が必要である（家事規35条）。

また、当事者又は利害関係を疎明した第三者は、家事審判事件の記録中の録音テープ又はビデオテープ等に関しては、家庭裁判所の許可を得て、物の複製を請求することができるとされている（家事47条2項）。

なお、当事者からの家事審判事件記録の閲覧の申立て等に対して、却下する裁判がなされた場合、即時抗告ができるとされている（家事47条8項）。

手続の窓口は裁判所により取扱いが異なると思われるが、東京家庭裁判所の場合、係属中の事件については担当各部、確定済みの事件については家事訟廷記録係が窓口である。謄写については、民事事件記録の場合と異なり、直接司法協会に申し込むのではなく、一旦担当各部ないし家事訟廷記録係で申込みをしたうえで、司法協会（司法協会がない場合には、各弁護士会）で謄写業務の委任をすることになる。

手続の際に必要なものは、閲覧謄写の申請書、印鑑、本人確認書類等（代理人による申立ての場合の委任状等も含む。ただし、係属中の事件の当事者の代理人は既に委任状が提出されているので委任状は不要である）、印紙（令和6年11月現在150円。ただし、係属中の事件の記録を閲覧する場合は不要）である。なお、本来は司法協会（司法協会がない場合には、各弁護士会）に対する委任状も必要であるが、司法協会の窓口で定型的な書式を用意しているようである。また、民事事件記録の場合と同様に、謄写をコピー機ではなくカメラ等で行うことも考えられるが、その場合には家庭裁判所の許可が必要となる。

(3) 正本・謄本等

当事者又は利害関係を疎明した第三者は、事件の種類、その係属・確定済みを問わず、家庭裁判所の許可を得て、正本・謄本等の交付を請求できる（家事47条1項）。

ただし、当事者は、審判書その他の裁判書の正本、謄本若しくは抄本又は

基本編　第5章　裁判記録等の調査

家事審判事件に関する事項の証明書については、家庭裁判所の許可を得ない
で、裁判所書記官に対して、その交付を請求することができる（家事47条6項）。

⑷　その他

　　家事審判事件の記録の閲覧・謄写等の手続をする際には事件番号を特定し
て請求することが必要であるが、申立人の側で事件番号を把握できない場合
がある。その場合には、家事訟廷記録係に当事者の名前や申立日、終結日、
事件名などの情報を伝えて、事件番号を調べてもらうことが可能である。

　　ただし、審判書等の原本は30年間保存されているが、審判記録は原則とし
て5年しか保存されていない（事件記録等保存規程別表第1の18）ので、保存
期間を超えたものについては事実上閲覧・謄写は難しいということになる。

3　家事調停事件の記録

⑴　はじめに

　　家事調停事件の場合は対審・公開の手続がとられていないことから、手続
の当事者となっていない場合はもちろん、当事者となっている場合であって
も家事調停事件の記録を利用して相手方の主張・言動の把握が必要となる場
合がある。

　　しかしながら、家事調停事件は当事者が自主的な話合いをするための手続
であり、裁判所が行う判断作用の基礎となる家事審判事件と比較すれば、当
事者であっても閲覧謄写の必要性が同程度に高いとはいえず、家事調停事件
の記録には高度なプライバシーにわたる事柄を記録化したもの等が存在する
ところ、当事者であっても家事審判事件と同様に閲覧・謄写を認めるとする
と、プライバシーの侵害のみならず、自主的な話合いという家事調停の機能
が害される可能性がある。

　　そのため、家事調停事件の記録の閲覧等は、当事者及び利害関係を疎明し
た第三者いずれについても、記録の閲覧等及び複製の許可の申立てに対して
は、家庭裁判所が「相当と認めるとき」に許可をすることができるとされて

46

いる（家事254条3項）。

　なお、家事調停事件の記録についても、係属中の事件の記録は各係属部において保管されている。

(2)　閲覧・謄写

ア　主体

　家事調停事件の記録について閲覧・謄写の申立てができるのは、事件の係属中・確定済みを問わず、当事者又は利害関係を疎明した第三者である（家事254条1項）。なお、利害関係を疎明した第三者に該当するかについては、最終的には裁判所の判断による。

イ　手続

　家事調停事件記録の閲覧については、事件の係属中・終了済みを問わず裁判所の許可が必要である（家事254条1項）。許可が出るまでには通常数日を要するようである。ここまでは、家事審判事件の場合と同様であるが、家事調停事件においては、利害関係を疎明した第三者による許可の申立てのみならず、当事者による申立ての場合であっても、相当と認めるときに家庭裁判所が閲覧・謄写を許可するとされている（家事254条3項。ただし、合意に相当する審判の対象事件に関しては、当事者による閲覧・謄写の場合、裁判所は許可をしなければならないとされ、申立等に対して、却下する裁判がなされた場合、即時抗告等ができるとされている。家事254条6項・47条3項・同条4項・同条8項〜10項）。

　この点に関し、裁判所は、許可する裁判をする場合、記録中の閲覧・謄写を許す部分を特定するとされており、全ての事件記録が閲覧できるとは限られない点に注意が必要である（家事規126条1項・35条）。なお、当事者又は利害関係を疎明した第三者は、家事調停事件の記録中の録音テープ又はビデオテープ等に関しては、裁判所の許可を得て、物の複製を請求することができるとされている（家事254条2項）。謄写については、民事事件記録の場合と異なり、直接司法協会に申し込むのではなく、一旦担当各部ないし家事訟廷記録係で申込みをしたうえで、司法協会（司法協会がない場合には、各弁護士会）に謄写業務の委任をすることになる。

基本編　第5章　裁判記録等の調査

　手続の窓口は裁判所により取扱いが異なると思われるが、東京家庭裁判所の場合、係属中の事件については担当各部、確定済みの事件については家事訟廷記録係である。

　手続の際に必要なものは、閲覧謄写の申請書、印鑑、本人確認書類等（代理人による申立ての場合の委任状等も含む。ただし、係属中の事件の当事者の代理人は既に委任状が提出されているので委任状は不要である）、印紙（令和6年11月現在150円。ただし、事件当事者が係属中の事件の記録を閲覧する場合は不要）である。

　なお、司法協会（司法協会がない場合には、各弁護士会）に対する委任状も必要であるが、司法協会の窓口で定型的な書式を用意しているようである。

　また、家事審判事件の場合と同様に、事件記録をカメラ等で撮影をする場合には家庭裁判所の許可が必要となる。

⑶　**正本・謄本等**

　家事調停事件の記録の正本・謄本等の交付の許可を請求できるのも、事件の種類、その係属・確定済みを問わず当事者又は利害関係を疎明した第三者のみである（家事254条1項）。ただし、当事者は、審判書その他の裁判書の正本、謄本若しくは抄本又は家事調停事件に関する事項の証明書等に関し、裁判所の許可を得ずに、裁判所書記官に対して、その交付を請求することができる（家事254条4項）。

⑷　**その他**

　家事調停事件の記録の閲覧・謄写等の手続をする際には事件番号を特定して請求することが必要であるが、申立人の側で事件番号を把握できない場合がある。その場合は、家事訟廷記録係に当事者の氏名や申立日、終結日、事件名などの情報を伝えて、事件番号を調べてもらうことが可能である。

　ただし、調停調書は30年間保存されているが、それ以外の調停記録は5年しか保存されていない（事件記録保存規程別表第1の19）ので、保存期間を超えたものについては事実上閲覧・謄写は難しいということになる。

48

4 刑事裁判記録

(1) 概　要

　刑事裁判記録とは、刑事裁判において訴訟関係人から提出された書類及び裁判所が作成した書類を編成したものをいう。

　刑事裁判記録は、刑事事件において、関係人の証言等を弾劾する資料となることは言うまでもないが、民事事件においても、不法行為に基づく損害賠償請求（特に交通事故）事件における不法行為の態様や、過失の有無、過失割合などの判断に重要な意味を持つほか、事案の把握や法律構成、立証資料として有用である。そのため、刑事裁判記録の閲覧・謄写の必要性は高い。

(2) 刑事事件について

　原則として、確定した刑事事件の記録は、刑事訴訟法53条によれば誰でも閲覧することができる建前になっている。

　しかし、その具体的方法を定める刑事確定訴訟記録法4条は、一定の場合に「閲覧させないものとする」と規定している。

　確定記録は、第一審の裁判をした裁判所に対応する検察庁の検察官が保管することになっている（刑訴記録2条）。

　なお、謄写については根拠となる法律がないが、当事者が申請し、検察官において必要性を認めた場合は可能である。

ア　具体的方法

　閲覧請求書には、裁判日や、確定年月日まで記載することになっているが、その調査が困難であれば、検察庁の記録課に赴き、口頭で事案を説明すれば、窓口で調べてくれる場合もある。なお、被害者に対して被害者通知が送付されている場合は、それに必要な情報が記載されている。

　閲覧請求の際、当事者の代理人であれば当事者からの委任状が必要書類として要求される。なお、その他の必要書類が求められる可能性もあるので、事前に確認しておくことが無難である。

　閲覧請求をしてから、閲覧許可が出るまでは、東京地方検察庁の場合は1

基本編　第5章　裁判記録等の調査

週間程度が目処とされている。

　閲覧が不許可になり不服がある場合には、保管検察官が所属する検察庁の対応する裁判所に対する準抗告（刑訴記録8条、刑訴430条）の申立て、更に特別抗告（刑訴433条）によって争うことができる。

イ　実務での取扱い

　検察庁は「保管記録を閲覧させることが犯人の改善及び更生を著しく妨げることとなるおそれ」がある場合は「閲覧させないものとする」という刑事確定訴訟記録法4条2項4号を根拠に、訴訟関係人以外の第三者に対しては閲覧を拒むことが多い。

　例えば、従業員が有罪判決を受けて確定した場合で、会社が、懲戒解雇の資料とするために記録を閲覧することは認められない可能性が高い。

ウ　記録の保管期間

　保管期間は、刑事確定訴訟記録法2条2項別表に規定されているが、例えば5年以上10年未満の懲役又は禁錮に処する裁判に係る確定記録の保存期間は10年、5年未満の懲役又は禁錮に処する裁判に係る記録は5年、罰金に処する裁判に係る記録は3年である。また、保管記録に係る被告事件が終結した後3年を経過したときには、訴訟関係人又は閲覧につき正当な理由があると認められる者以外は閲覧できないことになっている（刑訴記録4条2項2号）ので注意を要する。

5　刑事不起訴事件記録

(1)　はじめに

　刑事不起訴記録については、一定の場合には（代替性がないもの、民事裁判所からの送付嘱託があった場合等）開示される扱いになっていた（平成12年2月4日刑事局長通知、平成16年5月31日同通知）。これに加え、被害者参加対象事件の不起訴記録について、一定の場合に客観的証拠については原則として閲覧を認めるという運用が、平成20年12月1日から実施された（同年11月19日法務省刑事局長通知「不起訴事件記録の開示について（以下「平成20年通知」

という。)」（https://www.moj.go.jp/KEIJI/keiji23.html）。なお、この運用の根拠
としては同通達と刑訴47条ただし書となる）。

　なお、刑事不起訴事件の記録については、法務省記録事務規程25条（令和
5年6月23日施行のものにつきhttps://www.moj.go.jp/content/001399010.pdf）に
保管期間の定めがある。期間は不起訴裁定の日から起算されるが、場合によっ
ては1年間という短期で保管期間が経過するものがあるため注意を要する。

　以下、刑事不起訴事件の閲覧謄写につき具体的に掲げる。

(2)　被害者参加対象事件について（以下「平成20年通知」参照）

ア　閲覧請求の主体

　被害者参加対象事件（刑訴316条の33）の被害者等若しくは当該被害者の法
定代理人又はそれらの者から委託を受けた弁護士については、後記イ以下の
基準に従って閲覧が認められる。また、被害者が死亡した場合又はその心身
に重大な故障がある場合におけるその配偶者、直系の親族又は兄弟姉妹につ
いても、後記イ以下の基準に従って閲覧を認められる。

イ　閲覧目的

　従来は、不起訴記録について被害者等に閲覧等を認めるのは、民事訴訟等
において被害回復のための損害賠償請求権その他の権利を行使する目的であ
る場合に限られていたが、前記アの被害者参加対象事件の被害者等について
は、このような場合に限らず、「事件の内容を知ること」等を目的とする場
合であっても、原則として閲覧が認められる。

ウ　関係者の名誉に対する配慮等

　①関係者の名誉・プライバシー等にかかわる証拠の場合、②関連事件の捜
査・公判に具体的な影響を及ぼす場合、③将来における刑事事件の捜査・公
判の運営に支障を生ずるおそれがある場合などは、閲覧が認められないか、
又は当該部分にマスキングの措置を講じられる。

エ　閲　覧

　閲覧の対象となる不起訴記録の実況見分調書や写真撮影報告書等の客観的
証拠について、原則として、代替性の有無にかかわらず、相当でないと認め

られる場合を除き、閲覧が認められる。

⑶　被害者参加対象事件以外の事件について

ア　閲覧・謄写請求の主体

a　被害者参加対象事件以外の事件の被害者等若しくは当該被害者の法定代理人又はそれらの代理人たる弁護士について、後記イ以下の基準に従って閲覧・謄写が認められる。閲覧・謄写を認めることとする被害者の親族の範囲については、前記⑵アと同様である。

b　被害者等以外の者から、閲覧・謄写請求がなされた場合でも、例えば、過失相殺事由の有無等を把握するため、加害者側が記録の閲覧・謄写を求めるような場合には、正当に被害回復が行われることに資する場合も少なくないので、相当と認められるときには、閲覧・謄写をすることができる。

イ　閲覧目的

民事訴訟等において被害回復のための損害賠償請求権その他の権利を行使する目的である場合に閲覧を認められる。

ウ　関係者の名誉に対する配慮等

前記⑴ウと同様である。

エ　閲覧の対象となる不起訴記録

客観的証拠であって、当該証拠が代替性に乏しく、その証拠なくしては立証が困難であるという事情が認められるものについて、閲覧・謄写の対象とし、代替性がないとまではいえない客観的証拠についても、必要性が認められ、かつ、弊害が少ないときは、閲覧・謄写を認められる。

⑷　民事裁判所から不起訴記録の文書送付嘱託等がなされた場合

ア　不起訴記録中の客観的証拠の開示について

前記⑴及び⑵エにいう必要性が認められる場合には、客観的証拠は開示される。

5　刑事不起訴事件記録

イ　不起訴記録中の供述調書の開示について

次に掲げる要件を全て満たす場合には、供述調書は開示される。

①　民事裁判所から、不起訴記録中の特定の者の供述調書について文書送付嘱託がなされた場合であること。

②　当該供述調書の内容が、当該民事訴訟の結論を直接左右する重要な争点に関するものであって、かつ、その争点に関するほぼ唯一の証拠であるなど、その証明に欠くことができない場合であること。

③　供述者が死亡、所在不明、心身の故障若しくは深刻な記憶喪失等により、民事訴訟においてその供述を顕出することができない場合であること、又は当該供述調書の内容が供述者の民事裁判所における証言内容と実質的に相反する場合であること。

④　当該供述調書を開示することによって、捜査・公判への具体的な支障又は関係者の生命・身体の安全を侵害するおそれがなく、かつ、関係者の名誉・プライバシーを侵害するおそれがあるとは認められない場合であること。

ウ　目撃者の特定のための情報の提供について

次に掲げる要件を全て満たす場合には、当該刑事事件の目撃者の特定に関する情報のうち、氏名及び連絡先を民事裁判所に回答される。

①　民事裁判所から、目撃者の特定のための情報について調査の嘱託がなされた場合であること。

②　目撃者の証言が、当該民事訴訟の結論を直接左右する重要な争点に関するものであって、かつ、その争点に関するほぼ唯一の証拠であるなど、その証明に欠くことができない場合であること。

③　目撃者の特定のための情報が、民事裁判所及び当事者に知られていないこと。

④　目撃者の特定のための情報を開示することによって、捜査・公判への具体的な支障又は目撃者の生命・身体の安全を侵害するおそれがなく、かつ、関係者の名誉・プライバシーを侵害するおそれがないと認められる場合であること。

基本編　第5章　裁判記録等の調査

6　少年事件記録

⑴　被害者等による閲覧謄写請求

ア　閲覧謄写請求の主体

　被害者等は、裁判所が「閲覧又は謄写を求める理由が正当でないと認める場合及び少年の健全な育成に対する影響、事件の性質、調査又は審判の状況その他の事情を考慮して閲覧又は謄写をさせることが相当でないと認める場合を除き」、閲覧又は謄写の申出をすることができる（少年5条の2第1項）。

　ただし、終局決定確定後3年を経過したときは、閲覧又は謄写の申出はできない（少年5条の2第2項）。

　閲覧・謄写を申出ることができる被害者等とは、原則として、被害者又はその法定代理人であるが、生命・身体犯などの被害ではその申出が不能又は困難になる場合もあるため、被害者が死亡した場合若しくはその心身に重大な故障がある場合には、その配偶者、直系親族若しくは兄弟姉妹にも申出が認められている（少年5条の2第1項）。

イ　閲覧謄写請求の対象

　閲覧・謄写の対象となるのは、以前は「非行事実に係る部分」に限定されていたが、被害者等から少年の身上、経歴等についても対象とすべきである等の要望もあり、このような心情は犯罪被害者等基本法の趣旨からも尊重すべきであるとして、平成20年の少年法の改正により、家庭裁判所の保管する保護事件の記録全体が対象とされた。

　ただし、「家庭裁判所が専ら当該少年の保護の必要性判断のため収集したもの及び調査官がその判断に資するよう作成し又は収集したもの」である社会記録については、要保護性に関する調査によるもので、少年や保護者等関係者のプライバシーに深く関わる内容を含むため、対象から除外されている。この結果、少年の身上経歴に関する供述調書や審判調書、少年の生活状況に関する保護者等の供述調書等についても、その対象となるなど範囲が拡大された（田宮裕・廣瀬健二編『注釈少年法（第4版）』（有斐閣、平成29年）98頁）。

(2) 被害者等以外の者による閲覧謄写請求

被害者等以外の者は、その記録又は証拠物は家庭裁判所の許可を得た場合を除いては閲覧・謄写することができない（少審規7条1項）。

ただし、付添人は審判開始決定があった後には、少年保護事件の記録又は証拠物を閲覧することができる（少審規7条2項）。

なお、事件の記録には、法律記録及び社会記録の双方が含まれる（田宮ほか・前掲59頁）。

(3) 保管場所

保管場所は第一審の家庭裁判所である（昭和39年12月12日最高裁判所規程8号「事件記録等保存規程」3条1項）。閲覧・謄写手続の申請や問合せは、家庭裁判所の記録係に行う。

(4) 保管期間

保管期間は、保護処分決定によって完結したもの又は検察官を出席させる決定があった事件につき、審判に付すべき事由の存在が認められないこと若しくは保護処分に付する必要がないことを理由として保護処分に付さない旨の決定がされたものについては少年が26歳に達するまで、その他の事件については3年である。ただし、道路交通法違反保護事件以外の事件で保管期間満了時に少年が20歳に達しないものは、20歳に達するまでの期間である（事件記録等保存規程別表）。

【参考文献】

・金子修編著『一問一答家事事件手続法』（商事法務、平成24年）
・金子修編著『逐条解説・家事事件手続法（第2版）』（商事法務、令和4年）
・田宮裕・廣瀬健二編『注釈少年法（第4版）』（有斐閣、平成29年）

基本編　第6章　鑑定

第6章　鑑定

1　筆跡

⑴　どのようなケースで問題となるか

　筆跡鑑定は文書鑑定の一分野で、異同鑑別が最も多い。

　筆跡鑑定が用いられるケースとしては、刑事上の各種文書偽造の成否、犯人の特定があるほか、民事上でも文書の成立の真否を判断するために用いられる。例えば裁判事例では、銀行からの借入れについての保証人の自署性が争われたケース（筆跡鑑定の信用性を否定したものとして名古屋地判平成元年5月8日金判821号42頁）や、自筆証書遺言における遺言書の自筆性が争われたケース（一部の筆跡鑑定の信用性を肯定したものとして和歌山地判令和6年6月21日判例秘書L07950355、信用性を否定したものとして仙台高判令和3年1月13日判タ1491号57頁）などがある。

⑵　民事訴訟法上の取扱い

　民事訴訟法では、私文書は、本人又はその代理人の署名又は押印があるときは、真正に成立したものと推定するとされている（民訴228条4項）。

　この文書の成立の真否については、筆跡又は印影の対照によっても証明することができると規定されている（民訴229条1項）。

　対照の用に供すべき筆跡又は印影を備える文書その他の物件の提出又は送付については、文書提出命令等（民訴229条2項・223条）及び文書送付嘱託（民訴229条2項・226条）の規定が準用されている。

　そのため、当事者が、対照の用に供すべき筆跡又は印影を備える文書その他の物件の提出を命じられたにもかかわらず、当該文書等を提出しない場合、相手方の使用を妨げる目的で、提出の義務を負担する文書等を滅失させ、その他これを使用することができないようにしたときには、問題となる文書の署名又は押印と同一の署名又は押印の文書等が存在することを認めることができるとされている（民訴229条2項・224条1項・2項）。

1 筆 跡

　なお、対照をするのに適当な相手方の筆跡がないときは、裁判所は、対照の用に供すべき文字の筆記を相手方に命ずることができるとされており（民訴229条3項）、相手方が、正当な理由なくこの決定に従わないとき及び書体を変えて筆記したときは、その文書の成立を認めることができるとされている（民訴229条4項）。

(3)　筆跡鑑定の概要

ア　筆跡の特徴と筆跡鑑定の信用性

　人は文字を書く初筆から終筆に至る過程において、それぞれ個性があり、成人の頃になると恒常性を有するとされる。もっとも、意識的に字体等を変えて書くこともありうるし、精神的な条件や記載条件によっても筆跡が変化し得るため、筆跡鑑定の信用性については、批判的に考える必要がある（日本弁護士連合会『刑事鑑定の手引』昭和60年。東京高判平成12年10月26日判タ1094号242頁）。

　とはいっても、筆跡鑑定の結果も一つの資料として考える限りにおいて、補助的な証明手段にはなるであろう。

イ　筆跡鑑定の方法

　筆跡鑑定の方法は、①配字形態の特徴を比較すること、②筆勢及び筆圧を比較すること、③書字能力、すなわち字の上手い下手を比較すること、④字画形態の特徴を比較すること等があるとされている。もっとも、鑑定人によってどこを重視するかは様々である。

ウ　筆跡鑑定における留意点

　筆跡鑑定は、鑑定資料（鑑定の対象となる方の資料）と対照資料（鑑定資料と同一であるか比較するための資料）の双方が適切でない限り、十分な比較を行うことが難しくなるため、双方の資料の適格性も吟味する必要がある。

　例えば、鑑定資料については、特に偽造の有無が問題となる場合、原本であることが望ましい。

　また、対照資料については、書かれている媒体（紙等）、筆記具、書体、記載時期、共通文字の有無等の諸条件について、鑑定資料と同一又は近似す

基本編　第6章　鑑　定

るものが望ましい。例えば、郵便葉書と封書等、筆記具が同一で記載時期も
近く、書体も同一、共通文字が複数ある等の条件が揃っているものが理想的
とされる。対照資料の文字を新たに記載させる場合も、2～3回別々の用紙
で書かせること、自由に書かせること、記載した用紙の末尾には記載者本人
の住所氏名を書かせることといった点に留意する必要がある（鳩山茂「筆跡
鑑定について」『東京弁護士会平成元年春季弁護士研修講座』第4講61頁以下）。

⑷　鑑定依頼の方法

　筆跡鑑定は、裁判所に対し鑑定を申し立てる方法と、任意に鑑定をしてもら
う方法が考えられる。事案に応じて、適切な方法を選択すべきである。
　なお、筆跡鑑定人は警察の科学捜査研究所の出身者が多いといわれている。

2　印　影

⑴　どのようなケースで問題となるか

　印影の鑑定は文書鑑定の一分野であり、印影及びスタンプ（ゴム印）の異
同鑑別が主である。ただ、鑑定の中には、書類上で判が捺されたのが先か、
筆跡が記されたのが先かという上下の鑑別（捨印や訂正印に疑義が生じた際な
どに行われる）等もある。
　一般的に日本では、実印が重要な文書では用いられるので、実印の偽造の
有無が問題となることが多い（なお、実印と印鑑証明書については、基本編第
1章5を参照）。

⑵　資料の収集

　鑑定に当たっては、鑑定資料と比較する対照資料を集める必要がある。既
に押印されている印影を収集する場合は、できるだけ複数の、かつ押印時期
が鑑定資料に近いものを集めることが大切である。新たに印影を作成する場
合は、印鑑も鑑定資料に含め、印鑑を入手したときのままの状態で印影を作
成した後、印面を掃除して印影を作成するとよい（科学警察研究所所長高取健

彦編『捜査のための法科学』（令文社、平成16年）333頁）。実印については印鑑証明書が資料となるが、その場合も印鑑が鑑定資料に含まれているほうがよいと思われる。

(3)　民事訴訟法上の取扱い

　民事訴訟法では、文書の成立の真否について筆跡又は印影の対照によっても証明することができるとされ（民訴229条1項）、対照の用に供すべき印影を備える文書等の提出又は送付については、書証の規定が準用されている。したがって、所持する者が相手方であり、それに従わない場合には、一定の効果が生ずることになっている（民訴229条2項）。

(4)　鑑定依頼の方法

　印影の鑑定は、裁判所に対し鑑定を申し立てる方法と、任意に鑑定をしてもらうことが考えられる。事案に応じて適切な方法を選択すべきであるが、後者については個別に当たることとなろう。

3　DNA

(1)　DNA鑑定とは

　DNA（デオキシリボ核酸）とは、全ての動植物に存在する二重らせん構造の塩基配列である。

　このDNAを利用して鑑定対象者が親子であるかどうかの鑑定や、刑事事件において犯行現場に遺留された体液等が被疑者のものと同一かどうか（個人識別）などの鑑定が行われる。

　なお、DNA鑑定を用いた立証活動に当たっては、DNA鑑定により認められる事実が、情況証拠の一つにすぎないということを認識する必要がある。例えば、DNA鑑定によって明らかになるのは、遺留された試料が被疑者のものと同一かという一点に限られるのであって、当該鑑定結果と犯行又は犯人との結び付きは、当該試料の付着状況や遺留状態によって決定されること

を忘れてはならない。

⑵　DNA鑑定の方法

　現在行われている鑑定方法としては、①比較的初期の頃から親子鑑定で用いられていたDNAフィンガープリント法（多型性のあるDNAを取り出してバーコードのように並べて比べる方法）、②犯行現場に遺留された微量の体液等から容疑者との同一性を判断するためによく用いられるMCT118法、TH01法、HLA-DQ.法、STR法などがある。後者の②の方法はDNAの中から多型性のある部分を特殊な酵素を使って切り取り、PCR（ポリメラーゼ連鎖反応）法という手法を用いてDNAを増幅し判別する方法で、資料のDNAが少量で済むことから、現在、民間業者が行う親子鑑定なども、これらPCR法を利用するところが多い。

　なお、現在主流となっているSTR法によるDNA鑑定は、STR型15座位の全てが一致した場合、4兆7000億人に1人という識別精度を有するといわれ、犯人性を高度に肯定することが可能であると同時に、他方で無実の者を救済することができる側面をも有しているとされる。

⑶　DNA鑑定の利点
ア　試料の多様性
　従来の血液型鑑定などにおいては、特定の試料がなければ鑑定そのものを行うことができなかったが、DNA鑑定においては、血液だけでなくほぼ全ての有核細胞からDNAを検出することが可能であり、従来の鑑定に比して試料を選ばない。
イ　情報量の多さ
　DNAは、多型性（個人差）が高い部分が多くあり、血液型鑑定等に比べ情報量が多い。
ウ　応用範囲の広さ
　DNA鑑定においては、性染色体遺伝子や種特異遺伝子の検出も容易であることから、親子鑑定や同一性の鑑定だけでなく、性別鑑定や人獣鑑定にも

使用することができる。

⑷　DNA鑑定の問題点

ア　非絶対的、確率論的性格

現在のDNA鑑定は、30億対のDNAのほんの一部を対象とするにすぎない。

DNA鑑定の対象となるDNA断片の多型性ある部分は、何百か所もあると推察される。しかし、従来、警察が中心的に使用してきたMCT118法では、対象となるDNA断片から一つの多型性ある部分だけを取り出して比較することがあり、それだとせいぜい数百通りのパターンしかないため、数百分の一の確率で偶然一致の可能性が存在する。

平成21年6月には、いわゆる足利事件の再審請求の中で、犯人性の決め手となったMCT118法によるDNA鑑定に誤りがあり、犯人とされた方と被害者に付着した体液のDNAが一致しないという再鑑定結果をもとに、再審開始決定がなされ（東京高判平成21年6月23日判タ1303号90頁）、後に再審で無罪判決（宇都宮地判平成22年3月26日判時2084号157頁）が確定したことにより、大きな問題となった。この事件では、当初、MCT118法に偶然一致可能性があることが問題とされていたが、MCT118法を用いた再鑑定によっても、前の鑑定が誤りであることが判明している。

鑑定の正確性を高めるためには、試料のDNAから、一つだけではなく複数の多型性ある部分を鑑定し、これを併用して比較することが必要となる。警察では、現在、多型性ある部位9か所又は15か所でDNA鑑定を行っているといわれており、9部位であれば1100万人に1人、15部位であれば4兆7000億人に1人の偶然一致率になるようである。

しかしこれは、あくまで一般的に精度が高いというだけであり、例えば遺伝的に共通性の高い親族間での一致率など、不明な点も多い。

それゆえ、DNA鑑定は血液型鑑定よりもはるかに正確であるが、指紋のような絶対性はない、ということを認識する必要がある。

イ　鑑定の前提としてのDNAデータの蓄積不足

DNAの解析は歴史が浅く、データの蓄積が不十分なため、今まで知られ

基本編　第6章　鑑定

ていないパターンを持つ人の存在が明らかになるなど、多型のパターン数自
体が訂正されることがある。

　また、血液型にも人口比率によるバラツキがあるように、数百通りの
DNAの多型にもバラツキがある。そのため、DNA鑑定では、鑑定対象の持っ
ていたパターンが人種等を前提とした人口比率でどの程度のものか、という
ことも加味して偶然一致確率を算出する必要がある。

　ところが、その人口比率に係るデータの蓄積も、個人情報保護の問題もあっ
て、いまだ不十分な状況である。そこで、警察では、最近、被疑者や変死者
等のDNA型のデータベース化を図っているが、これに対して、日本弁護士
連合会が平成19年12月に、捜査上の有用性は認めつつもプライバシー保護を
徹底するよう意見書を発表している。

ウ　信頼性、正確性の問題

　いくら最新の機器を使ったDNA鑑定であっても、鑑定試料（資料）の採取
や保管方法、鑑定方法、鑑定結果に対する鑑定人の評価などに問題があれば、
誤鑑定が生じる危険性は否定できない。

　例えば、試料の採取から型判定に至るまでの間に試料が汚染されたり、他
人のDNAその他の物質が混入したりする可能性がある。また、微細な手順
を何度も繰り返す過程において、使用する試薬の間違い、使用量の間違い、
手順の間違いなどのミス、機器の入力設定・操作のミス、試料を他の試料や
物件と接触させるミスなどによるエラーを犯す危険がある。さらに、DNA
抽出装置、DNA増幅装置、解析装置の誤作動等の危険もある。これらのミ
スや危険は目で直接に確かめることはできないので、判定結果が正しいかど
うかを確認することは必ずしも容易ではない。

　この点に関連して、前記足利事件にてMCT118法によるDNA鑑定が誤り
とされたのは、MCT118法による判定が最終的に鑑定者の目視による判断を
伴うことに起因するともいわれており、これは、鑑定方法の信頼性、正確性
の問題ともいえる。

　また、近時、手術後に女性患者の胸をなめたとして乳腺外科医が準強制わ
いせつ罪に問われた、いわゆる乳腺外科医事件の最高裁判決が出された（最

62

二小判令和4年2月18日判タ1498号49頁）。

この事件では、女性患者の左乳首付近の付着物について実施されたDNA型鑑定（以下「本件DNA型鑑定」という。）において被告人と一致するDNA型が検出され、さらに、本件DNA型鑑定を実施する途中で行われたDNA定量検査（以下「本件定量検査」という。）において、被告人のDNAが多量に付着しているとの結果が得られたところ、これらのDNA鑑定・定量検査の信用性が主要な争点の一つとされた。

第一審は、本件定量検査で被告人のDNAが多量に付着しているとの結果等も、女性患者の証言の信用性を十分に補強しているとはいえないから、公訴事実があったと認めるには合理的な疑いが残るとして、無罪判決を下した。

これに対し、検察官が控訴したところ、控訴審判決は、本件定量検査等の結果は女性患者の証言と整合し、その信用性を補強することなどから、被告人がわいせつ行為に及んだと認められるとして、第1審判決を、事実誤認を理由に破棄し、有罪（懲役2年の実刑）の自判をした。

本件最高裁判決は、本件定量検査の結果の信頼性については、これを肯定する方向に働く事情も存在するものの、本来、最終的にDNA型鑑定を実施するための準備として行われるDNA定量検査の結果が、どの程度の厳密さを有する数値といえるのか、また、科学捜査研究所が実施するDNA定量検査の方法が検査の原理等に照らし、問題がないといえるのか、検査結果の信頼性にどの程度影響するのか、といった点について疑問が解消し尽くされておらず、原判決には審理不尽の違法があるとして、これを破棄した。そして、専門的知見等を踏まえ、上記の疑問点を解明等した上で、改めて女性患者の証言の信用性を判断させるため、原審に差し戻した。

本判決は、DNA定量検査の結果の信頼性という専門的知見に関する争点につき、最高裁が一定の判断を示した事例として、参考になる。

⑸　DNA鑑定に対する実務上の扱い（判例等）

民事事件においては、認知請求控訴事件（広島高判平成7年6月29日判タ893号251頁）で、DNAフィンガープリント法のDNA鑑定の結果がいまだ実

験段階にとどまるとの被控訴人代理人の主張を退けて、DNAフィンガープリント法を親子の判断要素として認めた。なお、この判決は、原審が血液型と顔貌、指紋型等の鑑定によっても親子関係の存在を推認するには不十分として認知請求を棄却したのに対し、控訴人が控訴審でDNA鑑定の結果を証拠として提出し、控訴裁判所が原判決を取り消して認知請求を認容した。

　この裁判例以降、DNA鑑定に基づき、親子関係を判断する裁判例が増加している（東京高判平成17年7月26日家月58巻5号78頁等）。

　刑事事件においても、MCT118DNA鑑定の証拠能力について、技術を習得した者により、科学的に信頼される方法で実施された場合には、証拠として用いることが許されるとの判断がなされているが（最二小判平成12年7月17日判タ1044号79頁ほか）、過去のMCT118法については、足利事件での再鑑定結果が出て以来、疑念が持たれている。

　このように、DNA鑑定にはいまだ不確実性が存在するものの、微量試料で鑑定が可能なPCR法の普及とともに、再審事件での新証拠としてDNA鑑定が活用される余地も出てきている。

　もっとも、上記の判例・裁判例においては、DNA鑑定の結果のみを理由として結論を認定しているわけではなく、あくまでも証拠の一つとしてDNA鑑定を採用していることに留意が必要である。

　なお、DNA鑑定により、夫と民法772条により嫡出推定を受ける子との間に生物学上の父子関係が認められず、妻及び生物学上の父の下で順調に成長しているという事情があっても、子の身分関係の法的安定を保持する必要性から、民法772条による嫡出の推定が及ばなくなるものとはいえず、親子関係不存在確認の訴えをもって父子関係の存否を争うことはできない旨の判例が出されたことには注目する必要がある（最一小判平成26年7月17日判タ1406号59頁）。

⑹　DNA鑑定はどこに依頼するか

　法医学教室のある医科大学では裁判所からの嘱託があればDNA鑑定を行うようであるが、それらの鑑定に使用する特殊な酵素やDNAを増幅させる

PCR法等に特許が取得されており使用料が必要となるため、民間業者と変わらない程度の費用がかかると予想される。

他方、DNA鑑定を行う民間業者も増加しており、費用は、鑑定の内容・方法等により様々であるが、通常の親子鑑定の場合で、5～30万円程度と広告されている。

(7) DNA鑑定を行う場合の注意点

現在、民間業者の行うDNA鑑定はほとんどが唾液（口腔粘膜）で行うので、被験者に身体に対する侵襲による危険性は少ない。ただ、自己のDNAデータは高度なプライバシー保護を必要とする事項と考えられるので、必ず被験者の承諾を得る必要がある。また、採取した唾液と被験者の同一性を確保することが絶対に必要である。この点、業者によっては被験者に承諾書を提出させ、かつ、検査員が裁判所等に出向いて、直接被験者から唾液を採取して持ち帰る方法をとる業者や、唾液採取時に医師又は弁護士の立会いを必要としている業者、提携病院で医師が採血したうえで鑑定を行う業者などがある。

なお、当事者が事前にDNA鑑定を行い、証拠として提出をしていても、裁判所が改めてDNA鑑定を行う例が多いと言われており、二重の費用負担となる可能性があることに留意が必要である。

【参考文献】

・司法研修所編集『科学的証拠とこれを用いた裁判の在り方』（法曹会、平成25年）

・押田茂實・岡部保男編著『Ｑ＆Ａ見てわかるDNA型鑑定〔第２版〕』（現代人文社、令和元年）59～61頁

・勝又義直著『最新DNA鑑定：その能力と限界』（名古屋大学出版会、平成26年）

・福島弘文著『DNA鑑定のはなし：犯罪捜査から親子鑑定まで』（裳華房、平成15年）

・天笠啓祐・三浦英明著『DNA鑑定：科学の名による冤罪（増補改訂版）』（緑風出版、平成18年）

基本編　第7章　渉外関係

第7章　渉外関係

1　はじめに

　本章においては、渉外に関する証拠のうち、外国における身分関係の登録・公証制度と署名の認証制度について説明することとする。

2　外国における身分関係の登録・公証制度

(1)　我が国における戸籍制度

　我が国における戸籍制度とは、日本国民が出生してから死亡するまでの親族関係を登録し公証する制度である。そのため、日本国民についてのみ編製されるものである。戸籍制度は家族単位で編製され、その正確性や利便性に優れたものであるが、このような戸籍制度は、現在において日本にしか残存していないといえる。以前は日本の旧植民地にも存在していたが、大韓民国では、後述するとおり戸籍制度に代わり家族関係登録制度が整備され、朝鮮民主主義人民共和国でも戸籍制度が廃止された。

(2)　外国における身分関係の登録・公証制度

ア　外国における戸籍謄・抄本に代わる書類

　このような戸籍制度がない外国が関係する婚姻・相続問題を扱う際には、以下のような方法で代替できる場合がある。

a　外国人と婚姻する場合

　外国人と婚姻する場合、婚姻届の添付書類として、当該外国人が独身であること、婚姻適齢であること等当該国の婚姻要件を具備していることの証明をするために婚姻要件具備証明書を提出する必要がある。

　外国人の本国の大使、公使又は領事など権限を持っている者が本国法上その婚姻に必要な要件を備えていることを証明する書面である婚姻要件具備証

明書は、当該国の官憲（在日大使館等を含む。以下同じ）から発行してもらうか、その発行ができない場合には、領事の面前において本国の法律で定める結婚年齢に達していること、日本人との結婚について法律上の障害がないことを宣誓し、領事が署名した宣誓書で代えることが先例によって認められている。

婚姻要件具備証明書も、これに代わる証明書も提出できない場合、届出本人の申述書等、外国人の本国の法律の写し、外国人の本国の公的機関が発行したパスポート、国籍証明書等の身分証明書、身分登録簿の写し、出生証明書などの書類を用いることとなる。

b　外国人が相続をする場合

被相続人が死亡したこと、申請人が相続人であること、ほかに相続人がいないこと等を証明するために、当該国の官憲発行の相続証明書を使用する場合もある。朝鮮民主主義人民共和国に関しては、日本と国交がないが、在日本朝鮮人総聯合会発行の相続証明書で相続登記ができる。そのような証明書がない場合には、申述書で登記できる場合もある。

c　相談窓口

外国における戸籍謄・抄本の代わりとなる書類を取得する必要が生じた場合、その取得方法を知るためには各国の駐日外国公館に問い合わせるのがよい。

外務省のホームページの「駐日外国公館」のページに、各国大使館のホームページ及び駐日外国公館の一覧が記載されているので参照されたい（https://www.mofa.go.jp/mofaj/link/embassy.html）。

イ　大韓民国の身分関係の登録・公証制度

実務上、扱う場面が比較的多いと思われる大韓民国における戸籍制度に代わる身分関係の登録・公証制度は、大要以下のとおりとなっている。

a　大韓民国では、以前は、戸主とその家族で構成され、その家族の身分に関する全ての事項が記載される戸籍制度が存在していたが、2007年をもって戸籍制度は廃止された。そして、2008年1月1日から戸籍制度に代わって施行されている家族関係登録制度では、個人ごとに家族関係登録簿が作成されることになった。家族関係登録簿には、家族

基本編　第7章　渉外関係

関係に関すること（本人の父母、配偶者及び子女の3代に限り、それらの名前、生年月日など家族関係の特定に必要な事項）、基本的身分事項に関すること（出生、国籍、親権、禁治産、改名等）、婚姻に関すること、入養に関すること及び親養子入養に関することなどが記録される。証明書は、証明対象ごとに、家族関係証明書、基本証明書、婚姻関係証明書、入養関係証明書、親養子入養関係証明書の5種類に分けて発給されることとして、個人情報保護が図られている。また、家族関係登録簿では、家族は全て戸主の本籍に従うとされた戸籍とは異なり、個人ごとに登録したい場所を自由に選択できる登録基準地制度が採用された。

　家族関係登録簿の各証明書は、本人、直系尊属、直系卑属及び配偶者が発給権者であり、これら以外の第三者が発給を受けようとするときは、法律で特別に許された場合を除いては、発給権者の委任を受ける必要がある。

b　家族関係登録簿の各証明書は、駐日韓国大使館領事部又は総領事館で申請できるが（日本語の説明文も備え付けられている）、姓名、生年月日及び住民登録番号（住民登録番号の代わりに「登録基準地」の住所（最小○○洞、○○里までは必要）でも良い。）の情報が必要となる。この点、大韓民国の「登録基準地」を管轄する役場に郵送にて直接申請することも可能である。

c　大韓民国に関しては、みんだん生活相談センター（https://mindan.org/soudan/）の相談窓口で、各証明書の発給に関する相談のほか、法律相談にも応じている。

3　署名の認証

⑴　署名の認証の意義

　日本で作成された文書を外国の裁判、登記等で利用する場合、逆に外国法人の日本支店の設立や、外国居住者から遺産分割協議書等への署名を求める

68

際など、法人登記制度や印鑑登録証明書が利用できない場合、文書が真正なものであることを立証するために署名の認証が意義を持つ。また、訴訟で、外国居住者の作成した宣誓供述書等の文書が真正なものであり、証拠として適正なものであるかを立証するためにも署名の認証が重要な役割を果たすこともある。以下では、日本で作成された文書と外国で作成された文書に分けて、それぞれの署名認証に関する制度について説明することとする。

(2) 日本で作成された文書の署名認証

ア 駐日外国領事による認証

日本で作成された文書を外国に提出する際、原則として、当該文書に外務本省（東京）ないし大阪分室で証明を受けたうえで、駐日外国領事による認証を受ける必要がある。

ただし、日本も加盟している外国公文書の認証を不要とする条約（1961年10月5日のハーグ条約。以下「認証不要条約」という。）に加盟している国（地域）に証明書を提出する際には、駐日外国領事での認証は不要となる。認証不要条約に加盟している国（地域）及び手続の詳細については外務省のホームページ内に記載されている（https://www.mofa.go.jp/mofaj/toko/page22_000610.html）。なお、認証不要条約加盟国においては、一般に外務省の証明の方法として公印確認による証明までは不要とし、付箋による証明（アポスティーユ（Apostille））で足りるとされるが、認証不要条約加盟国であっても公印確認による証明まで求められる場合もあるので、その都度確認すべきである。

イ 公証人による私署証書の認証

公文書（例えば、法人登記簿謄本、戸籍謄本）については、直接外務省での証明を受けることができるが、委任状や定款等の私文書については、公証役場で公証人による私署証書の認証を受けた後、原則として公証人の所属する地方法務局長による公証人押印証明を受けたうえで、外務省での証明を受けることになる。

なお、東京都内、神奈川県内及び大阪府内の公証役場では、私署認証の際に既にアポスティーユのついている認証文書を作成する運用を行っているよ

基本編　第7章　渉外関係

うである。

公証人による私署証書の認証は、署名する当事者が本人であることを明らかにするパスポート、運転免許証等官公署が発行し、写真付で本人を確認できる証書を持参のうえ、公証人の面前で署名又は捺印するか、又は公証人の面前で自分の署名又は捺印したことを自認することにより行われる（公証58条）。また、公証人は書面の内容について真実であることを認証することはないが、署名者本人が書面の内容が真実であることに宣誓し署名又は捺印した場合は、その旨記載して認証することができる（公証58条ノ2）。

ウ　公文書の翻訳に係る公証人の認証

公証人は、公文書については、認証を行うことができないが、公文書を外国語に翻訳した訳文と公文書のコピーを添付し、この訳文が公文書を誠実に翻訳したものである旨を内容とする宣言書等については、これらが私文書であることから、公証人が認証することができる。

エ　外国法人の日本支店に係る認証

外国法人の日本支店の登記事項の変更等の手続については、例えば米国法人の日本支店の日本における代表者が米国国籍を有し、米国大使館にパスポート等自らが本人であることを証明する公文書及び公証を必要とする内容を宣誓供述書（StatutoryDeclaration）の形式で持参して認証を受けることにより、その文書の内容を登記するために必要な公証文書を取得することができる。

(3)　外国で作成された文書の署名認証

外国で作成された文書を認証し、日本での会社設立等を行うためには、当該文書について外国の公証人（Notary Public）により署名認証又は在日大使館で認証を受ける必要がある。なお、英国のように会社関連書類には会社の社印を押印したうえで、証人として書記役（Secretary）が署名する場合もあるが、これは私文書の私人による証明である。

日本での住民登録を抹消した外国居住者から遺産分割協議書等に署名をもらう場合などは、印鑑登録証明書に変わるものとして、当該書面を身分証明

の書類と共に日本の在外公館に持参し、領事の面前で署名することで、本人が署名したことの証明を取得しうる。

　また、外国で作成された文書を日本で供述調書として証拠として提出する場合は、私文書の形式で作成し提出する場合もあるが、宣誓供述書（Affida-vit）という形式により作成し、公証人により真正を立証された文書として提出する場合もありうる。

【参考文献】

・榎本行雄編著『詳解国際結婚実務ガイド』（明石書店、平成24年）

・亀田哲著『外国会社と登記（全訂版）』（商事法務、平成24年）

・鈴木龍介編著『外国会社のためのインバウンド法務』（商事法務、平成28年）

基本編　第8章　インターネット・SNS関係

第8章　インターネット・SNS関係

1　サイト調査等

⑴　はじめに

　インターネット上で誹謗中傷を受けた場合、誹謗中傷の投稿をした者（以下「投稿者」という。）がどこの誰なのかは分からないのが一般的であろう。

　誹謗中傷の投稿について、削除請求をするのであれば、誹謗中傷が掲載されているウェブページのサイト管理者（インターネット上のコンテンツを提供しているサービスの主体であり、コンテンツプロバイダ（CP）とも呼ばれる。）が分かれば良いが、削除に留まらず、投稿者に対して損害賠償請求する、投稿者本人に謝罪を求める、投稿者自身に投稿を削除させるといった措置を求める被害者は多く、そのような場合、まずは投稿者が誰なのかを特定する必要がある。

　そこで、特定電気通信役務提供者の損害賠償責任の制限及び発信者情報の開示に関する法律（以下「プロ責法」という。）5条1項及び2項の「発信者情報開示請求権」を行使し、投稿者を特定することで、上記措置を実現していくこととなる（発信者情報開示請求の詳細については本章2以降を参照されたい。）。

　投稿者を特定するためには、2段階の請求が必要となる。1段階目の請求の相手方はCP、2段階目の請求の相手方は接続プロバイダ（携帯電話会社などのインターネット通信への接続サービスを提供している事業者。「アクセスプロバイダ（AP）」、「インターネットサービスプロバイダ（ISP）」、「経由プロバイダ」とも呼ばれる。）である。なお、2段階目の請求の相手方は、近年MVNO（Mobile Virtual Network Operatorの略。仮想移動体通信事業者。）の増加により、さらに数段階に分かれることがある。

　1段階目の請求の相手方であるCPに関する情報は、サイト内の会社概要や利用規約、プライバシーポリシーなどのページに記載されていることが多いものの、CPに関する情報が全く記載されていない匿名サイトも存在する。

72

そのような場合に、CPあるいはサーバー管理者（データが保管されている
サーバーを提供する事業者。「ホスティングプロバイダ」とも呼ばれる。）を特定
するため調査する方法を、以下、説明する。

(2) サイト調査等
ア whois検索サイトでの、ドメイン名の登録者確認等
(1)で述べたようにサイトによってはCPが記載されたページがなく、CPが
分からない場合がある。そのような場合には、「whois検索サイト」を用い
ることで、ドメイン登録者を把握する。

「whois検索」とは、ドメイン名（IPネットワークにおいて、個々のコンピュー
タを識別し、接続先を指定するために使用される名称の一部。）登録情報を、イ
ンターネットユーザーが誰でも検索できるサービスである。株式会社日本レ
ジストリサービス（JPRS）が提供するドメイン名登録情報検索サービスが著
名である。

一般的にはドメイン名の登録者以外は当該ドメインを利用できないため、
ドメイン登録者がCPである可能性が高い。ただし、当該ウェブサイト制作
者等がドメイン登録者である場合もあるため注意が必要である。

イ サーバー管理者の調査(ホスト名に対応するIPアドレスの登録者調査)
アグスネット株式会社が運営する「aguse」というサイトを利用して調査
することが一般的と思われる。トップページで調査対象となるサイトURLを
入力すると検索結果が表示される。この検索結果の「正引きIPアドレス管理
者情報」に、調査対象となるサイトのウェブサーバーの管理者が表示される。

(3) 証拠保存の方法
ア 証拠保存の必要性
開示請求をする際には、権利侵害情報がインターネットで公表されている、
又はされていた事実の立証が求められるため、証拠として対象となる投稿や
記載等（以下これらを「書き込み」と総称する。）がされているサイトを証拠と
して保存しておくことが不可欠である。

基本編　第8章　インターネット・SNS関係

　特に開示請求の際には、書き込みが削除されてしまった場合、書き込みの内容が確認できなくなり、権利侵害の立証ができず、開示請求が認められなくなってしまうため、スクリーンショット等による画像保存や印刷、PDF保存、動画保存等により早急に書き込みを証拠として保存しておく必要がある。

イ　証拠を保存する際の留意点

　いずれの証拠保存の方法においても、少なくとも以下の2点に注意して証拠化することが求められる。

① 　URLが正確に読み取れること
② 　書き込みの内容が正確に読み取れること

　特に①については、ウェブページの特定のため非常に重要である。裁判例には「インターネットのホームページを裁判の証拠として提出する場合には、欄外のURLがそのホームページの特定事項として重要な記載であることは訴訟実務関係者にとって常識的な事項である」と述べ、サイトURLが不明であった印刷物の証拠価値を否定したものがある（知財高判平成22年6月29日（平成22年（行ケ）第10062号、同第10081号、同10082号）最高裁HP）ため、保存の際にはサイトURLが途中で切れることがないように注意する。

　次に②については、書き込みの内容が正確に読み取れることは当然として、書き込み単体では意味が分かりにくい場合などには、前後の関連する書き込みなどと併せて文脈上意味が分かるように保存する。

ウ　証拠保存の具体的方法

a　スクリーンショット等による画像保存

　パソコンやスマートフォンのスクリーンショット機能を使って、ブラウザに表示されたサイトURLとともに書き込みを保存する。

b　印　刷

　印刷する際には「オプション」や「詳細設定」の中の項目に含まれている「ヘッダーとフッター」の欄にチェックするとURLと印刷した日時をヘッダーとフッターに印字することが可能である。また、印刷の際にはページの内容が途中で途切れてしまうことがないように、ページの倍率を縮小するなどして、ページ内に納まるようにする。

c　PDF保存

「Google　Chrome」や「Microsoft　Edge」といったブラウザの印刷機能に
PDFで保存する機能が備わっているので、これらの機能を使用してサイト
をPDFとして出力し、保存する。印刷の場合と同様に「オプション」や「詳
細設定」の中の項目に含まれている「ヘッダーとフッター」の欄にチェック
することで、URLと保存した日時をヘッダーとフッターに印字することが
可能である。

d　動画保存

「Snipping Tool」やフリーソフト等を使用してサイトの画面を録画する。
この場合も、URLが途中で途切れていないか注意する。サイト内の書き込
みの数が多く、スクロールして大量に保存しなければならない場合などに有
用である。

e　サイトが削除されている場合の対応

既にサイトが削除されてしまった場合、ウェブアーカイブを利用すること
が考えられる。「Internet　Archive」というアメリカ合衆国に本部がある民
間団体が運営する「Wayback Machine」にアーカイブが保存されていれば、
こちらを証拠として保存し、利用することが可能である。

2　誹謗中傷等の投稿者の特定

誹謗中傷を含む投稿を見つけた場合、投稿者に対して損害賠償請求をする
には、投稿者の氏名、住所について開示請求をして具体的個人を特定する必
要がある。

特定のために必要な手続は、対象となる投稿がどのようなサイトに投稿さ
れているのかによって異なる。以下、(1)登録型サイト、(2)匿名型サイト、(3)
複数のプロバイダを経由する場合に分けて説明する。

(1)　登録型サイトへの開示請求

たとえば、Google、Yahoo! Japan.co.jp、Amazon.co.jp、X（旧Twitter）、

Facebook、Instagramなどのサイト（以下、総称して「登録型サイト」という。）を利用するには、一定の個人情報を登録したうえで、サイトから提供されたIDやパスワード等を入力する必要がある。

これらの登録型サイトの投稿に対して、その投稿者を特定するには、各サイトのCP（Googleであれば米国法人Google LLC、Yahoo! Japan.co.jpであれば日本法人ヤフー株式会社、Amazon.co.jpであれば日本法人アマゾンジャパン合同会社、X（旧Twitter）であれば米国法人X Corp.、Facebook及びInstagramであれば米国法人Meta Platforms, Inc.）に対して、投稿者の情報の開示を求めることになる。

(2) 匿名型サイトへの開示請求

上記(1)の登録型サイトと異なり、サイトの利用に個人情報の登録が不要で匿名での利用が可能なものがある。代表的なものとして2ちゃんねるや5ちゃんねるといった電子掲示板サイトがあげられる。これらのサイトのCPは、上記(1)の登録型サイトのCPとは異なり投稿者の情報を保有していない。そのため、最初にCPに対して、当該投稿に使用されたIPアドレス及び投稿日・時・分・秒（これらの時間をタイムスタンプという。）の開示を請求し、これにより開示を受けたIPアドレス等から、投稿者が当該投稿に使用したAP（日本国内ではOCN、FLETS、ニフティ、ぷらら等がAPに該当する。）を割り出した上で、投稿者の住所、氏名の開示を求めることになる。

令和3年に改正されたプロ責法において、この2つの開示請求を一体的に行う発信者情報開示命令の手続が新設された。この手続による場合はCPからAPに対してIPアドレス等の情報提供が行われるので、申立人においてIPアドレスからAPを割り出す必要がなくなる。

(3) 多段プロバイダへの開示請求（複数のプロバイダを経由する場合）

投稿者がモバイル機器で使用する通信回線を利用して当該投稿をした場合、CPから開示を受けたIPアドレスに対応するAPに開示を求めても、APが投稿者の氏名、住所を保有していない場合がある。これは、MVNOとい

う仕組みを利用した通信サービスを利用した場合である。具体的にはいわゆる格安SIMのように、自社で通信回線を保有せず、MNO（Mobile Network Operator、日本で言えばNTTドコモ、ソフトバンク、KDDI、楽天モバイルの4社が存在する。）の回線を利用して通信サービスを提供するものである。

この場合、CPから開示されるIPアドレスはMNOのIPアドレスである。MNOに投稿者の情報開示請求をした場合、MVNOに関する情報が提供されるので、当該MVNOに対して開示請求をすることになる。

3　仮処分手続

インターネット・SNS上における投稿者の特定においては、情報の保存期間に限りがあることから、特に仮処分の手続が多く利用される。

種類としては、発信者情報開示仮処分命令申立事件、発信者情報消去禁止仮処分命令申立事件に大別され、いずれも仮の地位を求める仮処分（民保23条2項）であり、被保全権利は人格権侵害差止請求権又は発信者情報開示請求権である。

(1)　仮処分手続の流れ

手続の流れとしては、以下の通りである。

仮処分の申立て→債権者面接→申立書副本等の債務者への送達→双方審尋期日→担保決定→法務局での供託→仮処分決定の発令（→相手方（債務者）による削除や開示）→供託金の回収。

発信者情報開示仮処分決定が発令され、通信記録（IPアドレスなど）の開示がされた場合には、whois等によるAPの特定→APに対する発信者情報消去禁止仮処分申立て→APに対する発信者情報開示訴訟（氏名・住所など）や損害賠償請求訴訟等へと進むことになる。

訴訟手続と異なり、仮処分手続段階では当事者は「債権者」「債務者」と呼称する。請求の相手方であるCPやAP（プロ責法4条1項柱書）が「債務者」となる。申立てにあたっては、被保全権利の存在及び保全の必要性について

基本編　第8章　インターネット・SNS関係

の疎明が必要となる（民保規13条2項）。

　その他基本的な手続の流れやウェブページ・SNS画面の保存・印刷時の注意については本章5及び第10章「デジタル証拠」を、whois等については本章4も参照されたい。

(2)　疎明資料

ア　被保全権利の存在

a　投稿の存在及び内容

　仮処分の申立てを行うにあたっては、まず対象となる投稿の存在を疎明する。投稿の印刷物か画面のスクリーンショットを疎明資料とすることが一般的である。印刷やスクリーンショットの詳細については本章1に記載があるが、投稿内容及びURLが不足なく読み取れるよう注意する必要がある。

b　権利侵害の存在及び違法性阻却事由の不存在

　投稿が虚偽であることや投稿による債権者の不利益について、債権者の陳述書及びその真実性、投稿の虚偽性を示す客観的資料により疎明することが一般的である。債権者に陳述書を求めることが困難である場合は、債権者代理人による聴取報告書によることもある。

c　当事者

　CPに対する発信者情報開示仮処分を求める場合には、債務者がCPであること（投稿に用いられたIPアドレスを管理していること）を疎明する必要がある。サイトの利用規約やwhoisの検索結果が疎明資料として用いられる。

　IPアドレスなどの開示ができた場合にAPに対する発信者情報消去禁止仮処分を求める場合には、債務者が対象となるIPアドレスに対応するAPであることを疎明する必要がある。これについては、当該IPアドレスについてのwhoisの検索結果を疎明資料とすることが一般的である。また、CPに対するIPアドレスなどの開示仮処分の決定書、CPからの開示書面、開示画面なども疎明資料とすることが多い。

　IPアドレスには接続元IPアドレス（投稿者側のIPアドレス）と接続先IPアドレス（サイト側のIPアドレス）があり、IPアドレス開示請求で取り扱われ

るところのIPアドレスは基本的には接続元IPアドレスである。もっとも、発信者情報消去禁止仮処分を求める際に、接続元IPアドレスとタイムスタンプだけでは足りず、「接続先IPアドレスが判明しなければ投稿者を特定できない」とAP側から主張されることもある。その場合、CPに接続先IPアドレスの開示を求め、CPから接続先IPアドレスの情報を得られなかった場合には、債権者側で独自に調べる必要がある。投稿先のURLやログイン情報の送信先をURLのホスト名の部分をWindowsのコマンドプロンプトや変換サイトを用いてIPアドレスに変換する方法によるのが一般的であるが、その結果複数の接続先IPアドレス検索結果が出てくることがある。接続先IPアドレス検索結果が複数出てきてしまう場合には、それらすべてを記載し「次のうちいずれか」等と付記してAP側に伝えることになる。この場合でも、既に疎明しているタイムスタンプと接続元IPアドレスによってAP側でも特定が可能であるはずであり、基本的には仮処分が認められる。

イ 補充性

ログイン時IPアドレスなどの開示を求める場合には、ログイン時の通信自体が権利侵害を構成するわけではないことから、補充性の疎明が必要とされている（プロ責法5条1項3号）。ログイン時の通信をたどらなければ発信者を特定することができないということに関する報告書を疎明資料とすることが一般的である。

ウ 保全の必要性

「債権者に生ずる著しい損害又は急迫の危険」（民保23条2項）の疎明については、投稿内容や投稿による不利益に関する疎明資料のほかには、申立書において、債権者の人格権が侵害されていることを主張することで足りる。

IPアドレスなどの発信者情報開示仮処分やAPに対する発信者情報消去禁止仮処分が認められるのは、APの通信記録（ログ）の保存期間が一般的に3～6ヶ月間と限られているためである。この点については、「APのログの保存期間が一般的に3～6ヶ月であり、発信者情報開示請求訴訟を提起しても、判決が出るころにはログが消えてしまっている可能性が高い」ことを主張すれば足りることも多いが、それに関して記載している書籍を疎明資料と

基本編　第8章　インターネット・SNS関係

することもある。

4　IPアドレス等開示後の措置

　CPやサーバー管理者等からIPアドレス等の開示を受けた後は、発信者情報開示命令の手続を用いて、当該IPアドレスの使用者の住所・氏名を特定することが一般的である。その手順及び必要な証拠等は次のとおりとなる。

⑴　IPアドレスからプロバイダを検索する

　IPアドレスは、パソコンやスマートフォンなどインターネットに接続する各機器に割り当てられ、「192.168.***.***」など、0～255の数値を4つないし英数字4つずつを「：」で8分割したものを並べた形式で、通信相手を指定する際に使用される。もっとも、これのみでは、使用者の住所・氏名は不明であるため、IPアドレスを割り振ったインターネット接続サービスを提供するAPに使用者を紐づけてもらう必要がある。その際には、ドメイン名やIPアドレスの登録情報などを検索できるサービスであるwhoisで検索し、登録者情報（接続プロバイダ情報）を取得する必要がある。

⑵　通信記録の保存措置

　IPアドレスから接続プロバイダが判明したとしても、保存期間（3～6か月が多い）が経過すれば、APのログは消去される。そのため、ログの保存措置を講ずる必要がある。

ア　必要性

　ログが消去されてしまうと、開示される可能性はなくなってしまう。

　また、どの程度の期間保存されるかについては、プロバイダごとに差異があるほか、各プロバイダが保存期間を公表しているわけでもない。保存期間は各社が定める事項であり変更される可能性はある（なお、令和6年8月時点におけるNTTドコモの保存期間は3カ月間。）。さらに、APがログを有していたとしても、インターネット回線が交わる接続点（エクスチェンジポイント）

80

へ接続する回線を自社で保有せず、当該APにのみ接続する下位プロバイダの使用に供されている場合などは、当該下位プロバイダに対して改めてログの開示を求めることとなる。したがって、早期に保存の措置を講じる必要がある。

イ　任意の保存措置

裁判外において、判明したAPに対して、IPアドレスとタイムスタンプを伝え、発信者情報の保存を依頼する方法も考えられる。

疎明資料等もAPから要求されない限り不要であるが、あくまでも任意の依頼であるため、APがこれに応じないことや、そもそも依頼に対して何らの応答すらない可能性もある。

そのため、確実な保存措置を講ずるのであれば、仮処分の手続を取ることとなる。仮処分の手続を取らない場合であっても、APに送達されたことを確認するため内容証明郵便を用いることや、内容証明郵便の写しに疎明資料を同封して書留など送付することをお勧めする。

ウ　発信者情報消去禁止仮処分（ログ保存仮処分）

APの本社を管轄する裁判所に対して申し立てる。

必要な資料等は次のとおりである。

a　発信者情報目録

IPアドレスの使用者情報のうち、保存を求める項目を記載した発信者情報目録を作成し、提出する。通常は、氏名（名称）、住所、電話番号、メールアドレスとなる。

b　投稿記事目録

現在のIPアドレスは、いわゆる動的IPアドレスと呼ばれるもので、保持しているIPアドレスのうち空いているものが順次割り当てられていくため、同一契約者であっても接続のたびにIPアドレスが異なる。

そのため、標題の目録を作成し、いつ、どのURLに対して、どのIPアドレスから投稿がなされたのか、を明示することが必要となる。

c　権利侵害の明白性

同定可能性、権利侵害（名誉権、プライバシー権等）、違法性阻却事由がな

基本編　第8章　インターネット・SNS関係

いこと等を記載する。事案に応じて種々の主張が考えられるため、依頼者からの聴取は必須であるほか、訴訟の準備として各種の資料を入手しておくとよい。

　　d　疎明資料

　疎明資料として、①投稿内容を明らかとするもの（スクリーンショット等）、②違法性阻却事由の不存在を示すもの、③IPアドレスの開示を受けたこと、及び同IPアドレスの登録者が債務者であることを示すもの、④APのログ保存期間が概ね3〜6ヶ月であることを示すもの、を添付する。

　なお、証拠説明書も提出すべきである（東京地裁では必ず求められる。）。

(3)　住所・氏名の開示を求める手続

ア　IPアドレスから住所・氏名を特定するには、裁判所による発信者情報開示命令を利用することが一般的である（発信者情報開示命令の手続・詳細等について本章5を参照）。

　また、ログの保存措置を講じていない場合は、この時点で併せて消去禁止命令の申立ても行うことになる。

　これらの申立ては、同一の書面で行うことが可能である。

イ　同様に裁判所を利用する手続として、発信者情報開示請求訴訟を利用することも可能であるが、令和4年10月1日以降、発信者情報開示命令を利用することが可能となったため、APに対する開示請求の場面では、訴訟を利用する利点に乏しいといえる。そのため、APの責任を問い損害賠償請求をするような場合を除いては、発信者情報開示命令の利用で足りる。

ウ　IPアドレスから住所・氏名を特定する方法として、裁判所を利用しない発信者情報開示請求書によるものもある。

　送付を受けたAPは、ログの存在を確認した後、該当する契約者に対して、住所・氏名の開示について意見を照会する。ほとんどの場合、契約者は開示を不可とする回答をし、かつAPも契約者が開示に同意しない限り開示を拒むため、この方法で住所・氏名の情報が得られる可能性は高くない。

　なお、投稿者が勤務先所有の通信端末を利用して投稿した場合は、APは

82

当該勤務先に意見照会をすることになるが、当該勤務先が開示を承諾した場合は、当該勤務先名（社名）、住所、該当電話番号等が開示されることになる。もっとも、投稿内容について詳らかにすることは投稿者にとって過剰な制裁となることもありうるので、注意が必要である。

(4) 発信者情報開示が奏功しない場合

ア APに対する開示請求の結果、他のAPがIPアドレスを使用している旨の回答がなされることがある（前述のいわゆる下位プロバイダ）。これは、自らは無線通信インフラを有していない事業者が、NTTドコモやKDDIなどの事業者からインフラを借り、自らの事業を展開するような場合に生じる。

この場合、契約者の住所・氏名等の情報は当該下位プロバイダが所有していることから、改めて当該下位プロバイダに対して情報の開示を求めることとなる。

なお、下位プロバイダが、さらに他の接続プロバイダに回線を使用させているような場合は、再度の開示請求が必要となり、住所・氏名の情報が得られるまで時間を要することとなる。そのため、依頼者に対して、開示までにかかる時間の見通しを伝える際には注意が必要である。

イ 住所・氏名が開示された場合でも、それが個人のものではなく、会社、大学、インターネットカフェ、ホテル又はマンションの共用回線であるなど、個人の特定に至らない場合がある。

このような場合は、当該主体に個別に問い合わせ、使用者を特定できないか確認をすることとなる。共用回線の所有者が判明した場合は、当該共用回線所有者に対して投稿日時における端末の使用者の氏名、住所について弁護士会照会をして特定をすることを検討することになろう。

(5) 発信者情報が開示された後の手続

ア 民事上の手続

投稿者の住所・氏名の情報を得た後は、当該投稿者に対する損害賠償請求をすることになる。訴外での交渉を先行させるか、当初から訴訟によるかは

83

基本編　第8章　インターネット・SNS関係

個別の事案ごとの判断となるが、過去の裁判例などから裁判所によって認定
される慰謝料額の相場（概ね100万円程度）を依頼者に説明の上で検討すると
よい。

　　イ　刑事上の手続

　SNSによる投稿は、刑事上、名誉毀損罪、信用毀損財、侮辱罪等に該当す
る可能性がある。

　なお、発信者情報が開示される前に、投稿記事のスクリーンショット等を
添付の上、刑事告訴するという方法も取り得るが、一般的には開示を受けた
後の方が、手続がスムーズに進行する傾向にある。

5　発信者情報開示命令

　誹謗中傷等に関する発信者を特定する際には、CPに対してIPアドレス等
の開示を求めた上で、当該IPアドレス等の情報に基づき、APに対して、発
信者の氏名等の開示を求めることが一般的である。

　ここで、CPに対してIPアドレス等の開示を求める手続としては、①裁判
外の任意手続、②民事保全事件としての仮処分手続、③非訟事件としての発
信者情報開示命令手続、④本案事件としての訴訟手続という方法が考えられ
る。もっとも、①については、CPが任意の開示に応じない場合には奏功せず、
また、④については、開示を命じる判決が確定するまでに長期間を要するた
め、②や③の手続で開示を求めることが一般的である。②の方法については、
本章3にて解説しているため、ここでは、③の方法について解説する。なお、
ここで解説する③の手続において必要な書証については、②の申立てにおい
て必要な疎明資料と同様であるため、本章3を参照されたい。

(1)　発信者情報開示命令の手続の流れ

　発信者情報開示命令の手続は、後述する提供命令の申立てを行わない場合
には、仮処分手続と概ね同様である。まず、発信者情報開示命令申立書等の
申立書類を、地方裁判所の保全部へ提出する。東京地方裁判所であれば、基

84

本的には民事第9部である。

　申立書等に問題がなければ、申立人と裁判所で調整をした上で、期日が決定される。発信者情報開示命令手続の場合は、仮処分手続と異なり、申立書も相手方へ送付されるものの、それ以外の書類（訂正申立書等の申立書以外の主張書面や、甲号証等の書証）は、申立人が相手方へ直送する。

　相手方が差支えの場合には再調整した上で、相手方が差支えでなければ当初の指定期日にて、期日が実施される。申立人と相手方の双方に手続代理人が選任されている場合には、Microsoft Teamsを利用したウェブ会議にて期日が実施されることが一般的である。審理の継続が必要である場合には、次回期日が指定されるところ、仮処分手続と同様に、3週間程度の期間で次回期日が指定されることが一般的である。

　期日を継続し、開示命令の発令の要件が立証された場合には、開示命令が発令されることになる。申立てを却下する場合には、裁判官から申立てを却下する旨の心証が開示され、申立人において、申立てを取り下げることが一般的である。

　開示命令の発令後は、CPにより発信者情報が開示される。発令から開示までの期間はCPにより異なり、3か月程度の期間を要することもある。

⑵　提供命令の手続の流れ

　CPに対する開示命令を発令する段階で、提供命令の申立ても行う場合には、申立ての際に、発信者情報開示命令申立書兼提供命令申立書等の申立書類を、地方裁判所の保全部へ提出する。

　提供命令の申立てがされた場合、発信者情報開示命令事件の期日が指定される前に、提供命令が発令される。提供命令の発令後、当該提供命令を受領したCPが、APに関する情報（氏名又は名称、住所等）を保有しており、また、APを特定できた場合、当該APに関する情報が、申立人に提供される。

　APに関する情報の提供を受けた申立人は、当該APに対して、発信者情報開示命令を申し立てた上で、当該申立てを行った旨を、CPに対して通知する。当該通知を受けたCPは、APに対してIPアドレス等の発信者情報を提供し、

基本編　第8章　インターネット・SNS関係

当該情報の提供を受けたAPは、当該IPアドレス等の情報に基づき、発信者の氏名等を確認する。

　このようにして、CPに対する発信者情報開示命令の申立てと、APに対する発信者情報開示命令の申立てが行われた後に、これらの事件が併合され、期日が指定されることになる。

⑶　発信者情報開示命令、提供命令、消去禁止命令について

　令和3年のプロ責法の改正により、前記のような発信者情報開示命令や提供命令に加え、消去禁止命令の手続も新設された。消去禁止命令は、開示命令が発令されるまでの間に発信者情報が消去されてしまうことを防止するための手続であり、仮処分手続において行われる消去禁止仮処分と同様のものである。もっとも、発信者情報開示命令の申立てを受けたCP・APにおいては、開示が求められている発信者情報を任意に保存しているのが一般的である。そのため、期日においてその旨の回答がされた場合、裁判官が申立人に対して消去禁止命令の申立ての取下げを促し、当該申立てが取り下げられるのが一般的である。したがって、消去禁止命令が活用できるのは、CP・APにおいて発信者情報を任意に保存していない場合や、任意に保存している旨のCP・APの回答が信用できない等の、例外的な場合に限定される。

　また、令和3年のプロ責法の改正により提供命令が新設され、CP段階の発信者情報開示手続と、AP段階の発信者情報開示手続を一体的に審理することが可能となった。もっとも、大手の海外CPを中心に、提供命令発令後にAPの情報が提供されるまでに長期間を要する場合が多く、提供命令を申し立てたとしても、迅速な開示がなされない場合が多いのが実情である。そのため、提供命令が活用できるのは、提供命令に迅速に従うことが明らかな一部のCPが相手方の場合に限定される。

　以上のとおり、提供命令と消去禁止命令については、活用できる場合が限定的であるため、これらの付随的な申立てを行わず、発信者情報開示命令のみを申し立てることが良い場合が多いと考えられる。

5　発信者情報開示命令

【参考文献】

・大澤一雄著『発信者情報開示命令の実務』（商事法務、令和5年）

・小川久仁子編著『一問一答　令和3年改正プロバイダ責任制限法』（商事法務、令和4年）

・作田寛之ほか「東京地方裁判所民事第9部における発信者情報開示命令事件の概況等について」NBL1266号（令和6年）4頁

・神田知宏著『第2版　インターネット削除請求・発信者情報開示請求の実務と書式』（日本加除出版、令和5年）

・清水陽平著『サイト別　ネット中傷・炎上対応マニュアル〔第4版〕』（弘文堂、令和4年）

・中澤佑一著『プロバイダ責任制限法と誹謗中傷の法律相談』（青林書院、令和5年）、同著『令和3年改正法対応　発信者情報開示命令活用マニュアル』（中央経済社、令和5年）、同著『インターネットにおける誹謗中傷法的対策マニュアル（第4版）』（中央経済社、令和4年）

・東京弁護士会弁護士研修センター運営委員会編『インターネットの法律実務』（ぎょうせい、平成26年）

基本編　第9章　SNSを利用した詐欺被害対策

第9章　SNSを利用した詐欺被害対策

1　はじめに

　昨今流行している国際ロマンス詐欺、投資詐欺等の詐欺被害に遭った場合における加害者の特定方法について述べる。

2　振込先口座からの追跡

　まず、加害者により指示されて振り込んだ振込先口座の金融機関に対して、弁護士会照会により、当該振込先口座の口座名義人の確認を求めることが有用である。その際、口座名義人の氏名及び住所のみならず、連絡先や口座開設時に金融機関に対して差し入れた身分証明書（免許証等）の写しの交付まで求めた方が、刑事告訴をする場合には好ましい。また、対象口座の取引履歴の開示を求めることで、指定された振込先口座から別口座に金銭が送金された場合も追跡することが可能となる。その結果、加害者が暗号資産を購入していたことが判明した場合には、国内の取引所であれば、弁護士会照会による回答が得られることもある。

　上記の弁護士会照会により、口座名義人の氏名や住所等の情報が得られた場合には、訴訟提起や預金口座の仮差押え等の法的手続が可能になる。また、携帯電話番号が判明した場合には、それを基に携帯電話会社に対して別途弁護士会照会を行うことによって、携帯電話利用料金の口座を把握することができる場合もある。

　なお、振込先口座は、他の被害者にも同様の詐欺の振込先口座としても用いられていることも多く、他の被害者の代理人弁護士や警察によって、振り込め詐欺救済法（犯罪利用預金口座等に係る資金による被害回復分配金の支払等に関する法律）第3条1項に定める振り込め詐欺等不正請求口座情報提供及

88

び取引の停止等の要請がされて、当該振込先口座が凍結されている場合もある。そのため、預金保険機構による「振り込め詐欺救済法に基づく公告」（https://furikomesagi.dic.go.jp）のHPから、当該振込先口座が既に凍結等されていないかどうか確認することを検討すべきであろう。仮に凍結されている場合には凍結時の口座の残金を確認することもできるが、分配金支払手続が開始されている場合もあるので、遅滞なく被害回復分配金の支払申請をすべきである。

3　SNSアカウントからの追跡

　次に、加害者が利用していたSNSアカウントを基に、アカウント登録の際の登録情報の開示を弁護士会照会で求める場合について説明する。

　まず、加害者が利用していたアカウントの名前（例：TARO）及び背景のアイコンだけを提示したとしても、照会先としても同一性の照合ができない。そのため、被害者のアカウントが令和○年○月○日○時○分に通報したアカウントといった特定をした方が、照会先としても特定し易い。また、アカウントのアイコンについてもプリントアウトをして提供した方が特定に資する。

　なお、照会する事項としては、電話番号、メールアドレス、登録された氏名等の情報の開示を求めることが有用であるが、加害者が偽名や即席で作成できるアドレスを登録することも多いため、そのような場合には、それらの情報から更なる追跡が必要になることに注意されたい。

第10章　デジタル証拠

1　はじめに

　今日、日常生活においても、商取引においても、様々な場面で各種の情報がデジタルデータによって記録・蓄積されている。

　電子メールや写真、録音データ等デジタルデータによって作られた証拠が訴訟において証拠として取り扱われる場面は増加している。しかしながら、デジタルデータは、外観上目に見えず、改変が容易であり、改変してもその痕跡を外観からは容易に発見し難いという特徴があるため、証拠の保全・収集、訴訟における提出の仕方等の場面において従来の証拠とは異なる点に注意が必要となる。

　デジタルデータのうち、①写真・音声・録画データ、②パソコンやスマートフォン等の端末内部の情報、③ウェブサイトやSNS等インターネット上の情報を証拠として利用する方法は以下のとおりである。なお、インターネット上の名誉毀損事件等における証拠収集方法については第8章を参照されたい。

2　写真・音声・録画データ

(1)　はじめに

　写真については、フィルムカメラが利用される場合はごく限定的であり、近時はデジタルカメラや携帯電話、スマートフォン等のデジタル機器によって撮影され、デジタルデータとして保存されることがほとんどである。同様に、音声や動画についても、ICレコーダー等によってデジタルデータとして保存されることが多い。

　これらのデジタルデータは、いずれも改ざんが容易であり、また改ざんされたことが外観上は一見して明らかではないという特徴があることから、相手方からデータの信用性を争われた場合には、積極的に証拠の信用性につい

て立証する必要に迫られる可能性がある。

⑵ 写 真

写真を証拠として提出する場合、紙に印刷をした写真等を準文書（民訴231条）として提出することが一般的であるが、デジタルデータを記録した各種媒体（CD-ROM、DVD-R、USBメモリ、SDカード等）を準文書として提出することもある。

また、民事訴訟法の改正により、今後は、デジタルデータ自体をオンラインで提出することになる予定である（改正民訴231条の2）。

写真若しくは写真データを証拠として提出する場合は、証拠説明書に、証拠の標目、作成年月日、作成者（撮影者）のほかに、撮影対象、撮影日時、撮影場所を記載する必要がある。

相手方から改ざんの可能性を指摘された場合には、デジタルデータそのもののプロパティデータ（撮影者、撮影機器、撮影日時等の情報）を利用して信用性を立証するというのが一つの方法である。また、スマートフォンには、GPSの位置情報を読み取り、撮影場所の経度や緯度を記録する機能があることから、データから撮影場所が明らかになることもある。

ただし、あらかじめ写真データ自体に電子署名が施されている場合でない限り、改ざんの検出は困難であるため、改ざんの有無が争点となった場合には、当該データの外形的な痕跡の検討に加え、他の証拠との整合性の検討その他の信用性を補強できる材料を用意しておくことが望ましい。

⑶ 音声データ

音声データを証拠として提出する場合には、デジタルデータを記録した媒体（CD-ROM、DVD-R、USBメモリ、SDカード）を準文書として提出することになる。

音声データを証拠として提出する場合には、証拠説明書に、証拠の標目、作成年月日、作成者（録音者）のほかに、録音対象、録音日時、録音場所を記載する必要がある。もっとも、証拠調べの便宜上、記録媒体そのものだけ

ではなく、反訳文を併せて提出することが一般的である。反訳文のみ提出したときに、相手方が記録媒体の複製物の交付を求めた場合には、相手方にこれを交付しなければならない（民訴規144条）。

音声データは、パソコン上での編集やデータコピーが容易であり、証拠の作成に便宜である一方、写真のデジタルデータを証拠とする場合と同様、データの改変が容易であるという問題点も存在する。

相手方が、録音内容の正確性や発話者の発話であるかどうかを争ってきた場合には、発話者の証人尋問等を行い、また、法廷での録音データの再生が必要となることもある。

なお、音声データは、発話者の許可を得ずに記録を行いやすい特性があり、かつ、スマートウォッチ等によって容易に収集することができる証拠収集手段である。そのため、秘密録音の証拠能力が問題となり得るところ、証拠の収集手段が著しく反社会的な場合（東京高判昭和52年7月15日判時867号60頁）や調停期日での無断録音などの訴訟法上の信義則違反が認められる事例（東京地判令和3年5月12日・令和2年（ワ）第23567号）では証拠能力が否定され得る。

(4) 録画データ

ビデオカメラや防犯カメラ等で撮影された動画を証拠として利用する場合も、音声データと同様、デジタルデータを記録した媒体（CD-ROM、DVD-R、USBメモリ、SDカード）を準文書として提出することになる。

証拠説明書に、証拠の標目、作成年月日、作成者（録画者）の他に、録画対象、録画日時、録画場所を記載する必要があることも音声データと同様である。

データの改変が容易であるという点は画像データや音声データと同様であり、録画内容の真正が争点となる場合には、録画者の証人尋問等を行い、また、法廷で録画データを再生させることが必要となることも同様である。

録画データについては、その性質上改ざんが困難であるとされてきたが、近時、ディープフェイクと称される外貌の差し替え等を容易に行えるアプリ

が急速に発展しており、注意を要する。

3　パソコン・スマートフォン等端末内部の情報

(1)　電子メール

　電子メールを証拠として提出する場合、紙に印刷して証拠として提出することが一般的である。もっとも、その場合には内容が改ざんされたものであるかどうかの判断が難しく、改ざんを疑われた場合、その疑念をどうやって払拭するのかが問題となりうる。

　電子メールは、作成されたメールの本文部分と、送受信者、経由したメールサーバー、日時等の情報が記載されたヘッダ部分とで構成されている。このヘッダ部分からは、作成の真正を判断するための有意な情報が得られることから、これらの情報を保全しておくことが一つの方法である。これらのヘッダ情報は、電子メールを印刷するだけでは印刷されないことから、プロパティ等でヘッダ情報を表示させたうえで印刷する必要がある。

　使用する端末やメールソフトによってヘッダ情報を表示させる方法はそれぞれ異なるため表示方法についてその都度確認が必要であるが、ウェブサイト等で容易に調べることができる。また、電子メールをファイルとして保存するとヘッダ情報も保存されることが多いため、ファイルとして保存することが望ましい。

　なお、ヘッダの偽造が不可能であるわけではないため、他のデジタル証拠と同様、他の間接証拠との併用を検討すべきである。

　また、メールの送受信相手とのやり取りから、メールが改ざんされていないことが確認できる場合もある。

　すなわち、電子メールの相手方が受信又は送信した電子メールデータが存在し、かつ、その電子メールでのやり取りの内容が自然かつ合理的なものであれば、当初提出した電子メールが改ざんされたものでないことを補強することができる。そこで、問題となりそうな場合には、電子メールを第三者に送信して返信を求め、後にその相手方に協力してもらって相手方の保有して

93

いる電子メールデータを提出するということで証明力を補強することが考えられる。

さらに、電子メールの作成時期が問題となる場合には、電子メールデータを紙に印刷したうえで、それに公証役場で確定日付を付するという方法や、電子データをPDFファイルにしてその存在日時を証明するタイムスタンプを取得しておくという方法もある。

これに対して、電子メールの改ざんの疑いが高いというケースでは、デジタルデータの収集、分析等を行う専門業者に分析を依頼して、削除されたデジタルデータを復元し、又はメタデータを分析する等して、改ざんの可能性を調査してもらうということもありうる。

携帯電話のキャリアメールを利用した電子メールはそれを直接紙に印刷することができないことが多く、ヘッダ情報を印刷することも難しい。そこで、携帯電話のキャリアメールを利用した電子メールの場合には、携帯電話の画面上に電子メールを表示させ、それをカメラで撮影してその写真を証拠として提出するのが一般的である。

⑵ ログファイル

コンピュータの利用状況やプログラムの実行状況、データ通信の送受信状況などを記録したファイルをログファイルといい、OSやアプリケーションによって作成され、日々蓄積されている。また、ウェブサーバでは、サイトにアクセスされたときにIPアドレス等がアクセスログとして記録される。

インターネット上の名誉毀損等が問題となるケースでウェブサーバに残されたアクセスログから掲示板に書込みをしたユーザーのIPアドレスを特定したり、残業代請求事件や過労死が問題となる労災訴訟等において、労働者が使用していたパソコンのログデータが労働時間を把握するための証拠として利用されるといったケースがある。

もっとも、ログファイルは専門的知識がなければ解析が困難であるため専門業者に依頼をする必要があることが多く、また、ログファイルの情報は、一定期間経過後、自動的に古いファイルから削除されていくのが一般的であ

る。そのためログファイルを証拠として利用する場合には迅速な証拠収集が必要となることに留意する必要がある（例えば、一般に、IPアドレスの保存期間は3カ月程度であることが多い）。

⑶　GPS

　多くのスマートフォンにはGPS機能が搭載されており、専用のアプリを利用すれば位置情報を記録しておくことができる。例えば、残業代請求事件で労働時間を立証するために、このようなアプリを利用して記録された位置情報を利用するということがありうる。

　ただし、他人の行動を把握するためにGPS発信機を取り付けることはプライバシーを侵害し違法行為となる可能性が高く、証拠能力が否定される可能性がある。仮に配偶者の不貞行為を調査するためであったとしても、本人の同意を欠くGPS発信器の設置や位置情報を自動で発信するアプリのインストールには注意が必要である。

4　ウェブサイトやSNS等インターネット上の情報

⑴　ウェブサイト

　ある特定のウェブサイトが知的財産権を侵害し、又は名誉毀損に当たる等の理由から、そのサイトの存在それ自体が問題となっている場合や、ウェブサイト上で収集した情報を証拠として提出する場合に、ウェブページを証拠として提出することがある。

　ウェブページは、更新されたり、削除されたりすることがあるため、いつの時点で、どのような内容で掲載されていたかがわかるように保存する必要がある。

　ウェブページは、そのデータを保存しておき、訴訟に際して紙に印刷して証拠として提出することが多いと思われるが、HTMLファイルのみで保存をすると画像が表示されないことがある。そのため、ブラウザ全体をURLの全体が表示されている状態にした上で、スクリーンショットにて撮影し、

JPGやPDFファイルにして保存しておくのが一般的である。なお、ウェブページが存在した日付が争われることもあるので、印刷するなどの際、ヘッダ部分に日付が入るようにしておく必要がある。また、紙に印刷したものに対して、公証役場で確定日付の付与を受けるという方法もある。

なお、一旦自身のパソコンに保存したウェブページを印刷して証拠提出したという事案で、当該印刷物にはURLの表示がなく、ファイルが保存されたコンピュータの保存場所が印字されていたのみであったことから、ウェブページがインターネット上に存在していたとは認められないとした裁判例がある（知財高判平成22年6月29日（平成22年（行ケ）第10062号、同第10081号、同10082号）最高裁HP）。

一方で、既に削除されてしまったウェブページについても、主要な検索エンジンにはインターネット上に「キャッシュ」というコピーが保存されていることがある。これは、検索エンジンが、ウェブページを収集した際の情報を保存しているもので、このキャッシュを証拠として提出することができる場合もある。

また、既に削除されているウェブページや当該ページの編集履歴を確認する必要がある場合には、Wayback Machine（ウェイバックマシン。クローラーと呼ばれるロボットプログラムで常時インターネット上を巡回し、ウェブサイトのページデータをアーカイブ保存しているサイト）やウェブ魚拓などのアーカイブサイトに証拠が残っている場合がある。

⑵　SNS

　ア　はじめに

SNS（ソーシャルネットワーキングサービス）は、人と人とのつながりを促進することを目的に、インターネット上で、ユーザーが情報を発信したり、ユーザー同士で交流したりできるウェブサイト等を提供するサービスを意味する。

本稿では、代表的なSNSとして、Facebook、X（旧Twitter）、LINEについて取り上げる。

イ　Facebook

Facebookは、実名での登録が義務づけられており、投稿した情報が掲示板のように表示される機能があり、ユーザー同士でメッセージの送受信をすることもできる。

個人がFacebookに投稿した情報により、その個人の生活状況や所在等が判明することがあるため、その投稿された情報を証拠として利用すること、また、投稿内容それ自体が名誉毀損に当たる等の理由で投稿内容を証拠として利用することが考えられる。また、自分のいた場所を表示するチェックイン機能が利用されている場合には、投稿者が投稿時にいた場所の情報を得ることができる。

Facebookの情報は、公開範囲を一部の「友達」に限るという設定が可能であるため、一般には公開されていない情報も、証拠収集の対象となる投稿者に近い人物であれば収集できる可能性がある。そのため、依頼者等に対して、Facebook上の情報収集を依頼したほうがよい場合もある。パソコンのほか、スマートフォン等でもアクセスできるが、パソコンを利用してアクセスし、ウェブサイトと同様の保存方法によって証拠保全を図ることが有用である。

ウ　X（旧Twitter）

ユーザーがポスト（旧ツイート）と呼ばれる原則として140文字以内の短文を投稿でき、興味のあるユーザーをフォローするとそのポストがタイムラインに優先的に表示される。

Xの公式サイトで、投稿されたポストをキーワードや時期によって検索する等して情報を収集することができる。Xも、投稿の際に位置情報を付けることができるので、これらの情報によって、投稿者が投稿をした場所が明らかになる場合もある。Facebookの場合と同様、ウェブサイトと同様の方法によって証拠保全を図ることが有用である。

エ　LINE

トークと呼ばれる機能で一対一又はグループでメッセージやスタンプの送受信ができ、また、その他にも音声通話ができるという特徴がある。LINE

基本編　第10章　デジタル証拠

はパソコンにも対応しているが、主としてスマートフォンでメッセージをやり取りするためのアプリとして利用されることが多い。

　ユーザー間におけるその当時のやり取りを記録したものとしてトーク履歴を証拠として利用することが考えられる。

　スマートフォン版のLINEでは、過去の履歴がスマートフォン内に保存されており、特定のユーザーとのトーク画面の「設定」から「トーク履歴を送信」を選択することによって、保存されているそのユーザーとのトーク履歴をテキストファイルにしてメール送信することができる。テキストファイルにしたトーク履歴を一旦パソコンにメール送信して、それを紙に印刷すれば、トーク履歴を確認することができる。

　ただし、テキストファイルにはスタンプや写真等は表示されないため、特にスタンプや画像等が必要な場合にはその画面をスクリーンショットにして提出する必要がある。

　LINEのトーク履歴等にアクセスできなくなってしまった場合も、クラウドサービスでバックアップをとってあれば、その中からデータを取り出せる場合もあることから、万が一トーク履歴等にアクセスできなくなってしまっても、クラウドから復元を試みることが重要である。

【参考文献】

・東京弁護士会民事訴訟問題等特別委員会編『民事訴訟代理人の実務3（証拠収集と立証）』（青林書院、平成24年）

・特定非営利活動法人デジタル・フォレンジック研究会編『デジタル・フォレンジック事典（改訂版）』（日科技連、平成26年）

・高橋郁夫ほか編集『デジタル証拠の法律実務Q＆A（第2版）』（日本加除出版、令和5年）

・Robert Jones著『インターネットフォレンジック』（オライリー・ジャパン、平成18年）

・神田知宏著『インターネット削除請求・発信者情報開示請求の実務と書式（第2版）』（日本加除出版、令和5年）

第11章　訴え提起前の証拠収集

1　訴え提起前の証拠収集手続

(1)　総　論

　弁護士として、具体的な事実を正確に把握することを目的に、証拠を収集するための手段は、訴えの提起前と訴えの提起後に大きく分けることができる。訴えの提起前の証拠収集手続としては、①弁護士会照会、②情報公開法に基づく開示請求、③証拠保全、④訴えの提起前における照会等が挙げられる。これらの制度は、弁護士や依頼者の力のみでは収集が困難な証拠を、各機関を通じて手に入れることができる有効な制度であり、実務上は一般的に活用されている。以下では、各制度のアウトラインを述べるにとどめる。詳細は参考文献を参照されたい。

2　弁護士会照会制度

(1)　弁護士会照会制度の意義

　弁護士会照会制度は、弁護士が基本的人権の擁護と社会正義の実現を図る役割を担う立場にあり（弁護1条1項）、訴訟等において真実発見のために資料を収集することが、社会正義の実現・法的正義の実現に必要不可欠と考えられることから、弁護士法23条の2により認められている照会制度である。

(2)　照会先の報告義務

　弁護士会照会に対して、照会先が照会を拒むことがあるが、その場合でも法律上の強制力や罰則等の定めはない。ただし、裁判例上は、照会先には法律上の公的な報告義務があると解されている（大阪高判平成19年1月30日判時1962号78頁等）。

　また、個人情報保護法では本人の同意なく利用目的以外に個人情報を取り扱うこと（個人情報保護18条）や第三者への個人情報の提供（同法27条）を禁

基本編　第11章　訴え提起前の証拠収集

止しているが、弁護士会照会に応じることは、個人情報保護法上の「法令に基づく場合」（個人情報保護27条1項1号）に該当するため、本人の同意を得ずに回答することに問題はない。

(3)　弁護士会照会制度の手続

ア　弁護士会照会制度の手続の概観

弁護士会照会制度は、その名のとおり、弁護士会を通じて照会をする制度であるから、各弁護士は所属する弁護士会に対して、特定の公務所又は公私の団体（以下「公務所等」という）に照会を発すべきことを求める照会申出を行う。照会申出をする際には、弁護士会に対して所定の照会手数料その他の負担金を納付する必要がある。

照会申出を行うと、弁護士会においてその適否が審査され、その審査の結果、照会申出が適切であれば、弁護士会から公務所等に対して報告を求める照会が行われることになる。その後、公務所等から弁護士会に対して報告があり、弁護士会が報告事項を弁護士に通知をする。

なお、照会申出をしてから照会先の回答を得るまでは1か月程度かかることが多い。

(4)　事前の交渉

日常的に弁護士会照会に応じることが多い機関でもない限り、弁護士会照会というものがどのような制度であるかを把握していないことが多い。そのような機関に対して照会をする場合には、円滑に照会に応じてもらうため、事前に照会先との間で交渉をすることも重要である。その結果、照会先より内諾を得られた場合には、照会先より内諾を得ている旨を照会申出書に付記することも考えられる。

(5)　照会申出記載事項

ア　照会の必要性・相当性

申出書は、各弁護士会の申出書に則って記載する。弁護士会によって申出

書の書式は異なるが、通常、照会の必要性・相当性を記載することになる。

例えば、東京弁護士会の照会申出審査基準細則では、「照会を求める理由は、単に「裁判に提出するため」、「受任事件の調査のため」では足りず、その趣旨が理解できる程度に具体的かつ簡潔に記載しなければならない」（同細則6条）と規定している。

照会先の担当者が、照会の必要性・相当性の有無を判断できるようにするため、受任事件の内容、受任事件と争点との関係、争点と照会事項との関係、照会事項と照会先との関係をそれぞれ明確に記載する必要がある。

イ　照会事項

東京弁護士会においては、「照会を求める事項は、明確かつ限定的に記載しなければならない」とされている（同細則5条1項）。

この点、照会事項について、「記録の全て」と記載する例もあるが、「記録の全て」が必要なのかを具体的に納得させるだけの記載をする必要がある。照会先の報告義務は手元の資料から容易に報告書を作成することができる範囲内で認められるものであり、照会先が改めて調査をしたうえで、その調査結果に基づいて検討を必要とするような内容は認められないと解されている。

(6)　弁護士会照会制度の利用上の注意点

戸籍謄本や住民票などの職務上請求等の方法によって取得できる証拠については、弁護士会照会制度を利用するべきではない。

また、国税局や税務署は、特定人の収入や課税所得等に関する照会に対し、報告を拒絶することが多い。また、金融機関に対する預金残高の照会等は、金融機関から預金者に対して連絡がなされた結果、預金の払戻し等が行われる危険性があるので、注意を要する。

なお、弁護士会照会により入手した回答結果を、照会申出の目的以外に使用してはならないことは言うまでもない。

【参考文献】

・東京弁護士会調査室編『弁護士会照会制度（第6版）』（商事法務、令和3年）

基本編　第11章　訴え提起前の証拠収集

・愛知県弁護士会編『事件類型別弁護士会照会』（第２版）』（日本評論社、令和２年）
・司法研修所編『民事弁護における立証活動（５訂）』（日本弁護士連合会、平成
　22年）

3　情報公開制度

(1)　情報公開制度の概要

ア　情報公開制度の種類

　我が国では、現在、国に対する情報公開について「行政機関の保有する情報の公開に関する法律」（行政機関情報公開法）、独立行政法人に対する情報公開について「独立行政法人等の保有する情報の公開に関する法律」（独立行政法人等情報公開法）、地方公共団体に対する情報公開について各地方公共団体の情報公開条例が制定されている。以下では、特に記載がない限り、行政機関情報公開法に基づき国の行政機関に対する情報公開を例として説明をする。

イ　対象機関

a　行政機関情報公開法

　法律に基づき内閣に置かれる機関（内閣官房、内閣府等）、内閣の所轄の下に置かれる機関（人事院）、国の行政機関として置かれる機関（省、委員会及び庁）及び会計検査院である。

b　独立行政法人等情報公開法

　独立行政法人（87法人）、国立大学法人（82法人）、大学共同利用機関法人（４法人）、特殊法人（12法人）、許可法人（５法人）及びその他の法人（１法人）。合計191法人（※令和５年４月１日時点）

ウ　対象行政文書（行政文書・法人文書）の範囲

　行政機関の職員・独立行政法人等の役職員が職務上作成し、又は取得した文書、図画及び電磁的記録であって、職員・役職員が組織的に用いるものとして、当該行政機関・独立行政法人等が保有しているものである。

102

エ　開　示

a　開示請求権者

何人でも開示請求が行える（行政機関情報公開法3条）。

b　開示される文書の範囲

行政文書・法人文書は、特定個人を識別できる情報等の不開示情報が記録されている場合を除き、開示される（行政機関情報公開法5条）。

ただし、不開示情報が記録されている場合でも、行政機関の長又は独立行政法人等が公益上特に必要があると認めるときは、開示することができる（行政機関情報公開法7条）。

また、行政文書・法人文書の存否を答えるだけで、不開示情報を開示することとなるときは、当該文書の存否を明らかにしないで、開示請求を拒否することができる（行政機関情報公開法8条）。

(2)　情報公開法に基づく開示請求手続

ア　開示請求の方法

書面により請求する場合だけでなく、オンラインにより請求することもできる。書面による場合は、開示請求書を行政機関又は独立行政法人等の情報公開窓口に提出するか又は郵送する方法によることになる。

オンラインによる場合は、開示を求める情報を保有している行政機関・独立行政法人等のホームページを参照することになるが、電子政府の情報公開窓口一覧総合窓口　e-Gov（イーガブ）（https://administrative-doc.e-gov.go.jp/contents/disclosure）のサイトが有用である。

イ　開示請求の際の問題点

開示請求をする場合、よく問題となるのは、実際にどのような公文書をどこが保有しているのか、請求権者側にはよくわからないという点である。

この場合、開示を求める文書の記載はある程度概括的にならざるをえず、「〇〇の資料一切」などとする場合が多い。このような記載の仕方をすると情報公開の担当者から文書の特定のために連絡が来て、場合によっては文書の範囲を限定するように求めてくることがあるが、逆に限定しすぎると入手

基本編　第11章　訴え提起前の証拠収集

したかった文書が手に入らないことがあるため、注意を要する。裁判例上、文書の特定は緩やかに解されている（東京地判平成15年10月31日最高裁HP、高松高判平成14年12月5日最高裁HP）。

(3)　開示又は不開示決定

ア　決定までの期間

　開示又は不開示の決定は、開示請求があった日から30日以内に行われるが、30日以内の延長が可能とされている（行政機関情報公開法10条）。延長されることも少なくないため注意が必要である。

イ　不服申立て

　不開示決定に不服がある場合には、不服申立てをすることができる。審査請求は、審査請求先である行政機関の長又は独立行政法人等に対して、審査請求期間内（開示決定等があったことを知った日の翌日から起算して3か月以内）に必要な事項を記載した書面により行う。審査請求先及び審査請求期間については開示決定等通知書に記載がされている。

ウ　第三者の意見書の提出

　行政文書・法人文書に第三者に関する情報が記録されているときは、その第三者に意見書の提出の機会を付与できる（行政機関情報公開法13条1項）。また、人の生命、健康、生活又は財産を保護する必要や公益上の理由で開示するとき等は、意見書提出の機会を与えなければならないとされている（行政機関情報公開法5条2項）。

エ　開示決定後の手続

　開示決定後は、複写の場合は開示のための手数料と郵送代の支払後に、請求者のもとに文書が届くことになる。閲覧の場合には、指定された日時の中で希望の日時を選択して、指定された場所において閲覧することになる。

　開示請求の手数料は、行政文書1件当たりにつき300円であり、オンラインで請求可能な場合は200円である。開示実施のための手数料は開示の実施方法や対象となる行政文書の種別で異なるものの、原則として文書又は図画の閲覧の場合は100円（100枚ごと）であり、複写の場合は1枚10円（白黒A3）

である（令和6年9月現在）。

⑷　情報公開条例

　現在では、全ての都道府県において情報公開条例が制定されている。請求の仕方は、都道府県ごとに異なるため、各都道府県のホームページを参照する必要がある。例えば、東京都の場合には、「情報公開の窓」（https://www.johokokai.metro.tokyo.lg.jp/index.html）というサイトにおいて、情報公開請求手続や情報公開請求の様式等を簡単に把握することができる。

【参考文献】
・坂本団編『情報公開・開示請求実務マニュアル』（民事法研究会、平成28年）
・朝倉洋子著『税務情報の開示請求と活用法：実務家のための情報公開法』（ぎょうせい、平成26年）
・大阪弁護士会情報問題対策委員会編『実例でみる公文書の訴訟活用術：文書提出命令と情報公開』（大阪弁護士協同組合、平成17年）
・総務省HP

4　証拠保全

⑴　証拠保全の意義

　証拠保全とは、訴訟において証拠調べを予定している事実について、あらかじめ証拠調べをしておかなければその証拠を使用することが困難となる事情が認められる場合に、訴訟に先立ち証拠調べを行う手続である。

　保全の対象は、民事訴訟法上特に制限がないことから、全ての種類の証拠方法について認められていると解されるが、実務上は、検証を行うことが多いようである。

　なお、職権による証拠保全（民訴237条）も認められているが、実務上はほとんど行われていない。

基本編　第11章　訴え提起前の証拠収集

(2)　証拠保全の要件

　民事訴訟法234条では、証拠保全が認められるのは、「あらかじめ証拠調べ
をしておかなければその証拠を使用することが困難となる事情があると認め
るとき」と規定されている（保全事由）。具体的には、証拠調べまでに証拠
が滅失、改ざんされてしまうおそれがある場合、時間が経つと取調べが容易
にできないか、現状が変更してしまうおそれがある場合、将来取り調べるこ
とはできるが著しく費用が増加してしまう場合などが考えられる。

(3)　証拠保全の手続

ア　管　轄

　管轄は、本訴の提起前と訴訟係属中で異なる。

　「訴えの提起後における証拠保全の申立ては、その証拠を使用すべき審級
の裁判所にしなければならない」とされ、「最初の口頭弁論の期日が指定され、
又は事件が弁論準備手続若しくは書面による準備手続に付された後口頭弁論
の終結に至るまでの間は、受訴裁判所にしなければならない。」とされてい
る（民訴235条１項）。一方で、「訴えの提起前における証拠保全の申立ては、
尋問を受けるべき者若しくは文書を所持する者の居所又は検証物の所在地を
管轄する地方裁判所又は簡易裁判所にしなければならない」（民訴235条２項）
とされている。

イ　申立ての方式

　「証拠保全の申立ては、書面でしなければならない」（民訴規153条１項）。
申立書に記載するべき内容は、民事訴訟規則153条２項に規定されており、
①相手方の表示、②証明すべき事実、③証拠、④証拠保全の事由である。

　①「相手方」とは、本案訴訟における相手方当事者となる者であり、立ち
会う機会を確保するために期日呼出しのための住所氏名を明確にする。ただ
し、相手方が不明の場合には、相手方を指定できない事情を主張・疎明する
ことで申し立てることができる。なお、この場合、裁判所は、相手方となる
べき者のために特別代理人を選任することができるとされている（民訴236
条）。

106

②「証明すべき事実」は、本案前に急を要する場合に行われるものであることから、ある程度概括的なもので足りる。もっとも、証明すべき事実が請求原因と関連性があることや、証拠として必要性があることは、一定程度記載する必要があると考えられている。

③「証拠」は、取調べを必要としている具体的な証拠方法を指す。証人であれば氏名によって特定し、文書であれば文書の特定が可能な程度に具体的に示す必要がある。

④「証拠保全の事由」は、「あらかじめ証拠調べをしておかなければその証拠を使用することが困難となる事情」をいい、証拠の滅失、散逸、改ざん、現状変更等により取調べが困難となることを疎明する必要がある。疎明の程度は「具体的な改ざんのおそれを一応推認させるに足る事実を疎明することを要する」と解されている（広島地決昭和61年11月21日判タ633号221頁）。

ウ　不服申立て

「証拠保全の決定に対しては、不服を申し立てることができない」（民訴238条）。他方、証拠保全の申立てが却下された場合には、「口頭弁論を経ないで訴訟手続に関する申立てを却下した決定又は命令に対しては、抗告をすることができる」（民訴328条1項）ため、申立人は抗告をすることができる。

エ　証拠保全決定の審理

証拠保全決定の審理は、書面の審理とともに、申立人の面接も行われ、両者を併用する形が多い。

オ　期日の呼出し

立会いの機会が当事者双方にあり、当事者双方を証拠調べ期日に呼び出す必要がある。ただし、急速を要する場合は、この限りでないとされている（民訴240条）。

カ　証拠調べの実施

実務上、検証の方法による例が多いが、各実務庁により運用が異なる場合も多く、証拠調べの実施方法に関しては裁判官と打合せをしておく必要がある。

キ　証拠保全の結果の利用

証拠保全の証拠調べの結果は、そのままでは裁判所が証拠資料として使用

基本編　第11章　訴え提起前の証拠収集

することができないため、当事者が口頭弁論において結果を陳述する必要がある。

⑷　証拠保全の実例

　証拠保全が活用される例としては、医療過誤訴訟においてカルテ等が改ざんされることを防止するために行われる場合や、未払残業代の請求訴訟においてタイムカードや勤怠管理ソフト等の記録が廃棄、隠匿されることを防止するために行われる場合が挙げられる。

【参考文献】
・森冨義明・東海林保編著『証拠保全の実務（新版）』（きんざい、平成27年）
・伊藤眞著『民事訴訟法（第4版補訂版）』（有斐閣、平成26年）
・司法研修所編『民事弁護における立証活動（5訂）』（日本弁護士連合会、平成22年）

5　訴えの提起前における証拠収集の処分等

⑴　訴えの提起前における照会
ア　意　義

　訴えを提起しようとする者が訴えの被告となるべき者に対し訴えの提起を予告する通知を書面でした場合は、その予告通知をした者はその予告通知を受けた者に対し、その予告通知をした日から4月以内に限り、訴えの提起前に訴えを提起した場合の主張又は立証を準備するために必要であることが明らかな事項について相当の期間を定めて書面で回答するように書面で照会することができる（民訴132条の2第1項本文）。なお、「予告通知をした日」とは予告通知が被予告通知者に到達した時点をいう。

　この制度は、訴え提起前の段階で、訴訟係属中に限って認められていた当事者照会の制度（民訴163条）を提訴前の段階にも拡大して導入したものだが、その理論的な基盤が脆弱であることから、照会事項が限定されるなど、その

実効性に疑問があるとされており、実務においてはそれほど利用されていないのが実状である（令和4年の申立受件数は52件（「裁判の迅速化に係る検証に関する報告書（第10回）」資料5表5 https://www.courts.go.jp/vc-files/courts/2023/10_houkoku_zentai.pdf）。）。

イ　照会できない事項

①民事訴訟法163条各号に定める当事者照会の除外事由に該当する場合（民訴132条の2第1項1号）、②相手方又は第三者の私生活についての秘密に関する事項についての照会であって、これに回答することにより、その相手方又は第三者が社会生活を営むのに支障を生ずるおそれがある場合（同2号）、③相手方又は第三者の不正競争防止法2条4項所定の営業秘密に関する場合（同3号）は、照会することができないとされている。

ウ　予告通知の方法

予告通知の書面には、提起しようとする訴えに係る請求の要旨及び紛争の要点を記載しなければならない（民訴132条の2第3項）。また、同条による照会は、既にした予告通知と重複する予告通知に基づいては、することができないとされている（同条7項）。

エ　被予告通知者による照会

予告通知を受けた者は、予告通知者に対し、その予告通知の書面に記載された請求の要旨及び紛争の要点に対する答弁の要旨を記載した書面でその予告通知に対する返答をする義務があると解されている。

予告通知を受けた者は、上記返答をしたときは、予告通知者に対し、その予告通知がされた日から4月以内に限り、訴えの提起前に、訴えを提起された場合の主張又は立証を準備するために必要であることが明らかな事項について、相当の期間を定めて、書面で回答するよう、書面で照会をすることができるとされている（民訴132条の3第1項）。

(2)　訴えの提起前の証拠収集処分

ア　意　義

訴えの提起前の証拠収集処分は、予告通知者又は予告通知に対して返答を

基本編　第11章　訴え提起前の証拠収集

した予告通知を受けた者の申立てにより、申立人がこれを自ら収集すること
が困難であると認められるときは、裁判所が、訴えが提起された場合の立証
に必要であることが明らかな証拠について行う証拠収集処分である（民訴
132条の4第1項）。

　訴えの提起前の証拠収集処分としては、①文書送付嘱託（1号）、②調査
嘱託（2号）、③専門家の意見陳述の嘱託（3号）、④執行官による現況調査
の命令（4号）がある。

イ　申立て期間

　相手方の同意がある場合を除き、予告通知がされた日から4月の不変期間
内にしなければならないとされている（民訴132条の4第2項）。

ウ　実質的要件

　訴えの提起前の証拠収集処分が認められるには次の要件を満たす必要があ
る。裁判所は、提訴前の証拠収集処分をした後において、下記③に規定する
事情により相当でないと認められるに至ったときは、その処分を取り消すこ
とができる（民訴132条の4第4項）。

　　①訴えが提起された場合の立証に必要であることが明らかな証拠となる
　　　べきものであること（同条1項柱書）。

　　②申立人が自らこれを収集することが困難であると認められること（同
　　　項柱書）。

　　③その収集に要すべき時間又は嘱託を受けるべき者の負担が不相当なも
　　　のとなることその他の事情により、相当でないと認められる場合でな
　　　いこと（同項ただし書）。

エ　手　続

　申立ては、民事訴訟規則52条の5所定の事項を記載した書面でしなければ
ならない（民訴規52条の5第1項）。

第12章　訴え提起後の証拠収集

1　はじめに

　民事訴訟法上の訴え提起後の証拠収集手続に係る制度としては、①当事者照会、②調査嘱託、③文書送付嘱託、④文書提出命令などが設けられている。これらの制度は、弁護士や依頼者の力のみでは収集が困難な証拠を、相手方当事者に提出させたり、各機関を通じて入手することができる有効な制度であり、実務上も活用されている。

　そこで、以下では、上記各制度についての概要を説明したい。

2　当事者照会（民訴163条）

(1)　意　義

　当事者照会の制度は、争点整理の前提となる事実主張や証拠提出の準備をするために必要な事項について、釈明権行使などの裁判所の権能の発動によらず、当事者間で直接、書面で照会をすることができる制度である。

(2)　手　続

　ア　当事者照会は、訴訟の係属中に相手方に対して、照会書を相手方に送付する方法により行う（民訴163条、民訴規84条1項）。照会書の送付はファクシミリでも差し支えないが、当事者本人に送付するような場合には、配達をめぐる紛争を未然に防止するため、内容証明郵便等によって送付するなどの工夫が必要である。

　イ　記載事項

　照会書には、民訴規84条2項各号に掲げる事項を記載し、当事者又は代理人が記名押印しなければならないとされており、できるだけ相手方が回答しやすい（拒絶しづらい）内容で照会をすることが望まれる。

基本編　第12章　訴え提起後の証拠収集

ウ　回答拒絶事由

照会が民訴163条ただし書各号のいずれかに該当するときは、相手方は回答を拒絶することができる。

なお、相手方の不当な回答拒絶に対する制裁は予定されていないため、回答拒絶がなされた場合には、裁判所による釈明権の行使を求めるなどの方法により対処するしかないと思われる。

3　調査嘱託（民訴186条）

(1)　意　義

調査嘱託とは、受訴裁判所が、官公署や学校、商工会議所、取引所などの公私の団体に対して、必要な調査を嘱託し回答を求める証拠調べ手続である。

調査嘱託は、十分な設備を有する官庁や取引所など、公私の団体を利用して、裁判所の判断に必要な事実の調査報告を徴する特別な方法であり、その報告書作成過程に過誤のないことが期待されるような事項、すなわち手許にある客観的資料から容易に結果の得られる事項について報告させることにより、簡易迅速に訴訟関係を明瞭にすることができるものとする趣旨で設けられたものである。

(2)　調査嘱託の手続等

職権又は当事者の申立てにより行われる。そして、調査嘱託によって得られた回答書等の調査の結果を証拠とするには、裁判所がこれを口頭弁論において提示して当事者に意見陳述の機会を与えれば足り、当事者の援用を要せず、調査嘱託により得られた調査結果がそのまま証拠資料となる（最一小判昭和45年3月26日民集24巻3号165頁参照）。そのため、当事者が調査嘱託の結果を書証として提出する必要はない。ただし、当事者が書証として提出することを妨げられるわけではない。

112

⑶　調査嘱託の回答義務

　照会先は、回答をしなかった場合の罰則はないものの、裁判所に対し、報告を求められた事項につき報告すべき公的な義務を負うと解されている（大阪高判平成19年1月30日判時1962号78頁）。

⑷　嘱託先が回答拒否をした場合の法的責任

　調査嘱託に応じなかった場合について罰則等を定めた規定はない。また、調査嘱託に対する嘱託先の回答義務は、上記のとおり、裁判所に対する公法上の義務であり、調査嘱託の職権発動を求めた訴訟当事者に対する直接的な義務ではないので、上記公法上の義務に違反したことが直ちに上記訴訟当事者に対する不法行為になるというものではない。ただし、調査嘱託を受けた者が、回答を求められた事項について回答すべき義務があるにもかかわらず、故意又は過失により当該義務に違反して回答しないため、調査嘱託の職権発動を求めた訴訟当事者の権利又は利益を違法に侵害して財産的損害を被らせたと評価できる場合には、不法行為が成立する余地がある（東京高判平成24年10月24日判時2168号65頁）。

4　文書送付嘱託（民訴226条）

⑴　意　義

　文書送付嘱託は、受訴裁判所が、法務局や公証役場等の団体に対して、その所持する文書の送付を嘱託し、これに応じて送付されてきた文書を証拠とする書証申出の一方式である。

⑵　文書送付嘱託の対象

　調査嘱託や鑑定嘱託と異なり、嘱託先が法人等に限定されていないため、個人も対象となる。

　ただし、戸籍謄本等（戸10条1項）、不動産登記事項証明書（不登119条1項）、商業登記証明書（商登10条・11条）、特許に関する謄抄本等（特許186条）など、

基本編　第12章　訴え提起後の証拠収集

法令により文書の正本又は謄本の交付を求めることができる場合は、送付嘱
託の申立てをすることができない（民訴226条ただし書）。

(3)　申立ての手続等
ア　申立ての方法
　文書送付嘱託の申立ては、書面又は口頭で行うことができる（民訴規１条）
が、申立書に「文書の表示」、「文書の所持者」、「証明すべき事実」等を記載
して提出するのが通常である。
イ　申立ての時期
　期日前においてもすることができる（民訴180条２項）。
ウ　送付された文書の扱いについて
　調査嘱託の場合と異なり、訴訟慣行上、嘱託先から送付された文書を証拠
資料とするには、その文書の謄写申請をして、書証として提出する必要がある。

(4)　送付嘱託に応ずる義務
　調査嘱託等と同様に、我が国の官公署等においては、裁判所の嘱託に応ず
る一般的な公法上の義務を負うと解されるが、捜査の秘密や私人の名誉・プ
ライバシー等を保護すべき場合には、嘱託を拒絶することができると解され
ている。これに対し、文書の所持者が私人である場合には送付嘱託に応ずる
義務はないと解されている（東京地判昭和50年２月24日判時789号61頁等）。

5　文書提出命令

(1)　意　義
　裁判所は、文書提出命令の申立てに理由があると認めるときは、決定で文
書の所持者に対し、その提出を命ずることができる（民訴223条１項本文）。
文書提出義務は一般義務化されており、民事訴訟法220条４号イ～ホの除外
事由に該当しない限り提出義務の対象になる。これにより、裁判所に訴訟指
揮を促すことなどにより、文書に関する情報を広範に採集することが可能で

ある。

(2) 文書提出命令の対象となる文書

ア 引用文書（民訴220条1号）

当事者が訴訟において引用した文書を自ら所持するときは、文書所持者はその提出を拒むことができない。

「引用した」といえるためには、自ら自発的・積極的に文書の存在又は内容に言及した場合でなければならず、単に裁判長からの釈明があったためその所持することを認めたにすぎないような場合には文書の提出を拒絶できると解されている（東京高決昭和40年5月20日判タ178号147頁）。

イ 引渡し・閲覧文書（民訴220条2号）

挙証者が文書の所持者に対してその引渡し又は閲覧を求めることができるときは、文書所持者はその提出を拒むことができない。

この請求権は、私法上のものであればよく、物権的・債権的なものであると、法令・契約に基づくものであるとを問わない。法律に規定に基づくものの具体例としては、発起人及び株主らの定款閲覧請求権（会社31条2項）や株主及び会社債権者の株主名簿閲覧請求権（会社125条2項）などがある。

ウ 利益文書（民訴220条3号前段）

文書が挙証者の利益のために作成されたときは、文書所持者はその提出を拒むことができない。

「挙証者の利益のために作成された」とは、挙証者の法的地位、権利、権限等を証明したり、基礎づける目的で、又は挙証者の権利義務を発生させる目的で作成され、挙証者の法的地位や権利若しくは権限を明らかにするのに役立つ文書を指す。

エ 法律関係文書（民訴220条3号後段）

文書が挙証者と文書の所持者との間の法律関係について作成されたときは、文書所持者はその提出を拒むことができない。

「法律関係」とは、契約関係に限らず、契約以外の原因（債務不履行、不当利得、不法行為など）に基づく法律関係や公法上の法律関係を含む。

基本編　第12章　訴え提起後の証拠収集

　「挙証者と文書の所持者との間の法律関係について作成された」とは、挙
証者と所持者との間の法律関係それ自体を記載した文書（契約書、領収書）
のみならず、その法律関係に関連のある事項を記載した文書（裁決書、家賃
通帳等）を含む。また、挙証者と文書所持者との間の法律関係と密接な関連
を有する事項を記載した文書、挙証者と文書所持者との間の法律関係の構成
要件の全部又は一部が記載された文書等も含まれる。

　法律関係文書は、共通文書として、挙証者と所持者その他の共同の目的・
利用のために作成されたものであることを要し、文書の所持者が専ら自己使
用のために作成した内部文書は含まれないと解されている（最一小決平成12
年3月10日判時1711号55頁等）。

オ　民事訴訟法220条3号文書に対する証言拒絶事由の類推適用

　判例は、民事訴訟法220条3号に定める文書について、証人の証言拒絶権
に相当する規定は存在しないが、ある文書が利益文書又は法律関係文書に該
当する場合であっても、証人の証言拒絶事由に関する規定（民訴191条・197
条1項1号）の各規定の趣旨に照らし、その全部又は一部の提出を拒絶でき
るとしている（最二小決平成16年2月20日判時1862号154頁）。

(3)　文書提出義務の除外事由

ア　民事訴訟法220条4号イに規定する文書（自己負罪拒否特権・名誉毀損文書）

　文書の所持者又は文書の所持者と民事訴訟法196条に掲げる関係を有する
者（配偶者、四親等内の血族若しくは三親等内の姻族の関係にあり又はあったもの、
後見人と被後見人）が、刑事訴追を受け、又は有罪判決を受けるおそれがある
事項が記載されている文書は、提出義務の対象とならない（民訴220条4号イ）。

イ　民事訴訟法220条4号ロに規定する文書（公務秘密文書）

　「公務員の職務上の秘密に関する文書でその提出により公共の利益を害し、
又は公務の遂行に著しい支障を生ずるおそれがある」文書は、提出義務の対
象とならない（民訴220条4号ロ）。

　「公務員の職務上の秘密」とは、公務員が職務上知り得た非公知の事項で

あって、実質的にもそれを秘密として保護するに値すると認められるものを
いい（最二小決昭和52年12月19日刑集31巻7号1053頁等参照）、文書の性格から
公共の利益を害し、又は公務の遂行に著しい支障を生ずる抽象的なおそれが
あることが認められるだけでは足りず、その文書の記載内容からみてそのお
それの存在することが具体的に認められることが必要であるとされている。
そのため、公務員の所掌事務に属する秘密だけでなく、公務員が職務を遂行
する上で知ることができた私人の秘密であって、それが本案事件において公
にされることにより、私人との信頼関係が損なわれ、公務の公正かつ円滑な
運営に支障を来すこととなるものも含まれる（最三小決平成17年10月14日民集
59巻8号2265頁）。

　なお、同号ロにいう「公務員」には国立大学法人の役員及び職員も含まれ
る（最一小決平成25年12月19日民集67巻9号1938頁）。

ウ　民事訴訟法220条4号ハに規定する文書（自己使用文書）

　①民事訴訟法197条1項第2号に規定する職務上の守秘義務が認められる
事実、又は、②同項第3号に規定する技術又は職業の秘密に関する事項で、
黙秘の義務が免除されていないものが記載されている文書も提出義務が免除
されている（民訴220条4号ハ）。

　ここで、①民事訴訟法197条1項2号所定の「黙秘すべきもの」とは、一
般に知られていない事実のうち、弁護士等に事務を行うこと等を依頼した本
人が、これを秘匿することについて、単に主観的利益だけではなく、客観的
にみて保護に値するような利益を有するものでなければならず（最二小決平
成16年11月26日民集58巻8号2393頁）、②同項3号所定の「技術又は職業の秘密」
とは、その事項が公開されると、当該技術の有する社会的価値が下落しこれ
による活動が困難になるもの又は当該職業に深刻な影響を与え以後その遂行
が困難になる文書をいうと解されている（最一小決平成12年3月10日民集54巻
3号1073頁）。

エ　民事訴訟法220条4号ニに規定する文書（自己利用文書）

　日記や備忘録のように外部に開示することを予定しない文書についても、
その開示が強制されると、所持人の利益が著しく害されるので、「専ら文書の

基本編　第12章　訴え提起後の証拠収集

所持者の利用に供するための文書」については、提出義務が免除されている。

　ある文書が、その作成目的、記載内容、これを現在の所持者が所持するに至るまでの経緯、その他の事情から判断して、専ら内部の者の利用に供する目的で作成され、外部の者に開示することが予定されていない文書であって、開示されると個人のプライバシーが侵害されたり個人ないし団体の自由な意思形成が阻害されたりするなど、開示によって所持者の側に看過し難い不利益が生ずるおそれがあると認められる場合には、特段の事情がない限り、「専ら文書の所持者の利用に供するための文書」に当たると解されている（最二小決平成11年11月12日民集53巻8号1787頁）。

　オ　民事訴訟法220条4号ホに規定する文書（刑事関係文書）

　刑事事件に係る訴訟に関する書類若しくは少年の保護事件の記録又はこれらの事件において押収されている文書は、提出義務の対象から除外されている（民訴220条4号ホ）。

⑷　文書提出命令の申立手続

ア　申立書の記載事項

　文書提出命令の申立ては、①文書の表示、②文書の趣旨、③文書の所持者、④証明すべき事実、⑤文書の提出義務の原因を明らかにしてしなければならない（民訴221条1項）。

イ　文書特定手続

　文書提出命令の申立てをする場合において、①文書の表示、又は、②文書の趣旨を明らかにすることが著しく困難な場合は、文書提出命令の申立て時において、これらの事項に代えて、文書の所持者がその申立てに係る文書を識別することができる事項を明らかにすれば足りる（民訴222条1項前段）。

　この場合、申立人は、裁判所に対し、文書の所持者に当該文書について文書の表示又は趣旨を明らかにすることを求めるよう申し出なければならない（同項後段）。

　この申出があったときは、裁判所は、文書提出命令の申立てに理由がないことが明らかな場合を除き、文書の所持者に対し、文書の表示又は趣旨を明

らかにすることを求めることができる（同条2項）。

ウ　必要性の要件

　民事訴訟法220条4号に掲げる場合であることを文書の提出義務の原因と
する文書提出命令の申立ては、書証の申出を文書提出命令の申立てによって
する必要がある場合でなければ、することができない（民訴221条2項）。

(5)　文書提出義務の有無に関する審理手続

　文書提出命令の申立てがあれば、裁判所は、申立ての適否及び理由の有無
につき審理するが、所持者が第三者であるときは、必ず審尋を経る必要があ
る（民訴223条2項）。

　裁判所は、申立てに係る文書が民事訴訟法220条4号イからニまでに掲げ
る文書のいずれかに該当するかどうかの判断をするため必要があると認める
ときは、文書の所持者にその文書の提示をさせることができる（民訴223条6
項前段。イン・カメラ手続）。この場合においては、何人も、その提示された
文書の開示を求めることはできない（同項後段）。

(6)　文書提出命令に従わない場合の効果

　当事者が、文書提出命令に従わないとき又は相手方の使用を妨げる目的で
提出の義務がある文書を滅失させ、その他これを使用することができないよ
うにしたときは、裁判所は、文書の記載に関する相手方の主張を真実と認め
ることができる（民訴224条1項・2項）。この場合、相手方が、文書の記載
に関して具体的な主張をすること及び文書により証明すべき事実を他の証拠
により証明することが著しく困難であるときは、裁判所は、その事実に関す
る相手方の主張を真実と認めることができる（民訴224条3項）。

　なお、第三者が、文書提出命令に従わないときは、裁判所は、決定で、20
万円以下の過料に処するとされている（民訴225条1項）。

実践編

第1章　不動産関係

1　土地・建物の明渡請求訴訟

⑴　被告（占有者）の特定の重要性

　土地・建物の明渡請求訴訟は、究極的には占有者に対する明渡執行によってその目的を達成するが、誤って占有者でない者を被告として訴訟を行って判決を取得した場合や、本案訴訟の口頭弁論終結前に係争物件の占有が第三者に移転したにもかかわらず訴訟引受（民訴50条）がされずに判決に至った場合には、判決の効力が占有者に及ばないので、明渡執行することができない（なお、口頭弁論終結後の承継人には既判力が及び、承継執行文付与手続によって執行が可能となる。民訴115条1項3号、民執27条2項）。

　そこで、土地・建物の明渡請求訴訟においては、被告となるべき者すなわち係争物件の占有者の特定が重要となる。

ア　占有者の調査

　占有者を特定するためには、係争物件の現場状況の確認、不動産登記簿謄本、住民票、手紙による音信の有無等、あらゆる手段を尽くして調査する。

　現場状況の確認の際は、郵便受け、表札、看板、占有態様、係争物件の外観を視認し、後の訴訟等の資料とするために、日付入りで写真撮影をする。また、近隣住民や管理人に対する聞き込み調査なども行い、報告書を作成する。

　弁護士会照会による水道・ガス・電気・NTTの契約名義、携帯電話の請求書送付先等の調査や、自動車のナンバープレート情報から登録事項等証明書を運輸支局から取得、占有者が許認可の必要な事業を行っている場合には行政機関に対する弁護士会照会による許認可名義の調査も有用である。

　既に占有者が判明している場合においても、訴訟手続等を開始する前に、必ず現場の状況を再確認することが肝要である。なぜなら、原告が認識していた占有者が既にほかの者に占有を移転していたり、又は共同占有者が登場していたりすることがありうるからである。

　占有者が特定でき、占有者を被告として訴訟を提起した場合において、被

告が被告による占有を争った場合には、上記の写真や報告書、弁護士会照会
への回答等を書証として提出し被告の占有を証明することとなる。

イ　占有者特定のための留意点

　占有機関、占有補助者は、独立の占有を持たないから、明渡請求の被告と
はならない。例えば、他人の使用人として建物に居住するにすぎない者は、
被告とはならず、雇主のみが被告となる（最一小判昭和35年4月7日民集14巻
5号751頁）。また、一世帯で占有している場合は、通常は世帯主のみが被告
となり、他の家族は被告とする必要はない。もっとも、実務上は、占有の有
無が問題となる者が複数いる場合には、全てを被告として訴訟を提起してお
いて、独立の占有を持たないことが判明した場合にはその者に対する訴えを
取り下げる等の対応を行えば特に問題はない。

　不法占有者（間接占有者）がさらに他の者（直接占有者）に係争物件を賃貸
している場合などは、訴訟追行中に間接占有者が直接占有者から物件の返還
を受けることも想定して、双方を被告とするのが通例である。

ウ　占有移転禁止の仮処分

　占有の調査を行った結果、占有の移転が行われそうな状況がうかがわれる
場合には、明渡請求訴訟を提起する前に占有移転禁止の仮処分を行って当事
者を恒定することが大事である。明渡執行の際に占有の有無を判断すること
は非常に困難であるから、占有の有無が問題となる者が複数存在する場合に
は、占有している可能性がある者は全て債務者に含める方が安全である。

　なお、民事保全法は占有移転禁止の仮処分を当事者恒定のための制度と位
置づけており、建物の構造変更など債務者に対する客観的現状変更の禁止ま
でも射程に置くものではない。現状変更のおそれがある場合には、別途、変
更行為を禁ずる不作為を命ずる仮処分命令を申し立てる必要がある。

　また、占有移転禁止の仮処分においては、その執行は直接占有者に対して
行わなければならず、かつ、それで足りるから、間接占有者を債務者とする
ことは認められていない。

エ　占有者が不分明の場合

　占有者が何者であるか判明しない場合や何人もの氏名不詳者が入れ替わり

立ち替わり係争物件に出入りしている場合等、調査を尽くしても占有者を正確に特定できないこともありうる。このような場合には、債務者を特定しないで発する占有移転禁止の仮処分命令の制度（民保25条の2）を利用するとよい。占有者を特定することが困難な特別の事情を疎明することにより、債務者を特定しない仮処分命令を取得できる。そして、仮処分命令の執行の際に、執行官が占有者の氏名を明らかにさせることで占有者を特定する。

オ　仮処分後の占有移転

占有移転禁止の仮処分を行ったにもかかわらず、明渡執行を行った時点で新占有者が係争物件を占有しているときは、新占有者の悪意は推定されるので（民保62条2項）、新占有者が占有していることを証明するために点検調書や強制執行不能調書を、占有が仮処分執行後になされたことを証明するために仮処分執行調書を提出して、本案の債務名義に承継執行文の付与を受ける（民保62条1項、民執27条2項）。

(2)　建物収去（退去）土地明渡請求の場合

建物収去（退去）土地明渡請求を行う場合には、建物によって土地が占有されているという性質上、前記の事実調査に加えて、次の点にも注意して調査する必要がある。

ア　占有状況の確認

土地上に建物が建っていることを看過して土地明渡しのみの債務名義を得たとしても、建物収去の債務名義を得なければ、建物の収去はできず、土地明渡請求の目的を達することはできない。したがって、係争土地上に建物があるかどうかを確認することは非常に重要である。建物の存否は、現地調査や建物登記簿謄本等により確認する。なお、建物収去土地明渡請求の被告は、建物の登記簿上の所有名義人ではなく、現に建物を所有する者である（大判大正9年2月25日民録26輯152頁等。ただし、建物所有者が自らの意思に基づいて所有権取得の登記をし、その後建物を譲渡したにもかかわらず登記名義を保有する場合について、登記簿上の所有名義人を被告としうるとした判例（最三小判平成6年2月8日民集48巻2号373頁）もある）。

実践編　第1章　不動産関係

　建物に、建物所有者以外の占有者が居住している場合には、建物所有者に対する建物収去土地明渡しの債務名義だけでなく、占有者に対する建物退去土地明渡しの債務名義を得なければならない。建物所有者と占有者はともに敷地についての占有を有するからである（最一小判昭和34年6月25日民集13巻6号779頁）。したがって、建物所有者のほかに建物に居住している者がいるかどうか、現地調査や近隣への聞き込み調査等を行う必要がある。

　建物の敷地が一筆の土地の一部にすぎず、建物の敷地以外の残余部分の土地を建物所有者とは別の者が占有している場合もあるが、この場合は、残余部分の土地占有者に対して土地明渡しの債務名義を得なければならない。したがって、建物の敷地は土地のどの部分であるかを現地調査の結果と公図を対照する等の方法により把握し、建物敷地以外の土地の占有状況がどうなっているかも現地調査等により確認する必要がある。

イ　建物の特定

　収去（退去）すべき建物は、物件目録で特定する必要があり、かかる物件目録は、通常、建物登記簿謄本に基づいて作成する。

　しかし、建物が未登記である場合や、現地調査をした結果、建物の同一性が失われる大増築が行われているにもかかわらず、不動産登記簿上はその変更登記がなされていない場合等もある。このような場合は、現況に基づいて不動産登記簿の表題部記載事項を表現すればどうなるかという観点から作成した物件目録、あるいは現地調査に基づく当該建物の図面、写真等を付加して物件目録を補足する。

　現地調査の結果、更地に建物を建築中であったり、一旦滅失した建物の改築工事が行われていたり、建物の増築工事の最中であったりすることが判明する場合もある。このような場合には、建築工事禁止の仮処分も検討すべきであるから、そのための資料として、日付入りで工事中の建物の写真等を撮る必要がある。建築中の建物の物件目録は、所在、種類、構造等、可能な範囲で特定することとなる。

ウ　建物収去土地明渡請求権を保全するための処分禁止の仮処分

　建物収去土地明渡訴訟を提起後に建物が譲渡されると、改めて建物の新所

126

有者に対して訴えを提起しなければならないため、建物収去土地明渡請求権を保全するために建物の処分禁止の仮処分の制度がある（民保55条）。

　なお、本仮処分は、建物の処分を禁止するにとどまり、建物の占有関係を恒定する効力はない。したがって、建物を占有している建物所有者に対し建物収去土地明渡請求訴訟を提起する場合において、建物所有者が建物の占有を移転するおそれのあるときは、建物所有者を債務者として、建物の占有移転禁止の仮処分を得ておく必要がある。

(3)　原告が土地・建物の所有権を有していることの立証

　所有権に基づく返還請求としての土地・建物の明渡訴訟において、被告が、原告の土地・建物に対する所有権を争う場合には、原告は自己が所有権を有することを立証しなければならない。

　本来、登記は対抗要件にすぎないが、登記がある場合はこれに対応する権利があると推定される（最一小判昭和34年1月8日民集13巻1号1頁）ので、原告が土地・建物の所有権を有していることの立証手段となる。

　被告の反証により登記名義人（すなわち原告）の所有権が存否不明の状態になる場合には、原告は、所有権を承継取得した売買契約書や売買代金の領収書等により、原告の所有権取得原因事実を、権利自白が成立する前主の時点まで遡って立証していく必要がある。

(4)　その他の一般的留意点

ア　土地上・建物内の動産

　不動産明渡執行において、不動産の従物以外の動産については、執行官はこれを取り除いて債務者に引き渡さなければならず、これができないときは執行官が一定期間保管した後に売却するが、実務上は買手が付かず債権者が安価で買い取って結局は廃棄することが多い。即時売却の制度（民執168条5項後段）は、執行官の判断により明渡断行日に目的外動産を売却することができるようにするなど目的外動産の処理の迅速化・効率化を図ったものである。

127

実践編　第1章　不動産関係

イ　現地調査の効用

　現地に赴いて事実調査をすることにより、賃借人が賃借物件を放置して利用していないことがわかって、明渡断行の仮処分の可能性が開ける場合もある。例えば、郵便受けに入っていた取引銀行からの通知等が見えて占有者の銀行口座が判明する等（賃料相当損害金の損害賠償請求権等の債務名義をもって預金口座の差押えが可能となる）、様々な副産物が得られる可能性もある。したがって、土地・建物の明渡訴訟において現地調査は非常に重要である。

【参考文献】

・深沢利一著『民事執行の実務下（補訂版）』（新日本法規出版、平成19年）
・藤田耕三・小川英明編『不動産訴訟の実務（7訂版）』（新日本法規出版、平成22年）
・松本利幸・古谷健二郎編『書式民事保全の実務（全訂6版）』（民事法研究会、令和2年）
・八木一洋・関述之編著『民事保全の実務　上・下（第3版増補版）』（きんざい、平成27年）
・民事訴訟実務研究会編『注釈民事訴訟・非訟書式要覧』（新日本法規出版、加除式）
・司法研修所編『民事弁護教材民事執行（改訂補正版）』（日本弁護士連合会、平成17年）
・司法研修所編『民事弁護教材民事保全（改訂補正版）』（日本弁護士連合会、平成17年）

2　マンション・区分所有権関係訴訟

(1)　管理組合が原告となる場合の資格に関する事項

ア　紛争の類型

　一部の区分所有者が管理費・組合費・修繕積立金などを滞納している場合に未払費用を求めて訴えを提起するケース、義務違反の区分所有者に対して差止めの訴えの提起（区分所有57条3項）や使用禁止の訴えの提起（区分所有58条4項）、判決に基づく競売の申立て（区分所有59条2項）、引渡しの訴えの

2　マンション・区分所有権関係訴訟

提起（区分所有60条2項）をするケース、管理組合がマンションの修繕に関する契約を業者と結んだが相手方業者が履行しないため完全履行を求めて訴えを提起するケース、マンションの共用部分を不法に占拠する者に対して退去・明渡しを求めて訴えを提起するケースなどがある。

イ　原告の特定

a　管理組合が法人のとき

マンションの管理組合が法人（区分所有47条・3条）となっていれば、訴訟当事者たる原告は管理組合法人であるので、法人の代表者の資格証明書（登記事項証明書）を訴状に添付する必要がある（民訴規15条・18条）。

b　管理組合が法人でないとき

管理組合の法的性質にかかわらず、管理組合が「管理者」とされていれば（区分所有25条1項）、管理組合が原告となりうる（区分所有26条4項）。管理組合は「管理者」とされていなくとも権利能力なき社団であれば、管理組合が原告となりうる（民訴29条）。いずれにしても、訴訟追行権の有無は、管理規約、集会決議によるため、管理規約写し、理事等の役員選任に関する集会議事録写し、理事長等代表者選任に関する理事会等議事録写し、訴訟追行権を授権する旨の規約又は集会議事録を訴状に添付することになる（民訴規14条）。

(2)　管理組合が被告となる場合の資格に関する事項

ア　紛争の類型

マンションの共有部分の工作物責任を問われるケース、マンションの管理組合が修繕費用を支払わないケース、などがある。

イ　被告の特定

a　管理組合が法人のとき

原告の場合（上記(1)イa）の場合と同様である。

b　管理組合が法人でないとき

組合管理規約、組合総会議事録を閲覧して、「管理者」の定めがあれば当該管理者（区分所有26条4項）、「管理者」の定めがないが管理組合が権利能

実践編　第1章　不動産関係

力なき社団であれば管理組合（民訴29条）、いずれでもないときは組合員全員を被告とする。

　組合管理規約・総会議事録の保管者は、利害関係人からの請求があったときは、正当な理由がない限り閲覧を拒むことができず（区分所有33条2項・42条5項）、また、閲覧を容易にするため「建物内の見やすい場所」に保管場所を掲示すべき義務がある（区分所有33条3項・42条5項）から、通常管理組合事務所に問い合わせることで調べることができる。どうしても調べられないときは組合員全員を被告とするほかない。

　被告の管理者あるいは代表関係の資格証明については、委託管理の管理会社に証明をお願いするか、他の役員数名の証明書などが考えられるが、現実に入手することは難しいことを踏まえて十分に調査を行うべきである。

(3)　未払費用請求訴訟

ア　請求権の裏付け

　管理費・組合費などは、組合管理規約に定めのあることが多いが、修繕積立金、一時負担金などは組合総会で負担を決議することも少なくない。また、各区分所有部分の負担の具体的金額も組合管理規約で定めるもの、組合総会決議で定めるものがあり、一旦定めたものを組合総会決議で変更することもある。

　そこで未払費用請求訴訟を起こすには、組合管理規約、費用の負担決定・金額変更に関する組合総会議事録を取り寄せ、その請求権の根拠となる資料を集める必要がある。また、未払期間を特定するために、委託管理であれば管理会社作成の回収実績表、これがないときは銀行口座の取引明細書、当期役員から費用受領の管理帳などを取り寄せることで、費用項目ごとの積算金額を確定する必要がある。

　遅延損害金の割合について、組合管理規約、組合総会決議で法定利率と異なる定めがあるか否かを確認しておくことも不可欠である。

イ　書証の成立の正当性

　原告たる管理組合の請求を根拠づける証拠として重要となる組合管理規

130

約、組合総会議事録は、正当に成立しているかが問題となることがある。

請求を争う被告が、「組合管理規約を承諾した覚えがない」、「組合総会決議には欠席しており委任状を出した組合員がほとんどだから決議の成立自体疑問がある」等の主張を出してくることがあるからである。

組合管理規約は、原始管理規約成立時の規約に定める原始定款の成立要件を充たす各区分所有者の承諾書を保管しておかなければならないものであるが、一般的には、上記承諾書を一体として綴じ込んだ形で組合定款原本を保管している。

組合総会議事録については、役員以外の組合員はほとんど出席しないことが多く、その場合、定足数を確保していたことを立証するには委任状を保管しておき、更に具体的な出欠状況を記録した表（例えば、管理会社の担当者が記録している一覧表）なども保管しておく必要がある。

ウ　被告の特定

未払費用請求においては、管理規約等により支払義務を負う組合員を特定するため、当該組合員が所有する区分建物の登記事項証明書を添付して、被告を特定する。債務者たる区分所有者の特定承継人をも被告にできる（区分所有8条）が、特定承継の有無も建物登記事項証明書により明らかにする。

3　借地借家訴訟・非訟

(1)　借地・借家訴訟

ア　建物明渡等請求（賃料不払いの債務不履行を理由とする賃貸借契約解除に基づく明渡請求）をモデルとした場合

a　請求原因事実（契約の終了による明渡請求の場合）

①　建物賃貸借契約の存在（併設駐車場の明渡しも併合して求める場合には駐車場使用契約の存在）

②　占有の事実の存在

③　賃料不払いの事実

④　支払催告付解除の意思表示の到達

実践編　第1章　不動産関係

b　必要な証拠・資料

① 建物の登記事項証明書

賃貸部分が一軒家の一部であるなどの事情で、「○○○号室」あるいは「○階部分全部」というように言葉で特定することができない場合には、賃貸部分を特定することができる図面

② 併設駐車場の明渡しも併合して求める場合

当該土地の登記事項証明書及び駐車場図面（できれば、公図と重ね合わせると良い）。駐車場の位置を特定できるようにする。また、⑦との関係で、駐車場の縦横の長さ及び面積も測定・計算しておく必要がある。

③ 建物賃貸借契約書

駐車場使用契約書

④ 直近の賃料支払履歴表

⑤ 解除通知書及び配達証明書

⑥ （当事者が法人の場合）資格証明書又は商業登記事項証明書

⑦ 当該建物・土地の固定資産評価証明書（訴額の計算のために必要である）

⑧ ブルーマップ（物件の賃貸借契約書上の住所と不動産登記事項証明書の地番とが異なっており、同一性について当事者間に争いがある場合に必要）

c　訴状・判決の送達に関する問題

賃借人があまり家にいない、あるいは荷物を残したまま行方不明になってしまった、住んでいるのに意図的に受け取らないという場合、訴状・判決の送達で苦労する。かかる場合、以下のような調査を行う。

① 住民票の調査（戸籍の附票も実務上はよく用いられる）

② 賃借人の居住時間帯の調査。すなわち、通常時間帯における送達のほうが良いか、あるいは夜間又は休日の送達のほうが良いかの調査

③ 就業先送達をしてもらうために、就業先の調査

④ 郵便に付する送達をしてもらうために、当該建物に賃借人が確かに居住していることを確認するための現地調査（電気・ガスのメーター、郵便受けの氏名表示、郵便受けの状況、郵便物の氏名・洗濯物の有無、近隣住民からの聞取りなど）及び賃借人の就業先が不明であることの調査

⑤　以上の手続が奏効せず、公示送達せざるをえない場合には、公示送達
　の申立てをするために、①～④で集まった資料を再検討し、場合によっ
　ては住民票・居住状況の再調査を行う。これらの調査報告書に加えて、
　「転居先不明」として返送されてきた郵便物などを、公示送達申立ての
　ための資料として用いる。なお、郵便受けに郵便物が溢れている等の現
　実の状況を写真撮影しておくと公示送達の申立てに有用である。

イ　敷金返還請求訴訟をモデルとした場合

a　請求原因事実

　実際の場面では、賃貸人が敷金からの控除を要求している金額が、賃借人
の原状回復義務の範囲内か否かという形で問題になる。

　目的物が建物である場合、原告である賃借人が、①賃貸借契約の存在及び
建物の引渡し、②敷金授受の合意及び交付、③契約終了原因事実、④建物の
返還を請求原因として主張するのに対し、被告である賃貸人は、敷金から控
除されるべき債務発生原因事実を抗弁として主張することになる。

b　必要な証拠・資料

①　賃貸借契約の存在を証明するために賃貸借契約書、敷金授受の合意及
　び交付を証明するために賃貸借契約書又は敷金差入書を用意しなければ
　ならない。また、それらに特約として、賃貸人・賃借人間における負担
　区分が明記されている場合があるので、チェックしておく必要がある。
②　賃貸人側であっても賃借人側であっても、明渡し時の建物内部の状況
　を資料として残すために、立会確認結果報告書（日付入りの現場写真・
　残置物目録・両当事者の陳述内容など）を作成する。また、建物の損耗・
　汚損が賃貸期間中に発生したものであるか、それ以前に発生したものか
　を明らかにするための資料として、引渡し時の建物内部の状況がわかる
　資料（写真や入居時チェックリスト等）もあると良い。
③　賃借人は、賃貸人が控除の内容を明らかにしない場合には、賃貸人に
　対し、敷金精算書、室内清掃の際の見積書など、控除の金額の詳細がわ
　かる資料を、明渡し時又は明渡し後直ちに徴収しておく。なお、国土交
　通省住宅局が発行している『原状回復をめぐるトラブルとガイドライン』

実践編　第1章　不動産関係

は一定の説得力を持って実務上利用されている。

ウ　賃料増減額請求訴訟をモデルとした場合

a　請求原因事実

賃料増減額請求権の行使の結果としての相当賃料がいくらになるかという問題である。賃料減額請求事案では、賃貸人が自動増額条項に基づく増額分を含めて賃料を請求するのに対して、賃借人が賃料減額請求権を行使して本訴追行するとともに、過払賃料分を返還請求するための反訴を提起しているものが多い。

このような事案の場合、本訴原告である賃貸人が、賃料支払合意や自動増額条項を請求原因として主張するのに対し、被告である賃借人は、賃料減額請求権を行使したこと及び相当賃料がいくらであるかを主張することになる。

b　必要な証拠・資料

前記の賃料減額請求事案の場合

①　賃貸人は、賃料支払合意、自動増額条項の存在を証明するために、賃貸借契約書を用意する。

　　また、賃料増減額請求は、信義誠実の原則に基づく事情変更の原則に基づき、契約締結の経緯、経済状況の変動等を総合考慮して判断するとされている。

　　そこで、交渉経緯の資料（書面、メール、SNSメッセージ等）、近隣物件の賃料相場の資料、固定資産税等の税額、公示地価、基準地価、路線価、実勢価格等の変動、経済情勢の資料等を用意しておくことが実務上行われている。

②　賃借人は、賃料減額請求時において、賃料減額請求権を行使したことを明らかにするために、何月分の賃料から相当賃料はいくらであり、故に賃料減額請求権を行使する旨の通知を内容証明郵便で送付しておく。訴訟係属中に更なる賃料減額請求を要する事態になったときは、その旨を記載した準備書面の提出で代用する場合もある。

③　相当賃料は、差額配分方式、利回り方式、スライド方式、賃貸事例比較方式、収益分析方式などによって得られた結果を組み合わせ、総合判

134

３ 借地借家訴訟・非訟

断して決することになり、専門性が高いことから、不動産鑑定士など専門家の協力を得られることが望ましい。もっとも不動産鑑定士に依頼する場合には費用が高額になるため、実務上は懇意にしている不動産会社等に依頼して査定書を提出する場合が多い。

(2) 非訟事件

ア 賃借権譲渡・土地転貸許可申立て（借地借家19条１項）をモデルとした場合

a 最低限必要な資料

①　賃借人（＝申立人）と賃貸人（＝相手方）との間の借地契約書

②　当該土地・建物の登記事項証明書

③　当該土地・建物の固定資産評価証明書

④　（当事者が法人の場合）資格証明書又は商業登記事項証明書

⑤　譲受人との間の賃借権譲渡契約書又は転借人との間の土地転貸借契約書

⑥　土地の公図写しと現場の住宅地図

b 譲渡承諾料又は転貸承諾料を決める要素

争点は、先ずは「不利となるおそれ」の有無が検討され、これがない場合に譲渡・転貸承諾料を具体的に決めることとなる。「不利となるおそれ」の有無は譲受人の資力と人的信頼関係等によって判断されるから、資力に関する資料と共に陳述書等で人的信頼関係上も問題ないことを立証する。

そして、前記譲渡・転貸承諾料を決める要素は、①借地契約の種類・内容、②当該土地の地価及び借地権割合、③譲渡・転貸承諾料の相場、④賃借人（＝申立人）からの提示額、賃貸人（＝相手方）からの提示額（相手方が買い取るための提示額の場合もある）、⑤譲渡・転貸先（譲受人・転借人）の職業、資力その他の事情、などである。

c 証拠収集

ｂの①～⑤に則して検討する。

①については、契約書記載の条項をチェックする。

②のうち、地価については、基本編第２章参照。借地権割合については、

135

実践編　第1章　不動産関係

路線価図を参照する（基本編第2章参照）。

③については、最高裁判所事務総局編『借地非訟事件における財産給付額等算定事例集』や、近隣事例を参考にする。必要に応じて、不動産業者による簡易査定や、不動産鑑定士による鑑定を依頼する。

④については、これまでの交渉で各自が相手に対して提出した書面、計算書、電話でのやり取りのメモなどをそろえる。譲受人との間の賃借権譲渡契約書又は転借人との間の土地転貸借契約書だけでは、賃借人における譲渡・転貸の必要性の説明が不十分である場合には、必要性を明らかにするための説明書などを用意する。

⑤については、譲渡・転貸先が会社である場合、資格証明書又は商業登記事項証明書や会社の概要書、決算書などを用意する。個人である場合、住民票や賃借人と譲渡・転貸先との関係、源泉徴収票や確定申告書等の譲渡・転貸先の資力などに関する資料を用意する。

イ　増改築許可申立て（借地借家17条2項）をモデルとした場合

a　最低限必要な資料

①　賃借人（＝申立人）と賃貸人（＝相手方）との間の借地契約書

　　→増改築禁止特約の内容をチェックする。この場合、禁止特約の内容に合理性があるか否かが重要なポイントとなる。

②　当該土地・建物の登記事項証明書

③　当該土地・建物の固定資産評価証明書

④　（当事者が法人の場合）資格証明書又は商業登記事項証明書

⑤　増改築の内容について建築確認済みであるときは、確認通知書

⑥　土地の公図写しと現場の住宅地図

b　増改築承諾料を決める要素

増改築承諾料を決める要素として、増改築の内容、増改築の必要性（現存建物の不都合性など）が重要である。

c　証拠収集

①　増改築建物の種類・構造・規模・用途を明らかにするため、増改築図面、見積書などを用意する。同時に、土地、現存建物、増改築部分のそ

136

れぞれの位置、形状及び相互の関係を示す図面を用意する。

② 増改築の必要性を説明するために、現存建物の劣化状況を表す写真撮影報告書や、増改築の必要があることの説明書、相隣関係（日照・プライバシーなど）に与える影響が小さいことの説明書などを用意する。

③ 現在の法令による土地利用の規制を明らかにするため、用途地域証明書を用意する。

④ これまでの交渉経緯を明らかにするために、各自が相手に対して提出した書面、計算書、電話でのやり取りのメモなどをそろえる。

増改築が行われた場合、床面積が増えるので登記変更が必要となる（不登51条1項）。なお、実務上、固定資産評価証明書には増改築後の面積が反映されるが登記簿上は反映されずに齟齬が生じることがある。税務署は税額が変わるため定期的に調査して面積を変更するが、これが登記簿に反映されるとは限らないためである。

4　登記関係訴訟

(1)　登記手続請求訴訟の意義

不動産登記法は、不真正な登記をできるだけ防止するため、権利に関する登記申請は、原則として登記権利者及び登記義務者が共同してしなければならないとしながら（不登60条）、当事者の一方が登記申請に協力しない場合、他方の登記を可能にするため、他方は、協力しない方に対し登記手続をすべきことを命ずる確定判決を得て、単独で登記申請ができる判決による登記について規定している（不登63条1項）。

登記義務者が登記の申請に協力しない場合のみならず、登記権利者が登記手続に協力しない場合や、共有物分割の禁止の定めの登記（不登65条）や抵当権の順位の変更等の登記（不登89条）において申請人の一部の者が登記申請に応じないときであっても判決（民執177条1項）を得て、単独で登記の申請をすることができる。

この判決による登記の対象となるのは、権利に関する登記のうち、もとも

実践編　第1章　不動産関係

と単独で申請すべきとされている所有権の保存登記（不登74条1項2号）・相続・合併による権利移転登記（不登63条2項）や登記名義人の氏名等の変更・更正登記（不登64条）などを除いたものである。

ただ、単独で登記申請が行うことができる場面で判決を得て登記をする場合はある。例えば、一筆の土地の一部を買い受けた者がその所有権の確認を求めて訴訟をして勝訴判決を得れば、登記簿上の所有者に代位して登記申請（分筆登記の申請）をする（不登59条7号、不登令3条4号）ことができるし、抹消登記手続及び抹消された登記の回復手続を行うために登記上利害関係を有する第三者の承諾が必要な場合（不登68条、不登72条）に、承諾の意思表示に代わるべき判決を求める承諾請求訴訟が必要となることもある。

判決による登記のため提起される訴訟を総称して「不動産登記訴訟」と呼ぶが、本稿では、権利の登記に関する不動産登記法63条1項の判決を求める訴訟における証拠収集の留意点を検討する。

(2)　不動産登記法63条1項にいう「確定判決」を求めるための主張・立証

ア　「確定判決」の意義

不動産登記法63条1項にいう「確定判決」とは、当事者が共同して権利に関する登記を申請すべき場合において、その一方に特定の登記手続をすべきことを命じた給付判決でなければならない。確認判決や形成判決ではこれに該当しないとするのが、判例及び法務省先例である。判決による登記は、民事執行法177条1項本文により判決が確定したときに一方当事者の意思表示が擬制され、他方による単独申請を可能にするものなので、たとえ判決理由中から一方の登記義務が明らかであっても、判決主文で当事者の一方に登記手続をすべきことを命じたものでなければ、これにより登記はできず、勝訴判決を得た意味が失われる結果となるので注意を要する。

確定判決に準ずるものとして和解調書、認諾調書、調停調書（民調16条・17条・18条5項、家事268条1項・284条1項・287条）、労働審判に係る債務名義などがあり、これらは債務名義成立のとき意思が擬制されるが（民執177

条1項本文）、確定判決と同様、調書条項に当事者の一方の特定の登記申請
の意思表示が示されていることが必要である。

イ　「判決」主文に記載すべき事項

　登記の申請は、不動産を識別するために必要な事項、申請人の氏名又は名
称、登記の目的その他の登記の申請に必要な事項として政令で定める情報（不
登18条「申請情報」）を登記所に提供してするため、判決による登記の場合も、
判決主文にこの申請情報のすべてが明示されていることが必要である。

　このうち特に「登記原因及びその日付」は申請情報の内容とされ（不登令
3条6号）、かつ、登記事項とされている（不登59条3号）ので、登記申請に
当たって提供がなく、あるいは提供された内容が登記原因証明情報の内容と
一致しないときは、当該登記申請は却下される（不登25条5号・8号）。その
ため、十分特定して主張・立証する必要がある。

　判例には、それらが主文に明示されていなくても理由中の記載と相まって
特定し得れば足りるとしているものがあり（最三小判昭和32年9月17日民集11
巻9号1555頁）、法務省の先例でも、登記原因の記載がない場合「判決」とす
るもの（昭和29年5月8日民甲938号民事局長回答）、登記原因の日付が判明し
ない場合「年月日不詳売買」とするのが相当としているもの（昭和34年12月
18日民甲2842号民事局長回答・先例集追Ⅱ575頁）があるが、これらは事後的な
救済措置と考え、特定に努める必要がある（幸良秋夫著『判決による登記：設
問解説（新訂）』（日本加除出版、令和4年）317〜319頁）。

ウ　証拠収集の要点

　このように登記手続請求訴訟では、登記申請書に記載すべき事項が特定さ
れていないと判決による登記ができなくなるため、原告は、裁判所が判決に
おいて「登記原因及びその日付」を明示、特定できる程度の主張・立証を行
う必要があり、その観点から証拠資料の収集を行う必要がある。なお、前述
のとおり、登記申請に当たって提供された内容が登記原因証明情報の内容と
一致しないとき当該登記申請は却下されるが、一般の登記申請の場合、却下
は稀である。先ず補正を求められ、これに応じず補正しない場合には取下げ
を求められ、取下げにも応じない場合に却下される。

実践編　第1章　不動産関係

(3)　具体的な証拠収集

ア　不動産登記簿謄本・登記事項全部証明書

登記手続請求訴訟においては、対象不動産及び対象となる登記の存在、登記簿上の物権変動の原因・経緯に関する証拠として、また不動産に関する訴訟の添付書類として、不動産登記事項全部証明書が必要不可欠である。

また、判決に掲げられた登記義務者の氏名、住所が登記記録上のそれと合致しない場合、判決による登記申請は受理されない（不登25条7号）ため、不動産登記事項証明書は、登記義務者の登記記録上の氏名、住所の確認のためにも不可欠である。判決書に登記義務者である被告の現住所と登記記録上の住所が併記されているときでも、名義人の住所変更又は更正登記を要するというのが実務である（質疑応答・登研429号120頁）。なお、この住所変更登記の根拠も民法の債権者代位権である。

イ　請求の対象が一筆の土地の一部の場合

請求の対象が一筆の土地の一部の場合は、当該土地の一部分を図面で特定することが必要である。一筆の土地の一部を取得した場合、所有権取得の登記をする前提として分筆登記が必要であり、この分筆登記は、原則として表題部所有者又は所有権の登記名義人の申請によるべきとされている（不登39条1項）から、所有者が分筆登記をしない場合、取得者が債権者代位権に基づき自己の所有権移転登記請求権を保全するため、所有者に代わって分筆登記の申請をするには、図面による特定が必要となる。なお、この場合、分筆登記請求権という実体法上の権利は存在しないとされるので（東京地判昭和31年3月22日下民集7巻3号726頁）、分筆登記手続を主文に求めるのではなく、判決を受けた債権者が債権者代位による分筆登記手続を行うことになる。

ウ　各登記請求の場面ごとの証拠

登記関係訴訟固有のものはなく、登記原因となる権利関係を立証するため、契約書等を収集することになる。また、実際に対象不動産所在地に行って確認するという現地調査も重要で現場に行って初めて分かることも多い。

なお、取得時効を援用する場面は、登記請求訴訟中が多いと思われる。

4　登記関係訴訟

⑷　判決による所有権の保存の登記

ア　所有権の保存の登記の意義

　不動産登記法74条に規定する「所有権の保存の登記」は、その性質上登記義務者を観念することができないものであるため、不動産登記法63条1項に規定する「判決による登記」の対象とはならない。しかし、自己所有の不動産であるにもかかわらず、他人が所有者として表題部の登記がされている場合、表題部の所有者を被告として所有権確認判決を得て保存登記をすることが簡便であるので、不動産登記法74条1項2号が規定されている。

　不動産登記法74条1項2号の確定判決を得て所有権の保存の登記をする場合、表題登記がない不動産（例えば未登記建物）について前提として表題登記をすることなく、所有権の保存の登記ができる。この場合、登記官は、所有権保存登記の前提として職権で表示に関する事項を登記する（不登75条）。

イ　不動産登記法74条1項2号の「確定判決」の意義

　判決による登記ではないので、確認判決でも、給付判決でも形成判決でもよく（大判大正15年6月23日民集5巻536頁）、また、判決主文で所有権が確認されている場合に限らず、理由中において原告の所有権の取得を認めて主文で所有権移転登記手続を命じたり、明渡しを命じたりする給付判決でもよい。

⑸　取得時効を援用する場合の証拠収集

ア　取得時効の要件

　取得時効の要件は、一定期間、所有の意思をもって、平穏かつ公然と他人の物を占有することであり、長期取得時効であれば20年、短期取得時効であれば10年である（民162条1項・2項）。占有の事実があれば、所有の意思があること、及び占有の平穏性、公然性は民法186条1項により、前後の両時点において占有が認められる場合には、その間の占有が継続していることは民法186条2項により推定される。したがって、取得時効を援用する者にとっては、占有の事実の立証に必要な証拠の収集が中心的なテーマになる。

　そして、判例は「一定範囲の土地の占有を継続したというためには、その部分につき、客観的に明確な程度に排他的な支配状態を続けなければならな

実践編　第1章　不動産関係

い」（最三小判昭和46年3月30日判時628号52頁）としており、占有の事実の立証には、「客観的に明確な程度に排他的な支配状態」の立証が必要である。

イ　不動産の占有の事実を証明するために必要な証拠の具体例

a　自宅の敷地の場合

自宅の敷地が占有の客体である場合には、自宅である建物の所有を証明することにより、その敷地を占有していたことを立証できるであろう。証拠としては、建物の登記事項証明書（閉鎖登記簿謄本）、建物の課税証明書、時効取得者の住民票や戸籍の附票、現況や占有開始時の写真等が考えられる。

b　自宅の敷地に隣接する土地の場合

時効取得を援用する者の自宅敷地と一体として使用等をしていたことを証明する事実として例えば物置や車庫等の客観的な物の存在やこれらがない場合には陳述書等により日常的に使用していた事実を立証できるであろう。

c　農地の場合

住宅の敷地に比べ農地の場合には、事実的支配の有無が不明確である。そのため、①客観性（外部からの認識可能性）、②排他的支配性の点から証拠を収集する必要がある。

証拠としては、誰が耕作しているのか、他人が耕作している場合には小作料を受け取っているのか、定期的な手入れがなされているかについて、農業委員会が管理する農地台帳や農業委員や集落の長の陳述書が考えられる。

d　山林の場合

山林については、明認方法の存在（柵や看板の設置）や、植林、草払い等の管理をしていることを証明することにより、占有を立証することになろう。明認方法が施されていない場合には、占有の立証は困難である。

e　建物の場合

建物の占有の証拠としては、登記事項証明書、固定資産課税台帳等が考えられる。

もっとも固定資産課税台帳の記載は、市町村が聞取り等により適宜の新築年月日を記載していることがある等、真実と異なる事実関係が記載されている場合があるので、占有の開始時の証拠とする場合には注意を要する。

142

ウ　短期取得時効における無過失の立証

　短期取得時効の主観的成立要件である占有開始時の善意無過失のうち、善意は民法186条１項により推定されるが、無過失は推定されない。占有開始時の無過失の立証には、売買契約書等の書証のほか、占有開始時の当事者や関係者の尋問が必要になると思われるが、無過失の立証はなかなか難しい。

　判例上、測量士が公図等を参考に測定した結果に基づいた占有について無過失を認めたものもあるが（最一小判昭和46年11月25日判時655号26頁）、相続人が登記簿に基づき実地に調査すれば相続した土地の範囲を容易に知ることができたとして無過失を否定したものもある（最二小判昭和43年３月１日民集22巻３号491頁）。

　自己の所有する不動産であると信じるについて過失がないと言えるためには、自ら登記・公図等客観的資料に基づいて調査をしたり、そのような調査に匹敵する程度に信じることがもっともと言える事情の立証（先程の例で言えば専門家である測量士の測定を信じたこと）が必要であろう。

【参考文献】
・神崎満治郎著『判決による登記の実務と理論（改訂）』（テイハン、平成２年）
・藤田耕三・小川英明編『不動産訴訟の実務（７訂版）』（新日本法規出版、平成22年）
・大場浩之ほか著『時効取得の裁判と登記』（民事法研究会、平成27年）

5　日照・通風・騒音訴訟

(1)　総論——受忍限度論と被害の客観的証拠化の必要

　日照・通風・騒音訴訟においては、侵害行為が建築基準法等の関係法令に違反していれば直ちに違法となるわけではなく、被害が一般生活上受忍限度を超えているかどうかを基準としてその違法性を判断している（受忍限度論）。

　この受忍限度を超えているかどうかは、後記のとおり諸般の事情を総合的に考慮して客観的に判断されている。そして判断の客観性を担保するために

実践編　第1章　不動産関係

受忍限度に関する客観的基準を設定しようとする試みもなされているが、多種多様の要素が考慮されるため基準の客観化は困難を極めている。しかし、判断の基礎となるべき諸要素が主観的なものであったり曖昧であったりすれば、客観的な判断ができなくなる可能性が高い。

　そこで立証責任を負う者は、受忍限度論の基礎となるべき諸要素を客観的に証拠化し、判断の基礎を明確に提示する必要がある。

(2)　日照・通風訴訟

ア　救済手段

　私法上の救済手段として、建築工事差止めの仮処分、損害賠償請求訴訟、建築工事差止請求訴訟、行政上の救済手段として、特定行政庁による違反に対する是正命令、特定行政庁による行政代執行等がある。

イ　受忍限度の判断要素

　仮処分や民事訴訟において多数の判例は、被害の程度、地域性、加害回避可能性、被害回避可能性、建物の用途、先住性、公法的規制違反の有無、当事者間の交渉経緯等の諸般の事情（建築基準法令違反、信義則違反の有無、環境アセスメントの欠如等）を受忍限度の判断要素としている（名古屋高判令和2年7月30日ウエストロー2020WLJPCA07309005他）。

ウ　当事者が明らかにする事項

　上記イの事項を明らかにする必要があるが、日照妨害に関する仮処分においては一般的に148頁の一覧表記載の事項を明らかにすべきとされている。

エ　書証及び調査方法

　被害の程度、地域性、加害回避可能性、被害回避可能性、公法的規制違反の有無が重要であり、これらの立証のためには次の資料が必要である。

a　土地建物に関する図面

　被害の程度、加害回避可能性、被害回避可能性及び公法的規制違反（特に日影規制）の有無を判断するためには、加害物件と被害物件との位置関係、土地の形状、建物の形状・配置・高さがわからなければならず、そのためには少なくとも配置図、平面図、立面図、断面図が必要である。

144

これらの図面については、加害者である建築主に請求すれば交付してもらえるのが通常である。また、行政庁は、中高層建築の場合は建築確認申請前に近隣に説明するよう指導しており、建築紛争予防調整条例の存在する地域では、ある程度以上の建築物の場合、近隣に対し、日照被害について説明することが義務づけられていたりする。そのような説明会の際に被害者が図面を受領していることもある。

建築主が交付を拒否した場合は、建築確認が提出された市区町村に問い合わせれば、相談のうえ閲覧できる場合もある。情報公開条例を利用して閲覧、謄写することも考えられる。

b　用途地域図、日影規制図等

これらにより日影規制基準、地域性がわかる。

都市計画図により確認でき、自治体の建築確認担当部署において入手できる。東京23区の場合は、区役所の建築課において有償無償で配布しているので入手することができる。また、政府刊行物センターなどで市販の「東京都市計画図23区」(㈱国際地学協会) によってもこれらを知ることができる。

c　建築計画の概要に関する資料

中高層建築の場合は、建築確認申請前に建築現場に「お知らせ看板」と称する建築概要を記した標識を設置することになっているので、その写真を準備すればよい。また、近隣説明の際に建築概要に関する資料を交付されている場合もあるし、建築確認申請の関係書類のうち建築概要書は市区町村の建築課にて閲覧できるので、これによって明らかにすることもできる。情報公開条例を利用して閲覧、謄写することも考えられる。

d　時刻日影図、等時間日影図

これらによって被害の程度、加害行為の態様、日影規制違反の有無が客観的に明らかになる。

これらの調査、入手方法はａの土地建物に関する図面の場合と同様である。また、土地建物の図面があれば、設計事務所等に依頼して被害者側で作成することもできる。

実践編　第1章　不動産関係

オ　日影図の意義

日照妨害の紛争処理において、日影図は被害の内容、加害行為の態様、日影規制違反の有無を判断する直接的な資料であり最も重要なものである。

時刻日影図は、冬至日の午前8時から午後4時までの1時間ごとの建物の日影の形状を表示するものであり、特定の場所が何時から何時まで日影になるかを知るのに便利である。

しかし、日影規制は敷地境界線から5〜10mの部分と10m以上の部分とに分け、それぞれ一定時間以上の日影を生じさせてはいけないという形で規制されている。したがって、日影規制違反の有無を調べるには、当該部分に何時間日影が生ずるのかが明らかにされている図面のほうがわかりやすい。このように、1日に何時間日影が生ずるかを示した図面を「等時間日影線図」といい、被害の程度を数量的、時間的に客観化するのに役立つ。

以前は等時間日影図の作成は複雑であり面倒であったため、建築主から時刻日影図は交付されても等時間日影図は交付してもらえないことがあったが、現在はコンピュータで簡単に作図できるので建築主に交付するよう要求すべきである。

カ　建築専門家への相談、依頼

日照、通風訴訟は建築専門家への相談、依頼をしなければならない場合が多いが、そのような場合は以下の諸団体に問合せをしていただきたい。ただし、基本的には建築士のあっせんは行っていないとのことである。

・一般社団法人東京建築士会　03-3536-7711
・公益社団法人日本建築家協会関東甲信越支部　03-3408-8291
・公益社団法人日本建築士会連合会　03-3456-2061
・一般社団法人東京都建築士事務所協会　03-3203-2601

(3)　騒音訴訟

ア　騒音妨害の種類

騒音妨害の種類としては、工場の騒音、建設作業の騒音、カラオケ騒音、生活騒音等がある。

イ　救済手段

　私法上の救済手段としては、操業差止等の仮処分、損害賠償請求訴訟、操業差止請求訴訟がある。公害等調整委員会や都道府県公害審査委員会によるあっせん、仲裁、調停などもある。

ウ　受忍限度の判断要素

　操業差止請求事件において判例は、侵害行為の態様、侵害の程度、被侵害利益の性質と内容、当該工場等の所在地の地域環境、侵害行為の開始とその後の継続の経過及び状況、その間にとられた被害の防止に関する措置の有無及びその内容、効果等の事情を勘案して判断すべきであるとしている（最一小判平成6年3月24日判タ862号260頁）。

エ　書証及び調査方法

a　規制区域、規制基準値に関する資料

　騒音については、騒音規制法、条例により特定の区域における一定量以上の騒音が規制の対象となっている。したがって、騒音規制法や条例を確認した上で、市役所、区役所等の公害担当課（環境課）でこれらの規制の具体的な基準について調査する必要がある。

　これによって明らかとなった基準と、後記bの騒音測定資料で得られた結果を比較対照することにより、受忍限度の判断要素のうちの、侵害行為の態様、侵害の程度、当該所在地の地域環境等の判断要素がわかる。

b　騒音測定資料

　侵害行為の態様、侵害の程度を立証するためには、騒音の客観的数値を示すことが必要不可欠である。

　工場騒音の場合には、市役所、区役所等の公害担当課（環境課）に苦情申立てをすれば騒音測定をしてもらえるところもある。もっとも、測定はあくまで苦情申立てがあった場合の規制指導のために行うものであり、民事訴訟の立証のためという理由では測定しないとのことである。また、カラオケ騒音は夜間のため測定しないという公共団体が多く、ピアノ、麻雀等のいわゆる「生活騒音」についても測定しないという公共団体が多い。もっとも市役所、区役所で測定してもらえない場合であっても、測定機器は無料で貸し出

実践編　第1章　不動産関係

しているところが多く、自分で測定することも可能である。専門家による測定を希望する場合には、計量士事務所、音響専門の建築設計事務所、騒音計等の機器メーカー等に依頼し測定してもらうことになる。

日照妨害に関する仮処分事件において、当事者が明らかにすべき事項【一覧表】

> 一　当事者の地位
>
> 　1　日照被害主張者　所有居住する土地建物、これについての権利関係及び利用状況
>
> 　2　建築主側建築主、施工者（請負人、下請負人）
>
> 二　建築予定地、被害地及び付近の状況
>
> 　1　建築予定地と被害地各々の所在、面積、形状、建築予定地の前面道路幅員、両地の位置関係とその中での建築予定建物及び被害建物の配置図（方位距離の正確な図面で示す）、両地の高低関係、被害建物の主要開口部（図面で示す）
>
> 　2　地域地区等の指定都市計画上の用途地域、防火地域、高度地区等の指定、日影規制に関する条例の指定（以上できるだけ局地の都市計画図で示すこと）
>
> 　3　規制値建ぺい率、容積率、高度制限、日影規制値
>
> 　4　付近の状況土地の高低（傾斜）、周囲の利用状況（特に中高層建物の存在）
>
> 三　建築計画の概要
>
> 　1　用途（例）マンション、貸事務所、店舗、病院、自宅
>
> 　2　計画建物構造、建築面積（建ぺい率）、建築延面積（容積率）、高さ（塔屋を含むものと含まないもの）
>
> 　3　建築確認（年月日）
>
> 　4　工事施工者（請負人、下請負人）、着工年月日、進捗状況、今後の工事進行予定（差止めを求める部分にさしかかる時期の予測）

148

四　被害

　　　1　建築予定建物による日照阻害の程度

　　　　・平面日影図　冬至及び春秋分における午前8時から午後4時まで
　　　　　（真太陽時による）の1時間毎の日影図。原則として一種住専地
　　　　　域では地上1.5m、それ以外の地域では地上4mにおけるもの。

　　　　必要に応じ

　　　　・立面日影図（開口部を図示すること）

　　　　・等時間日影線図（敷地境界線から5m及び10mの線を記入したもの）

　　　　・日影時間表（原則として主要開口部の過半が日影円にある時間による）

　　　2　周囲の既存建物による日照阻害の程度　上記1に準ずる。

　　　3　採光、通風、天空その他の生活環境への影響　被害者多数のとき
　　　　には各個別に具体的に明らかにすること。

　　　4　被害の回避可能性

　　　5　建築計画の変更の可能性

　　五　差止めを求める部分・方法の特定

〔出典：江原健志ほか編著『民事保全の実務　上（第4版)』（きんざい、令和3年)〕

6　境界確定訴訟

⑴　意　義

　隣接する土地の境界線につき争いがある場合において、裁判所の判決に
よってその確定を求める訴訟であり、形式的形成訴訟に分類される。

　形式的形成訴訟とは、形成基準を定めた法規定（形成要件）がないから実
質的に非訟事件であるが、慣習法上訴訟事件としての形成訴訟として処理さ
れている訴訟形態である。

　当事者適格を有するのは、相隣地の両所有者のみである。また、相隣地の
一方又は双方が共有地であった場合、共有者全員が共同して原告又は被告に
ならなければならない。

実践編　第1章　不動産関係

(2)　所有権確認訴訟との関係

　法性質上、境界確定訴訟は、所有権確認訴訟とは関連性がない。しかし、実務上は、全く無関係であるとはいえず、実際裁判所でも両訴を並列的に併合して提起することを否定する扱いはとられていない。境界確定訴訟は、土地所有権の範囲の確認とは関係がないから、時効取得の主張は抗弁となりえない。ただ、時効取得により一方当事者が相隣地所有者でなくなった場合、当事者適格を失うこととなり、訴えが却下されることになる。

(3)　請求の趣旨・答弁

　請求の趣旨は「甲地と乙地との境界の確定を求める。」となる。

　これに対する答弁は「原告の訴えを却下する。」又は「甲地と乙地との境界の確定を求める。」となる。

　実務上は、原告、被告それぞれが境界線を主張する場合が多いが、これに理論上の意味はない。ただ、原告が訴状で示した境界線は訴額算定の基準とされている。

(4)　証拠の収集

ア　裁判所の心証形成方法

①　まず証拠により客観的に存在する境界線の発見を試みる。

②　証拠上①が不明のときは、以下の手順で境界形成する。

　(ⅰ)　まず係争地域の占有状況

　(ⅱ)　次に係争地等分

　(ⅲ)　公平の原則から争いのある地域を配分

③　いずれにしろ最終的に境界を確定するに際しては、合理的で自然な境界を定めるものとされている（大判昭和11年3月10日民集15巻695頁、東京高判昭和39年11月26日高民集17巻7号529頁参照）。

イ　具体的な立証活動

　自己に有利な境界の確定を求めるに際しては、常にアを念頭に置いて立証を試みる必要がある。

150

a 書 証

(i) 測量図

書証としてまず必要とされるのは、当該係争地の測量図である。測量図は、訴訟を進めていく前提として必要となる。実務上、原告、被告それぞれが別に測量図を提出し、これに対し、裁判所が図面の統一を求めるケースが多い。これは争点を明確にするためにも有効であるから、支障のない限り一つの図面に統一するよう心がけるべきである。ただし、測量の際の基点に争いがあれば、当然基点の合理性につき別に立証する必要が生ずる。

(ii) 公 図

公図とは、地方法務局備付けの土地台帳附属地図のことである。不動産登記法17条の図面は正確であるが、公図の多くは明治初期に作成された図面が引き継がれている。技術的な未熟さ、地租を徴収するために作成されたという来歴等から、公図は、境界が直線か曲線かなど境界の方向等は比較的正確であるが、距離・角度は不正確で信用性に乏しい。

しかし、占有状態、公簿面積等と相まって有力な証拠となりうる。

(iii) 地 図

一般的に尾根・谷すじが境界とされることが多いため、広範囲な境界の場合、国土地理院発行の地形図（1万分の1、2万5000分の1、5万分の1）や国土基本図（2500分の1、5000分の1）が有用である。

(iv) 土地登記簿謄本

前述した係争地等分、公平な配分による境界形成の場合、公簿面積は重要な意味を持つ。

(v) 古文書（地境証文）・古地図

境界確定訴訟の特徴として手書きの古い地図や境界を言葉で記した古い書面が書証として提出されることがある。

(vi) 写真、古写真

自ら主張する境界が合理的で自然であることを立証するため、土地境界のポイント等を撮影し、写真撮影報告書を提出することも多い。

また、占有状態を立証するのに、古い写真が役立つことがある。

実践編　第1章　不動産関係

(vii)　空中写真

山林等の広範囲にわたる境界の場合、空中写真が有効である。空中写真は国土地理院やインターネット（Google Earth等）で入手できる。

具体的な入手方法は、

① 国土地理院の地方測量部（東京の場合、関東地方測量部）に赴き、必要な写真を、備付けの空中写真撮影区域一覧図、空中写真標定図等で特定する。

② 特定内容に従って購入申込書に記入のうえ、一般財団法人日本地図センターに申し込み、約2週間ほどで交付を受けることができる。

③ 希望により写真裏面に認証を受けることができる。

(viii)　境界協定書の写し

公共用地との境界を明確にすることにより、そこを基点として境界を特定することができる場合には、公共用地との境界を立証するために、境界協定書の写しが有効な立証手段となる。境界協定書の写しは、市区町村から入手できる。なお、公共用地との境界が確定されていない場合には、後述 b ii「公共用地との境界確定手続」が有効である。

b　境界標等（境界石、石杭、鋲、境界木等）

(i) 境界標の存在は、それ自体で境界立証に成功していると思われがちである。もちろん境界標が係争地にあれば、極めて有効な立証手段である。しかし、実際の訴訟においては存在する石や木が境界標であることを否定する場合が多く、結局は当該境界標の来歴が問題となる。

(ii) 公共用地との境界確定手続

公共用地との境界を明確にすることにより、そこを基点とすることができる。この場合、私有地と公共用地との境界の確認手続があるので、境界確定手続（いわゆる「官民査定」）を申請することも有効である。国有地、都道府県有地ともに都道府県が取り扱うが、対象土地が国有地であるか都道府県有地であるか、対象土地の地目・用途がどのようなものであるかによって担当部署は異なるため、同手続の申出先を問い合わせる必要がある。

152

c 人 証

通常の訴訟同様に重要な立証手段であるが、伝聞である場合が多く、注意を要する。

d 鑑 定

当事者が主張する境界ごとの土地の実測面積を鑑定したり、あるいは形式的形成訴訟であることから、裁判所が当事者の主張しない境界を形成する必要がある場合等、測量鑑定人による鑑定が行われることがある。多くは、後記 e の検証の際に行われているようである。

e 検 証

検証は非常に重要であるが、検証を実効性あるものとするためには、検証の際、裁判官に要領よく説明できるよう、代理人も何度か現地に足を運んでおくなどの立証準備の重要性が大きい。また、審理に当たり裁判所に係争地の状況を正確に把握してもらうため、なるべく訴訟の早い段階で検証をしてもらうよう求めるべきである。

【参考文献】

・最高裁判所事務総局監修『境界確定訴訟に関する執務資料（民事裁判資料第125号）（第1版第6刷）』（法曹会、昭和55年）

・藤田耕三・小川英明編『不動産訴訟の実務（7訂版）』（新日本法規出版、平成22年）

・第一東京弁護士会新進会編『〔改訂版〕証拠・資料収集マニュアル：立証計画と法律事務の手引』（新日本法規出版、令和4年）

7　私道関係訴訟

(1) 意　義

道路には公道と私道がある。公道とは国や地方公共団体等公的機関が設置又は管理する公共的な道路で、私道とは私人が所有管理している私的な道路であると説明されることが多い。私道は通行権のある者でなければ通行でき

実践編　第1章　不動産関係

ないのが原則であり、私道の通行権は賃借権、使用借権、地役権等の契約、
法律（後述の囲繞地通行権）等により発生する。

(2)　位置関係、公道私道の確認

ア　はじめに

通行に関する相談があった場合、まず通路の位置関係を示した図面を入手
することが必要である。関係図面として、法務局から公図、14条地図（不動
産登記法第14条第1項に規定される図面）、地積測量図、建物図面などを入手
する。また、住宅地図についても図書館で閲覧複写したり市販のものを購入
したりして入手する。可能な限り現場を撮影した写真も入手するとよい。

当該通路が公道か私道（又は私有地）かの区別は、各自治体土木部等に備
付けの道路台帳又は査定図によって確認する。なお、一部の自治体ではイン
ターネット上での閲覧サービスを行っている。

当該通路が私道である場合、下記イないしエの事情が認められるようなと
きに、一般人の通行が認められる傾向にある。

イ　土地登記簿謄本の地目が公衆用道路となっている場合

登記簿謄本の取得方法は基本編第1章1「不動産登記」参照。

ウ　道路位置指定（建基42条1項5号）を受けている場合

特定の土地につき道路位置指定処分がなされ、当該土地が現実に道路とし
て開設されている場合においては、当該土地所有者以外の者も右土地を自由
に通行することができる（最二小判平成3年4月19日裁判集民162号489頁。なお、
最二小判平成5年11月26日判時1502号89頁、最一小判平成9年12月18日判時1625
号41頁（位置指定道路を通行することに日常生活上不可欠の利益を有する者は通
行妨害の排除または妨害禁止を求める権利があるとした判例）、最一小判平成12年
1月27日判時1703号131頁（2項道路についても日常生活上不可欠の利益を有する
者は通行妨害排除等を求める権利があるとした判例）参照）。

道路位置指定処分の有無は、各自治体の建築課で指定道路の位置を記した
図面を閲覧したり、道路位置指定処分申請書の綴り（申請書のほか、道路写真、
実測図などが添付されている）を謄写したりすることにより確認する。

154

エ　非課税（減額）認定されている場合

　私有地であっても公共に開かれた利用がなされているという理由から、非課税（あるいは減額）とされている場合がある（地税348条2項5号）。当該通路が非課税（減額）認定されているかは市町村に備付けの名寄帳によって本人であれば確認できるので、土地所有者の委任状を持参するなどして確認する。

(3)　私道を通行する権利とその立証

ア　地役権

　通行地役権は、他人の土地（承役地）を自己の土地（要役地）の便益（通行）に供する権利である。

　通行地役権の登記の有無については登記事項を調査する。一筆の土地の一部に地役権が設定されている場合には地役権設定範囲を示す資料である地役権図面を法務局で取得して確認する。

　明示の地役権設定契約がない場合に黙示の契約の成立が認められるには、①通行の事実、②通行地の所有者がこれを黙認していたことのほか、③所有者が通行権を設定し法律上の義務を負担することが客観的にみても合理性があると考えられる特別の事情があることが必要である（東京高判昭和49年1月23日東高民時報25巻1号7頁）。③については、土地所有者が不利益を負担してもやむをえないような事情（要役地となる土地をその賃借人に譲渡した場合、もともと沿道の土地所有者が土地の一部を出しあって私道を開設したような場合など）を個別具体的に主張立証すべきである。

イ　使用貸借、賃貸借

a　使用貸借

　使用貸借契約の成立を主張する者は、①通路としての外観、地形を備えていること（通行を開始した当初及び現在の写真、測量図）、②借主が継続して通路を通行し、これを黙認していたこと（例えば、家屋建替工事の際通行に関して苦情を申し入れなかった等）等の土地の占有の事実、③貸主・借主間に親族関係があること、借主が貸主から通路に隣接する土地を借り受けたために本件通路の使用を開始した等の無償契約を基礎付ける事情を主張立証する。

実践編　第1章　不動産関係

b　賃貸借契約

　使用貸借の場合と異なり賃料支払という外形的事実があるため契約成立の立証はさほど困難ではないが、通路の賃貸借に借地借家法が適用されるかが問題となることがある（東京高判昭和57年6月10日訟務月報29巻1号36頁（私道敷として利用することを目的とした土地賃貸借契約に借地法の適用がないとした裁判例）、東京地判令和2年10月27日（賃貸借の目的となる土地自体は通路であり建物が存在していない土地賃貸借契約に借地法の適用があるとした裁判例））。

ウ　通行権の時効取得

　通行地役権は時効によっても取得することができるが、「継続的に行使され、かつ、外形上認識することができる」もので（民283条）、民法163条の要件を満たすものでなければならない。「継続」というためには、要役地所有者が自ら通路を開設することが必要であるとされる（最三小判昭和30年12月26日判時69号8頁）。砂利や土を敷いた、コンクリートを張った等の工事がその具体例である。もっとも、要役地所有者による道路の維持・管理で足りるとする裁判例（名古屋地判昭和57年8月25日判時1065号161頁）、通路の前所有者が開設した場合でもよいとする裁判例もある（東京地判昭和51年1月28日判タ340号233頁）。

エ　公道に至るための他の土地の通行権（囲繞地通行権）

　ある土地が他の土地に囲まれていて公道に通ずる道がない場合（袋地）、袋地所有者は公道に至るため袋地を取り囲んでいる土地（囲繞地）を通行することができる権利（囲繞地通行権）を法律上当然に有する（民210条）。囲繞地通行権の有無、内容が争われる場合、裁判所はどの場所に囲繞地通行権が発生しているかについても当事者の主張の範囲内で認定するため（奈良地判昭和55年8月29日判時1006号90頁参照）、①公図、測量図等により、本件土地が袋地であること、及び②通行権を主張する場所が囲繞地にとって最も損害が少ない場所であること（民211条1項）を積極的に立証する必要がある。例えば地価の低いことは囲繞地にとって損害が少ないことの一要素とされるので、地価の調査が必要となる場合もある（基本編第2章不動産価格等の調査）。なお、囲繞地通行権者の幅員の範囲について、建築基準法43条1項の接道義

務との関係が問題となることがあるが、接道要件を満たすべき内容の囲繞地
通行権が当然に認められるものではない（最三小判平成11年7月13日判時1687
号75頁）。

【参考文献】

・安藤一郎著『私道の法律問題（第7版）』（三省堂、令和5年）

・野辺博編著『私道・境界・日照の法律相談（第1次改訂版）』（学陽書房、平成23年）

・群馬弁護士会編『立証の実務：証拠収集とその活用の手引（改訂版）』（ぎょう
せい、平成28年）

・中島俊輔著『事件類型別　不動産訴訟における証拠収集・資料調査の実務』（日
本加除出版株式会社、令和5年）

8　建築関係訴訟

⑴　建築関係訴訟の類型

　建築をめぐる訴訟は多岐にわたるが、本稿では、実務上問題となることが
多い、建築基準法の規定する行政処分に関する訴訟、近隣建物などに関する
私人間の訴訟、建物の設計・建築請負に関する訴訟について述べる。

⑵　建築基準法の規定する行政処分に関する訴訟

　具体的な訴訟の類型は多岐にわたるが、建築確認処分の取消請求訴訟、違
反建築物に係る是正措置命令に関する訴訟等が典型例といえよう。これらの
訴訟のために収集すべき証拠等には、次のようなものがある。

ア　関係法令

　建築関係訴訟においては、建築基準法のほか、関係条例の調査も重要であ
る。関係条例の存否、内容は、敷地所在地の行政庁の窓口（建築指導課、都
市計画課）に直接問い合わせるのが簡易で実践的である。なお、比較的容易
に入手できて手軽な法令集としては、国土交通省住宅局建築指導課編集『基
本建築関係法令集』（井上書院）等がある。

実践編　第1章　不動産関係

イ　行政庁に保管されている関係文書、情報等

a　建築確認の関係書類

　当該建築物の所在地を管轄する都道府県、市町村、特別区の建築指導課に問い合わせる。その他、建築に係る行政処分の関係書類も同様である。

b　建築物の建築等の制限

　用途地域（建基48条以下）指定をはじめ、都市計画法や条例による地域地区の指定・規制がなされているか否かを調査する必要がある。これらは、当該建築物の所在する都道府県、市町村、特別区の建築指導課、都市計画課に問い合わせて調査する。

c　関係文書等の入手方法

　当該行政庁の窓口でその閲覧、謄写を求める。

　建築基準法93条の2は、「特定行政庁は、確認その他の建築基準法令の規定による処分並びに第12条1項及び3項の規定による報告に関する書類のうち、当該処分若しくは報告に係る建築物若しくは建築物の敷地の所有者、管理者若しくは占有者又は第三者の権利利益を不当に侵害するおそれのないものとして国土交通省令で定めるものについては、国土交通省令で定めるところにより、閲覧の請求があった場合には、これを閲覧させなければならない。」と規定している（建基88条2項により工作物についても準用）。この国土交通省令は、建築基準法施行規則11条の3であり、同条にその具体的な規定がある。

　なお、上記の定めによってカバーされず、かつ、行政庁の窓口がその閲覧、謄写を拒む文書については、情報公開条例を活用することになる。

ウ　現地の状況

　例えば、建築確認についていうと、確認申請書の記載内容と現況とが異なる場合が少なくない（それだからこそ建築確認の取消しの紛争が生ずる）。それゆえに、現況を確認することが肝要である。

　現地の状況についての証拠収集は、現地調査、写真やビデオ撮影が一般的なものであるが、専門的あるいは複雑な事案については建築士等専門家の調査や意見を得ることが基本となる。

8　建築関係訴訟

⑶　近隣建物などに関する私人間の訴訟

　建築基準法令はいわゆる公法に属するものであるが、その関係法令に違反することが私法上も違法と判断される重要な根拠となる場合が少なくない。

　したがって、近隣の建物の建築などによって被った損害（日照、通風等が主なものであるが、その詳細は本章5「日照・通風・騒音訴訟」参照）について損害賠償請求訴訟を提起する場合にも、建築基準法令上の違反があるか否かの調査、立証が重要となる。その証拠収集の方法は前述の例による。

⑷　建物の設計・建築請負に関する訴訟

ア　はじめに

　工事遅延による損害賠償請求、建物に欠陥のある場合の損害賠償請求及び請負代金請求等が典型例である。それらの中で重要な争点となることの多い項目は、工事遅延の原因、建物の欠陥の存在と欠陥を生じた原因である。

イ　工事遅延の原因に関する証拠収集

　人証では工事関係者、書証では請負契約書や工事完了・引渡しについて当事者間で交わした文書等が基本となる。

　その他、遅延の経過を明らかにするために、工程表、工事の際の交渉等の記録文書（メールやSNSでのやり取りを含む。）や注文者、設計者、請負業者の間の工事遅延の対応等に関するやり取りの文書（これらの文書は、建築工事で必ずしも存在するとは限らないが、大規模な工事の場合には存在することが多い）が役立つ。これらの文書は、通常、少なくとも当事者のいずれかが保有しており、その文書が相手方の手中にしかないのに相手方がその提出を拒む場合には、文書提出命令等によって提出させる。

　工事遅延に関しては、天候による遅延も考えられるので、天候の調査が役立つ場合もある。

ウ　建物の欠陥の存在と欠陥を生じた原因に関する証拠収集

　通常、請負契約書、設計図書や工事見積書（工事内容等がわかる）が重要な書証となるほか、当該建築物の建築確認通知書の内容と現実の建築物の仕様に離齬がないかの検討も有用である。

159

実践編　第1章　不動産関係

　欠陥の内容等に関しては、建築士等専門家に調査報告書の作成を依頼し、この報告書に基づいて立証していくことが基本となる。調査報告書においては、欠陥の内容をできる限り具体的に指摘してもらって争点を絞るとともに、欠陥箇所の写真や図面を添付してもらう必要がある。また、そのほかに、欠陥を生じた具体的原因の指摘はもとより、その欠陥の補修の可否、補修費用の算定をも報告書の内容に盛り込んでもらうことが有益である。

　欠陥の存否の判断の基準に関しては、建築基準法が要求する基準（公法上のものではあるが、私法上も欠陥の存否の判断に資する）、住宅金融支援機構の仕様や、プレハブ建物の場合にはその基準を示した認定図書が役立つ。認定図書は、工事業者側が保有していることが多く、業者側がその提出を拒むときは、文書提出命令により相手方に提出させるか、国土交通省に弁護士会照会請求をして入手することとなる。

　建築に当たっては、国土交通省の告示により工法等が推奨されている場合もあるので、告示についても建築文法などで調査しておくとよい。

　具体的な建築に当たっては、日本建築学会の建築工事標準仕様書（JASS）が公刊されているので、争点となっている工事に関して標準仕様書を入手しておき、証拠として活用することも有益である。証人尋問で、建築士が証人となっている場合に、日本建築学会に所属しているか否かを問うこともあるので、標準仕様書を調査対象に加えるべきである。それ以外にも、建築工事の仕様を定めたものとして、国土交通省官庁営繕部監修の「公共建築工事標準仕様書」や地方公共団体の各種工事標準仕様書等もある。

　欠陥の有無の調査に当たっては、当該住宅が住宅の品質確保等に関する法律の適用される物件であるかを確認しておき、該当物件の場合は仕様についての調査をしておくべきであろう。

【参考文献】
・岩島秀樹・青木清美編『建築瑕疵の法律と実務』（日本加除出版、平成27年）

1　交通事故

第2章　損害賠償関係

1　交通事故

⑴　総　論

　交通事故事案については、通常の損害賠償請求と比較して、特に損害が定型化している（立証も定型化しやすい）こと、いわゆる人身事故については自動車損害賠償保障法（以下「自賠法」という。）という特別法があることに特色がある。例えば、自賠法では、運転者（加害者）だけでなく保有者の責任も問われるうえ、自賠法3条により加害者側に立証責任が転換され、無過失責任に近い責任が負わされている。

⑵　証拠収集の方法

ア　交通事故の発生に関するもの

　交通事故証明書による。交通事故の発生を警察に届け出ていれば、所轄の自動車安全運転センターで発行してくれる（ただし、他の都道府県の事故の場合は後日郵送される。）。交付申請手数料は令和6年8月現在、1通につき800円である。郵送の場合は、警察署・交番・駐在所に備付けの「交通事故証明書交付申請書」に必要事項を記入して手数料を振り込むと郵送してもらえる。なお、自動車安全運転センターHP上から申請することも可能である（この場合、交付手数料800円のほか払込手数料として132円が必要となる。）。

イ　故意又は過失（事故の態様）に関するもの

　前述のとおり、人身事故の場合は自賠法により不法行為（民709条）の責任原因としての過失の立証責任が加害者に転換されるため、事故態様の立証は、主として過失相殺（民722条）に関して問題となる。

実践編　第2章　損害賠償関係

a　刑事記録

(i)　事故態様の立証には、刑事記録が役に立つことが多い。交通事故の刑事記録の場合、起訴をすれば確定刑事記録、不起訴（起訴猶予など）になれば実況見分調書等を閲覧・謄写することができる。

(ii)　確定刑事記録を裁判提起前に閲覧・謄写するためには、前述の交通事故証明書をもとにして、担当の警察署の交通係に、事故照会番号・事故年月日・当事者を明らかにして、電話で送致年月日・送致先・検番を問い合わせる。電話で送致年月日等を問い合わせても答えてくれない場合、担当の警察署に対し弁護士法23条の2の照会手続をして、送致年月日等を確認する。そのうえで、担当検察庁に対して、処分の内容を問い合わせ、不起訴ということであれば、担当検察庁に直接赴いて申請をするか弁護士法23条の2の照会手続をして、実況見分調書等の閲覧・謄写の許可を申請しておく。

(iii)　裁判提起後に確定刑事記録を見るためには、刑事記録の取寄申請を行う。なお、相手方代理人から刑事記録が証拠として提出されている場合でも、全部が提出されていないこともあるので注意する必要がある。

(iv)　交差点等の直進車と右折車の衝突事故など、信号機のある現場の事故で当事者の信号機の色についての主張が食い違う場合には、どちらの認識が正しいか問題となることがある。その場合、現場の信号機の色の変化（信号サイクル）や当事者が現場に至るまでの信号機の色の状態と当事者の供述を照らし合わせて矛盾がないか、確認する必要がある。通常、刑事記録に事故現場の信号サイクルの記載があると思われるが、ない場合は弁護士会照会により、担当の警察署に問合せを行い、必要な信号機の信号サイクルを取得する必要がある。

(v)　刑事確定記録の保管期間については、以下のとおりである。

5年以上10年未満の懲役又は禁錮に処する裁判に係る記録…10年

5年未満の懲役又は禁錮に処する裁判に係る記録…5年

罰金、勾留又は科料に処する裁判に係る記録…3年

また、不起訴記録の保管期間については、以下のとおりである。いず

162

れの場合も、保管期間が経過する前に記録の閲覧謄写をすることが必要である。

　　長期15年以上の懲役又は禁錮に当たる罪に係る事件…10年
　　長期10年以上15年未満の懲役又は禁錮に当たる罪に係る事件…7年
　　長期5年以上10年未満の懲役又は禁錮に当たる罪に係る事件…5年
　　長期5年未満の懲役若しくは禁錮又は罰金に当たる罪に係る事件…3年
　　拘留又は科料に当たる罪に係る事件のもの…1年

(vi)　純粋な物損事故の場合や事故によって傷害を負ったにもかかわらず何らかの理由により人身事故として警察に届出をしなかった場合は、原則として実況見分調書の作成がされることはない。しかし、このような場合には、通常、物件事故報告書が作成されているため、これを事故態様の参考にすることができる。ただし、物件事故報告書の記載は簡略化されていたり、内容自体が不正確であったりすることが多いことに注意が必要である。物件事故報告書は、担当の警察署に対して弁護士法23条の2の照会手続を行う、又は民事訴訟を提起後に文書送付嘱託を行う方法によって入手することができる。

b　ドライブレコーダー

　刑事記録と並んで、場合によってはそれ以上に事故状況を知りうる重要な証拠としてドライブレコーダーがある。従来、タクシー会社やトラック会社の車両にしか設置されていなかったものの、近年ドライブレコーダーの普及に伴い個人の車両においてもドライブレコーダーを設置しているケースも多い。依頼者の車両にドライブレコーダーが設置されている場合は、まずは依頼者から直接動画ファイルを入手することを試みるべきである。加害車両にドライブレコーダーが設置されている場合は、まずは窓口となっている保険会社の担当者と交渉をして提出を促すべきである。またこれらのデータを、依頼者が契約している保険会社が入手している場合もある。データ保持者が訴訟当事者でない場合、交渉しても入手が難しいときには文書送付嘱託の申立てを行い、データを入手する方法もある。

c　目撃者

　目撃者を依頼者が把握できていない場合、まず担当の警察署に行き、担当警察官から話を聞き、教えてもらえるか試みてみる。

　そのほかは、状況に応じて現場に赴き、事故現場付近のガソリンスタンド等で取材を行う。また刑事記録に手がかりがあることも多い。実況見分調書で立会人の記載、警察官の報告書の記載などからも知りうる。

d　現場の状況

　現場の状況については、刑事記録などで十分でない場合は実地調査を行い、図面を作成して、写真を撮影し、報告書という形でまとめておく必要がある（どうしても現地に行くことが困難である場合、少なくともグーグルマップ等を利用し、写真で事故現場の状況を確認すべきである。）。さらに、自動車の破損状況などを修理の見積書や写真などから把握しなければならない。破損状況から事故態様がわかることもある。保険会社が付いているときは、アジャスターが修理内容を確認しているはずなので、保険会社に対して写しの交付を要求すべきである。依頼者が修理を済ませていない場合は、写真を撮影して修理の明細を証拠とする。可能なら相手方の車両等についても同様である。

e　保険会社

　相手方に保険会社が付いているときは、保険会社から相手方の言い分を聞けることもある。交渉時に各種の資料が行き交うはずなので、それらも保存しておく。

ウ　損　害

a　治療関係費

　治療費関係については、病院のレセプトを取得する。これは、本人が行ったほうが簡便である。病状については、診断書を取得する。接骨院等に通院するときは、理想をいえば相手方の承諾書、最低でも担当医の同意書などを取得しておくべきである。また、完全看護の病院で、近親者などの付添いを付けるのなら、医師・看護師等の指示があった旨のメモ等を残しておく。

　通院交通費に関する支払関係は、基本的には領収書や請求書が証拠となる。交通費のうち、バス・電車等で領収書がないものについては、経路を明らか

にして証拠とする。タクシー代についても領収書がない場合は、同じ経路の領収書などを用意して証拠とする。自家用車を使用した場合は、距離からガソリン代を割り出す。有料駐車場を用いた場合も領収書を用意する。

b 後遺障害

後遺障害の等級は、後遺障害診断書を取得して、自賠責保険会社に認定を申請することになる（加害者が任意保険に加入している場合は任意保険会社経由による事前認定を利用することも可能である。）。加害者について自賠法に基づく後遺障害等級認定を受けることができない事故の場合であっても、労災保険の利用が可能であれば、これに基づく後遺障害等級の認定を受ける余地がある。さらに、これらの後遺障害等級認定の制度が利用できない場合でも、その判断基準に該当するような後遺障害の残存を裏付ける医学的証拠（レントゲン写真やMRIなどを時宜に応じて撮影しておかなければ、後遺障害の存在や事故との因果関係を立証できなくなるおそれがあるので注意を要する。なお、これらは後遺障害等級認定制度を利用できる場合も同様である。）をできるだけ確保するよう心掛ける必要があろう。なお、いずれの場合であっても、労働能力喪失の程度が争点となることがあるが、そのような場合、生活状況や仕事の様子を写真やビデオに撮影して証拠とすることもある。

医学的な因果関係が争点となる場合は、被害者代理人としては、まず担当医に面接をして意見を聴取しておく必要がある（場合によっては証人となってくれるかも確認する。）。カルテやレントゲンフィルムは、裁判所に取寄せ申請をするのが普通である（取寄せ後、専門の業者に依頼して謄写する。）。事前に調査する必要があり、代理人若しくは本人に調査能力があるなら、借り出しを交渉して内容を検討し、そのうえで証拠とすることも考慮すべきである。そのうえで、医師からの意見書などを提出する（これは厳密にいえば証拠だが、主張に近いものであろう。）。担当医に依頼することが多いが、必要があれば専門医を探して意見書の作成を依頼する。

c 休業損害・逸失利益

休業損害・逸失利益を計算する基礎となる被害者の収入については、源泉徴収票又は確定申告書によるのが基本である。平均年収による場合もある。

実践編　第2章　損害賠償関係

　年金等の給付は、給付の通知書を証拠とする。休業損害等については、勤務しているなら会社から休業損害証明書を取得する。自営業者の場合、利益処分としての収入割合が争点になった場合は、労働日誌などで立証することになろう。被害者の学歴については、特に争いがなければ関係者の陳述書などで立証すれば足りる。

d　物　損

　請求書、領収書・修理の明細書が証拠となる。全損の場合は、現物の時価が原則として損害額となるので、レッドブック（『自動車価格月報』オートガイド社）で確認をする。レッドブックを持っていない場合でも、相手方に保険会社が付いているときには、写しを要求すれば通常は送ってくる。自動車に付加した設備についても、レッドブックに記載があれば確認をしておく。

　また、インターネット上の中古車販売サイトにて、事故車両と同条件の車両の取引相場価格を検索し、その検索結果を証拠として用いる方法もある。この方法によった場合、レッドブックよりも高額な取引価格となることも多いため、一度、取引相場価格の検索を行うべきである。

　取引相場価格が不明の場合、税法による法的償却の基準により物の残存価値を計算し、損害額とすることもある。

2　医療過誤

(1)　医療事件の特殊性

　医療事件には、患者側弁護士にとって専門性・密室性・封建性の「三つの壁」があるといわれている（加藤良夫・増田聖子著『患者側弁護士のための実践医療過誤訴訟』（日本評論社、平成16年）4頁以下）。医療情報は、事実関係に関する資料（カルテ）も、経験則に関する資料（医学文献、医師の助言）も、医療機関側に偏在している。そのため、患者側の証拠収集には、多大な手間と時間と費用を要する。

(2) 証拠収集の具体的方法

ア 依頼者からの証拠収集

　患者・遺族の手許にある診療に関する資料は、限られるが、相談時に入手する。診察券、診断書、死亡診断書、領収書、入院・退院計画書、手術・輸血等の同意書、治療や薬に関する説明書、母子手帳等がある。患者等の認識している診療経過を正確かつ効率よく聴取するためには、本人に時系列に沿った事実経過を書いてもらうことも有用である。

　また、医療機関、診療期間、受診理由、被害内容、診療経過（投薬経過）、既往症等、原因と思しきこと、医療機関からの説明内容など、可能な限り詳細に聴取しておくことが望ましい。

　弁護士は、上記の限られた資料に基づいて、その事案が「費用と時間をかけて、医療機関の法的責任を追及しうるか否かを判断するための調査を行うのに値する事件か」を判断せざるをえない（なお、医療事件では、いきなり損害賠償請求事件を受任するのではなく、まずは医療機関の法的責任の有無について見通しを立てるための調査だけを受任するのが一般的である。）。

イ 診療記録の入手

a 入手方法

　医療事件の事実関係（診療経過）を把握するためには、診療記録を入手することが不可欠である。診療記録とは、診療録、処方せん、手術記録、看護記録、検査所見記録、エックス線写真、紹介状、退院した患者に係る入院期間中の診療経過の要約その他の診療の過程で患者の身体状況、病状、治療等について作成、記録又は保存された書類、画像等の記録をいう（厚生労働省「診療情報の提供等に関する指針」）。

　入手方法には、カルテ開示制度と証拠保全手続（民訴234条以下）がある。カルテ開示に関連する法律としては、行政機関の保有する個人情報の保護に関する法律、独立行政法人等の保有する個人情報の保護に関する法律、個人情報保護法がある。個人情報保護法により、医療機関は、患者本人から診療記録の開示を求められた場合、これに応じる義務が課されている。遺族からの開示については個人情報保護法上に定めはなく、厚生労働省の定める「診

療情報の提供等に関する指針」が示されている。

カルテ開示制度は、証拠保全手続に比して手続が簡便で、費用が安いという長所がある。しかし、①診療記録の全部が確実に開示されるとは限らない、②開示申請から実際に開示されるまでの期間に時間的制限がないので、改ざん・隠匿・廃棄の危険性が相対的に高い、③病棟日誌、看護師・医師当番表等のカルテ以外の資料を入手することはできない、という短所もある。カルテ開示と証拠保全の双方の長所・短所をよく理解して、入手方法を決定する。

証拠保全を行う場合、相手方は医療機関の開設者となるが、開設者は国、独立行政法人、地方自治体、医療法人、学校法人、個人など様々であるから注意が必要である。医療機関のホームページや、厚生局の保健医療機関の指定等一覧を確認して調べる必要がある。その他証拠保全一般については、基本編第11章4を参照。

問題のあったと思われる医療機関の前後に、他の医療機関で診療を受けている場合には、前医及び後医のカルテも、カルテ開示制度又は弁護士会照会制度等により入手する。弁護士会照会については基本編第11章2を参照。

b 入手対象

カルテは、診療科ごとに外来記録と入院記録に分けられていることが多い。医師が記載する診療録のほか、医師指示票、処方せん・注射せん、看護記録、血液検査・尿検査等の各種検査票、画像読影報告書、手術記録、麻酔記録、剖検記録、分娩記録、助産録、分娩監視記録等もある。

紙媒体以外の診療記録には、レントゲン写真、CT検査・MRI検査写真、術中ビデオ・血管造影検査ビデオ等の動画、口腔模型等がある。

また、事故について何らかの対応が既になされている場合、事故報告書類についても開示の対象とすべきである。

証拠保全を行う場合には、検証物目録に「その他本件診療に際して作成された一切の記録」といった包括的な記載を設け、対象物に漏れのないように配慮する必要がある。

c 保管期間

診療録の保管期間は、5年間（医師法24条2項）、病院日誌、各科診療日誌、

処方せん、手術記録、看護記録、検査所見記録、エックス線写真、入院患者及び外来患者の数を明らかにする帳簿並びに入院診療計画書の保管期間は2年間（医療法21条1項9号、同施行規則20条10項）である。

相談を受けた段階で、いつ診察を受けたのかを確認し、保管期間が迫っている場合には早急に開示手続を行う必要がある。

ウ　医学文献の調査

医学文献には、成書（基本書、教科書）と論文がある。成書には基本的な医学知識しか記載されていないので、医療水準や最近の医学知識を把握するためには、論文まで調査しなければならない。文献を読む際には、医療水準との関係で、文献の出版時期に注意する必要がある。

成書は、大学医学部図書館でコピーをとるか、医学書が揃っている書店等で購入する。東京弁護士会・第二東京弁護士会合同図書館にも、ある程度の成書は揃っている。

論文は、医学文献データベースの検索サービスを提供している業者と利用契約を結び、インターネット経由でデータベースにアクセスして検索したうえで、大学医学部図書館でコピーをとるか、業者の提供するコピーサービスを利用して入手する。医学分野は日進月歩で、かつ、膨大な数の医学雑誌が発行されているので、検索サービスを利用しなければ必要な論文にたどり着くことは不可能といっても過言ではない。検索サービスには、医学中央雑誌刊行会（https://www.jamas.or.jp/）の「医中誌パーソナルWeb」（登録が必要）や科学技術振興機構の「J-GLOBAL」（https://jglobal.jst.go.jp/）等がある。国立国会図書館をはじめとするいくつかの公共図書館では、法人等を対象とする「医中誌Web」が利用可能となっている。医中誌Webを使える公共図書館については、上記ホームページで案内されているので各自参照されたい。

また、最近では様々な学会が各種疾患の診断治療に関するガイドラインを定めているので、学会のホームページを調査することも有用である。

エ　協力医からの助言

医学文献で得た情報は一般論にすぎない。当該事案について、具体的に何をどうすべきだったのか、悪しき結果を避けることができたのかについては、

実践編　第2章　損害賠償関係

医師（協力医）から助言を受けることが不可欠である。協力医は、その疾患を専門とする診療科の医師を探すべきである。

　協力医探しには苦労が伴う。前医・後医、個人的な知り合いなど、あらゆるつてをたどって探すほか、医学文献の著者に手紙を出してお願いをすると助言をいただける場合も少なくない。

(3)　患者側弁護士をサポートする団体

　医療事故情報センターは医療事件を患者側で担当する弁護士をサポートするため医学文献検索・文献コピーサービスや協力医の紹介等を行っている。

【参考文献】

・加藤良夫・増田聖子著『患者側弁護士のための実践医療過誤』（日本評論社、平成16年）
・塩谷國昭・鈴木利廣・山下洋一郎編『医療訴訟（専門訴訟大系第1巻)』（青林書院、平成19年）
・片野正樹ほか「特集1　医療事故と弁護士の役割」自正57巻8号11頁（平成18年）
・浦川道太郎ほか編『医療訴訟（専門訴訟講座4）（第2版)』（民事法研究会、令和5年）
・東京地方裁判所医療訴訟対策委員会「医療訴訟の審理運営指針（改訂版)」（判タ1389号5頁以下）
・高橋譲編著「医療訴訟の実務」（商事法務、2013年）
・医療問題弁護団編「『医療事故』実務入門患者側弁護士の視点から」（司法協会2024年）

【問合せ先】

・医療事故情報センター（https://www.mmic-japan.net/）
愛知県名古屋市東区泉1-1-35　ハイエスト久屋6階　電話：052-951-1731

170

3 名誉毀損

(1) 名誉毀損の裁判の立証事項

　名誉毀損の訴訟においては、原告は、被告が「公然と事実を摘示して、原告の名誉を毀損した」ことを立証しなければならず、また、名誉毀損に基づく損害賠償を請求する場合には、その被った損害についても立証の準備を行う必要がある。なお、近時増加しているSNSの投稿等による名誉毀損については、同定可能性が問題となる例も見られる。

　名誉毀損の訴訟を提起された被告は、①当該事実が公共の利害に関する事実にかかり（公共性）、かつ、②その目的が公益を図ることにあったこと（目的の公益性）、③当該事実が真実であること（真実性）又は④真実であると信じたことについて相当の理由があること（相当性）、を主張・立証する（真実性・相当性の抗弁）などして、争うことになろう。

　以下、原告の立証・被告の立証に分けて、検討する。

(2) 原告の立証について

ア 同定可能性の立証方法について

　同定可能性とは、記事・投稿の内容が特定の個人・法人に関するものであることが、他者からみてわかることをいう。これは、「一般の読者の普通の注意と読み方」（最一小判平成15年10月16日民集57巻9号1075頁参照）を基準として判断される。例えば、具体的な名称を出さない「○○市△△町にある法律事務所は詐欺事務所だ」などの記事・投稿であっても、同町に法律事務所が同町に1つしかなければ、特定が可能となる。

　そのため、上記の例であれば、同町を事務所住所とする日本弁護士連合会の弁護士情報検索結果を証拠とすることが考えられる。

イ 「公然と事実を摘示して、原告の名誉を毀損した」ことの立証について

　原告としては、原告の名誉を毀損する表現行為を特定し、当該表現行為を構成する媒体等を証拠として収集する必要がある。

171

実践編　第2章　損害賠償関係

a　公表された媒体そのもの

(ⅰ)　新聞・雑誌・書籍等の出版物

原告は、原告の名誉を毀損する表現行為がなされた新聞、雑誌、書籍等を収集し、裁判における提出に備える必要がある。

入手方法としては、依頼者が保管している場合は依頼者から入手し、依頼者の手元にない場合には、書店、出版元、図書館、インターネット等で入手する。国立国会図書館（https://www.ndl.go.jp/）では、納本制度により日本国内の出版物（地図、レコード、マイクロフィルム、パッケージ系の電子出版物等を含む）を広く収集している。

なお、名誉毀損の訴訟においては、当該表現行為が、原告の「名誉を毀損」するものといえるか、原告の社会的評価を低下させるものといえるかが争われることが多い。

原告としては、社会的評価の低下の有無や程度を立証するために、出版物そのもののみならず、出版物に関する反響等（雑誌、書籍等に関する車内広告や新聞広告、インターネット上の書き込み等）も、証拠として収集して、当該表現行為による社会的反響や影響の立証にも努めるべきであろう。

(ⅱ)　ビラ・チラシ

入手方法としては、依頼者本人や配布を受けた者、掲示板、印刷会社、インターネット等での入手が挙げられる。

公表された媒体がビラやチラシ等の場合、不特定又は多数人への頒布や掲示板への貼付についても争われる可能性があるので、頒布及び貼付の時期、場所などを特定し、実際にビラやチラシの配布を受け又は視認した者がいれば、陳述書の作成や証人としての出廷に協力してもらうよう要請することが必要となってくるであろう。

b　テレビ、ラジオで流された内容の記録

放送内容をDVD、ビデオ、テープ、その他の媒体に記録して、裁判における提出に備える必要がある。

既に放送日が終了し、放送内容の録音・録画テープも保有していないような場合には、テレビ局等に対し、放送日などを特定した上、証拠保全（民訴

234条以下）の申立てや検証（民訴232条以下）の申立てを行う。この場合も、新聞、雑誌等の刊行物と同様、当該表現行為の社会における反響、影響がどのようなものであったかを立証するため、当該放送内容をめぐる雑誌やインターネット等の記事等も、証拠として収集しておくべきであろう。

c　インターネット上の記事や書き込み等

問題となる表現部分を含む記事や書き込み等について、プリントアウトをしたり、スクリーンショットや写真を撮るなどしたりして、内容を保存しておく必要がある。なお、その際は記事を特定するためURLが表示された状態で保存すべきである（スマートフォンアプリ等では一定の作業を行わなければ表示されないことが多いため注意が必要）。

なお、記録の取得日を確定するために、プリントアウトしたものなどについて、公証人役場で確定日付をもらうなどしておくことも有益である。

匿名による掲示板等への書き込み等の場合、表現の主体が特定しにくい場合が多い。この場合、仮処分の手続を利用するほか、プロバイダ責任制限法5条に基づきプロバイダ等に対して発信者情報の開示を求めることになる。

ウ　損害の立証について

原告の主張する損害の内容としては、慰謝料、弁護士費用、実損害が考えられる。実損害としては、告訴費用、失職による逸失利益等、様々なものが考えられるが、訴訟に備えて、それらを立証するための資料や領収書等を保管、収集しておく必要があるであろう。

なお、名誉毀損行為により被った精神的苦痛について、医師の意見書等を証拠とする場合、作成に時間を要することもあるため注意が必要となる。

(3)　被告の立証について

被告の抗弁としては、事実の真実性・相当性の抗弁のほかにも、いくつかのものが考えられるが、ここでは、真実性、相当性の抗弁に絞って検討する。

この場合の被告が立証すべき事項は、①公共の利害に関する事実に係り（公共性）、かつ、②その目的が専ら公益を図ることにあったこと（目的の公益性）と、③公表した内容が真実であること（真実性）、又は④真実であると信じ

実践編　第2章　損害賠償関係

たことに相当の理由があること（相当性）である（最一小判昭和41年6月23日民集20巻5号1118頁）。

ア　①公共性、②目的の公益性について

①の公共性に関しては、原告が公人の場合は、原告が公人であることを示す資料を収集し、裁判における提出に備えることになろう。②の目的の公益性に関しては、被告としては、表現行為の支配的な動機が公益を図ることにあることを示すような資料が存在すれば、それを収集しておくべきであろう。

証拠方法としては、原告に関する新聞記事やその他出版物、インターネット上の情報等が挙げられる。入手方法は、依頼者の手元にあれば依頼者から入手し、依頼者の手元になければ書店や出版元、図書館やインターネットで取得することとなる。

なお、原告が私人の場合においても、一概にその公共性が否定されるわけではなく、「私人の私生活上の行状であっても、そのたずさわる社会的活動の性質及びこれを通じて社会に及ぼす影響力の程度いかんによっては、その社会的活動に対する批判ないし評価の一資料として」（最一小昭和56年4月16日刑集35巻3号84頁）、当該表現行為の公共性が認められる場合がある。

この場合、被告は、当該私人の社会的活動を示す資料などを収集して、裁判における提出に備えることになろう。

イ　③真実性、④相当性について

③の真実性に関しては、被告が、当該表現の内容が真実であることを証明できる資料を、④の相当性に関しては、被告が、当該表現の内容が真実であると判断した根拠資料を裁判における資料として提出する。

上記資料に関しては、事後的に収集したものであっても真実性等を立証できればよく、証拠方法としては取材による資料及びその裏付け資料となる公文書等が挙げられる。公文書については、行政庁への閲覧・謄写請求（情報公開条例等に基づく公開請求）等、公文書の種類に応じ、収集活動を行うことが必要である。

174

4 スポーツ事故

(1) スポーツ事故関係訴訟の類型

　スポーツ事故は、野球、ゴルフ、スキー等のスポーツ競技中に発生する事故であり、競技者の不注意や技量不足、競技主催者の不注意、競技場など競技に用いる施設や用具の瑕疵に起因する場合などがある。

　スポーツ事故関係訴訟の場合には以下の特殊性が挙げられる。

(2) ルールの調査の重要性

　スポーツ事故は、交通事故のように日常生活において偶発的に生ずる事故と異なり、被害者が自らを日常生活から離れた危険な状況に身を置いた際に生ずる事故であり、基本的に生命身体を損傷する危険を内包するものである。

　そのため、スポーツ中に事故が発生した場合であっても、加害者はルールに従って行動している限り違法性を欠くとされ、被害者がスポーツ事故に伴う危険そのものを引き受けていたとして加害者や主催者の責任が否定されることもある。例えば、野球の試合中の傷害事故につき、「スポーツの競技中の事故については、もともとスポーツが競技の過程での身体に対する多少の危険を包含するものであることから、競技中の行為によって他人を傷害せしめる結果が生じたとしても、その球技のルールに照らし、社会的に容認される範囲内における行動によるものであれば、右行為は違法性を欠くものと解するのが相当である。」として、加害者の不法行為責任が否定された事例などがある（東京地判平成元年8月31日判時1350号87頁）。

　そこで、違法性を判断するに当たり、当該スポーツのルールを調査することが必要となる。また、加害者には過失がないとして不法行為責任が否定される場合もあり、そのときも同様にルール調査の必要がある。

　例えば、一般市民がフットサルの試合中、被害選手の右膝付近に自己の左膝付近を接触させ、脛骨関節内骨折の傷害を生じさせた加害選手について、注意義務違反の場合を相当程度限定して加害選手の過失を否定した事例（東京地判平成19年12月17日・平成17年（ワ）第18458号・評釈なし）などがある。

実践編　第2章　損害賠償関係

　各種競技のルールを調査できる資料としては、各インターネットサイトのほか、『観るまえに読む大修館スポーツルール2024』（大修館書店）、『スポーツルール』シリーズ（成美堂出版）などがある。各スポーツ競技団体に問い合わせて公式ルールブックを入手することも考えられる。

(3)　現場調査の重要性

　スポーツ事故により被害を被った場合、請求の種類としては、①契約上の安全配慮義務違反を理由とする損害賠償、②一般的不法行為を理由とする損害賠償、③土地工作物責任を理由とする損害賠償等の請求が考えられるが、それらを基礎付ける事実の主張立証には、事故現場の状況や事故当日の天候といった現場調査をすることが重要である。

　例えば、ゴルフプレイヤーが隣接ホールからの打球により負傷した事故に関し、スタートハウス附属のトイレの扉に打球痕がかなりの数あること等から隣接ホールからの打球の飛来を防止するための防護ネットを設置すべき管理義務があったとして工作物責任を認めた事例（東京地判平成6年11月15日判時1540号65頁）や、ダートトライアル競技場における競技用車両の練習走行中の事故により当該車両の同乗者が死亡した場合において、当該競技場の安全性が争われた事例（浦和地判平成10年9月25日判時1673号119頁）などがあるが、これらの事案では事故現場の状況の把握が不可欠である。

　事故現場の状況を証拠化するためには、現場を見分し現場見取図を作成することや、証拠保全や検証申出、あるいは調査会社や関係者などに依頼して写真やビデオを撮影することが考えられる。

　また、事故当時の天候が重要となってくることもあるが、過去の気象情報は、気象庁のホームページ（http://www.data.jma.go.jp/obd/stats/etrn/index.php）から調査することができる。

(4)　各競技の趣旨、目的の把握

　スポーツ事故に関する法律問題の特殊性として、競技の趣旨や目的によって注意義務の判断が異なってくる場合があることが挙げられる。

176

例えば、地域住民相互の親睦を目的としたソフトボール大会では、プロスポーツやそれに準ずる競技の場合と異なり、負傷や事故をできる限り回避すべく行動するというプレーヤーの注意義務があるとされ、この種の競技の際の負傷行為について違法性が阻却される余地は、プロスポーツなどの場合に比して狭いと判示した事例がある（長野地佐久支判平成7年3月7日判時1548号121頁）。

そのため、各競技の趣旨・目的について関係者から事情を聴取することも必要となる。

⑸　証人の確保

スポーツ事故関係訴訟では競技中の一瞬の出来事が争点となる場合が多いため、録画したビデオの有無を調査することはもとより、競技を意識的に見ている審判や観客等の証人を確保することも重要となる。

5　製造物責任

⑴　製造物責任追及のための主張・立証

被害者が、訴訟において製造物責任法に基づいて製造業者等（製造物責任法2条3項1～3号）に対して損害賠償を請求するには、一般的不法行為（民709条）の主観的な成立要件である行為者の「故意又は過失」の主張・立証は不要であり、代わりに製造物の「欠陥」、「損害」の発生、欠陥と損害との間の「因果関係」を主張・立証することで足りる（製造物責任法3条本文）。

ここにいう「欠陥」とは、当該製造物の特性、その通常予見される使用形態、その製造業者等が当該製造物を引き渡した時期その他の当該製造物に係る諸般の事情を考慮して、当該製造物が通常有すべき安全性を欠いていることをいう。すなわち、製造物責任法の下では、証明の対象として、主観的な行為者の故意・過失ではなく、「当該製造物が通常有すべき安全性を欠いていること」で足りることとなり、その意味で被害者の立証責任の負担が軽減されるのである。そこで、実務上は、上記の「欠陥」の存在をいかにして証

明するか、欠陥の立証方法が重要となる。

(2) 証拠収集の方法

　製造物の「欠陥」の存在を立証するには、事故の状況の客観的な資料、同一種類の製品による事故情報の収集が重要である。

ア　当該製造物の保存

a　製品の保管

　製造物の欠陥を立証するためには、事故を発生した製品そのものを保管することが、まず考えられる。

　しかしながら、弁護士が受任した段階では、事故原因の可能性がある製品は、既に警察や消防等が持ち去っていることが多く、また、通常の事故においても、製品を製造メーカー等が持ち去っている場合が多い。そこで、このような場合、弁護士は、速やかに製品の保管場所を訪れた上で、責任者から預り証をとって、後日現物を返還することを約束させることが考えられる。

b　製品についての写真撮影

　製品を保管した場合、それだけで安心せずに、様々な角度から当該製品の写真を撮影して、製品の状況を証拠化しておくべきである。

　既に製品が警察署や消防署等に持ち去られている場合は特に、製品の保管場所を訪れて、写真を撮影しておく必要がある。

c　証拠保全の申立て

　保管している製品の性質及び毀損の状態によっては、裁判所に証拠保全の申立てをして、製品の現状を保全することも考えられる。

イ　事故現場の状況の保存

a　事故現場の写真撮影

　事故現場の写真（できればビデオ）を様々な角度から撮影しておくことが重要である。特に、出火事故の場合には、コンセントの状況等のほか発火原因となる可能性のある部分を写真で保存しておくことが重要である。

b　事故現場の図面作成

　写真撮影と同時に、事故現場付近の図面を作成して、できるだけ情報を書

き加え、特に事故原因である製品が置かれていた周辺の状況を記録しておくべきである。

c 実況見分調書

事故が発生した場合、警察や消防等が出動して現場検証が行われ、それに基づいて実況見分調書が作成される場合があり、この実況見分調書を入手できれば、周辺状況の資料として役立つ。これらの実況見分調書については、弁護士会照会の制度（弁護23条の2）や裁判所の文書送付嘱託の制度（民訴226条）を利用して、入手を試みることが考えられる。

ウ 同種事故情報の収集

製造物の欠陥を立証するうえで、当該製造物に関する同種の事故情報は、一つの立証方法となる。

a 国民生活センター・消費生活センター

家電製品事故全般については、国民生活センター及び全国の消費生活センター（以下、合わせて「国民生活センター等」という）に情報が集まっている（したがって、製品による事故が発生した場合、国民生活センター等に事故を報告することは、事後の情報蓄積のためにも必要である）。

国民生活センター等に事故情報の照会を求める場合、弁護士会照会（弁護士法23条の2）による方法等が考えられる。

照会事項を同種製品に対する事故情報とした場合、通常は、メーカー名等については回答がなされず、同種製品に対する事故情報の件数等の統計的数字の回答が得られるのみであることが多い。また、照会事項を特定メーカー（事故製品のメーカー）の特定の製品又は同種の製品の事故情報とした場合であっても、通常は、事故情報の件数等の統計的数字の回答が得られるのみであることが多く、そもそも回答自体がなされない可能性もある。

【照会先URL】 国民生活センター（独立行政法人国民生活センター）

https://www.kokusen.go.jp

b 事故情報収集制度

かつては、政府刊行物として、『事故情報収集制度報告書』（製品評価技術基盤機構）が毎年刊行されていたが、現在は、独立行政法人製品評価技術基

実践編　第2章　損害賠償関係

盤機構のサイト（http://www.nite.go.jp/index.html）において、製品事故（消費生活用製品安全法2条5項）に関する情報が定期的に公表されており、過去の情報についても検索ができるようになっている。

エ　その他の証拠収集

a　文献の調査・専門家への協力依頼

該当する製品・欠陥・事故態様に関係すると思われる記載が掲載されている論文や文献等を探す。論文や文献等を発見した場合に可能であれば、その筆者やその他の専門家に対して話を聞かせてもらう等の協力を依頼する。

b　製品の鑑定

現実には、被害者が、自分一人で製品の鑑定をすることは困難である。そこで、前述した国民生活センター等に問い合わせるほか、関係する文献を発見した場合に、そこから、該当する事案を研究している大学等を探し、鑑定を依頼する等の方法が考えられる。

c　同種・他社製品との比較

当該製品を同時期の同種・他社製品と比較検討し、当該製品が通常有すべき安全性を欠いていることを立証することも有効である。

そのためには、当該製品と同時期に製造販売された他社製品を調査し、場合によっては製品の現物を保管しておくこと等が有用な方法として考えられる。

第3章　消費者問題関係

1　割賦販売・訪問販売

⑴　割賦販売・訪問販売事件の特徴

ア　事件の巧妙化・高額化

　訪問販売や通信販売等において発生する消費者被害事件は増加する一方であり、規制の網の目をくぐって新しい不当勧誘手法が生み出され、その手口はますます巧妙・悪質になってきている。また、クレジット契約の利用を伴う場合が多く、被害金額も高額化している。これらの消費者被害に共通するのは、業者主導で契約が締結され、知識・経験・情報力・交渉力に乏しい消費者側が契約の重要な部分について十分な認識を有していない場合が多いことである。したがって、契約の客観的内容を把握して問題の所在を明らかにする必要があるが、業者側に証拠が偏在することも多い。

イ　当事者の調査

　業者の中には、住所が不明であったり名称を変更したりして特定できない場合や、所在不明になってしまう場合なども多く、当事者についての調査も必要となってくる。当事者の調査方法は一般の事件と同様であるが、後述の同種被害事例の調査により明らかになる場合もある。

ウ　抗弁権の接続の問題

　クレジット契約を利用している場合は、販売店に対する抗弁をクレジット会社に対抗できるかが問題となっている（抗弁権の接続）。ローン提携販売、信用購入あっせん（包括方式・個別方式を問わない）の場合とも、支払停止の抗弁が法律上認められることがあるが（割賦30条の4・30条の5・35条の3の19・29条の4第2項・3項）、これら条文の適用がない取引や既払金返還請求（割賦35条の3の13〜16で認められている場合以外）については約款に抗弁権の接続を認める旨の規定がないかを調べることになる。規定がない場合には、販売業者とクレジット会社が密接不可分であること等を主張して、信義則上支払停止の抗弁を主張することになる。

181

実践編　第3章　消費者問題関係

(2)　割賦販売・訪問販売事件における証拠収集方法

ア　客観的な契約内容の把握

　消費者側には契約資料が乏しい場合があるので、相談者から事情を聴取するほか、業者に交付を求める等して、業者の手元にある契約資料をもとに契約内容を把握する。また、約款の内容も把握する必要があるが、消費者側が保有していない場合は、業者が開設しているホームページ上で約款が掲載されていないか確認したり、業者に直接交付を求めたりすることになる。これらの資料の収集については、業者に対して開示を要求し（個人情報の開示手続を含む）、任意で開示しないときは弁護士会照会制度、訴訟提起後に当事者照会制度等を利用して業者から入手する。

イ　交渉状況についての調査

　クーリングオフの行使（特定商取引9条・24条・40条・48条・58条）についての妨害等、当事者間の交渉についても経緯を相談者から聴取する必要があるが、まだ交渉中の場合は、相談者に交渉内容をテープに録音してもらったり、業者の回答を書面で求めてもらう等の対応をとるほうがよい。なお、弁護士が介入すると、警戒した業者の対応が変わってしまうこともあるため、相談者個人に直接対応してもらったほうがよい。

ウ　クレジット会社と販売業者の関係の把握

　クレジット契約の場合、クレジット会社と販売業者の関係の把握が重要になる。加盟店契約の経緯、内容、加盟店契約の際の調査事項・調査方法・加盟店契約後の管理・調査状況等について、クレジット会社に対し弁護士会照会、当事者照会を行う方法が考えられる。また、加盟店契約書の写しなど書面の提出も要求しておくべきである。訴訟において当事者照会等を行っても十分な開示を得られなかった場合は、文書提出命令を申し立てることが考えられる。

エ　通達や業界内部規定の調査

　割賦販売・訪問販売については消費者とのトラブルを回避するために、経済産業省が通達を出していたり、業界団体で自主規制基準や倫理綱領を定めていることも多いので、各関係団体のウェブサイトに掲載されていないか確

182

認し、もし掲載されていない場合には各関係団体に請求してこれらを入手する。これらは法的な効力を必ずしも持たないが、業者等の責任を明らかにする一資料として用いることができる。

オ　同種被害事例の調査

割賦販売・訪問販売についてトラブルを起こす悪質な業者は、ほかでも同種のトラブルを起こしている例が多い。そこで、業者の商法の悪質性を明らかにし、事件解決の見込みを知るために同種被害事例の把握が重要となる。国民生活センターのウェブサイト（https://www.kokusen.go.jp/）内に「消費生活相談データベース」があり、過去の５年度分及び現在の年度分を合わせた６年度分の相談内容、件数が検索できる。また、弁護士会照会により、過去の該当業者の被害事例の開示を求めることもできる。さらに、各都道府県の消費生活センターにも上記と同様のデータベースがあることが多い。また、日弁連消費者問題対策委員会による消費者メーリングリスト（略称「cam」）、その他各弁護士会・弁護団でのメーリングリストで情報を募ることも有用である。

【参考文献】

・東京弁護士会消費者問題特別委員会編『消費者相談マニュアル（第２版）』（商事法務、平成24年）

・山田茂樹編『インターネット消費者取引被害救済の実務』（民事法研究会、平成26年）

・福岡県弁護士会消費者委員会編『消費者事件実務マニュアル（第２版)』（民事法研究会、令和６年）

2　先物取引・証券取引

(1)　先物・証券取引事件の特徴

先物・証券取引等の投機的取引に関する事件の特徴は、損失は相場の騰落によって発生したものであり、表面的には自己責任であると見えるが、被害

者側にハイリスクかつ仕組みの複雑な投機的取引を行うだけの適格があった
とはいえなかったり、業者からハイリスクであることについて十分説明を受
けていなかったりすることで、知識・経験等に乏しい消費者が食い物にされ
てしまいかねないという点にある。先物取引等は専門用語が多用される複雑
な仕組みの取引であるため、被害者だけでなく代理人となる弁護士において
も、取引への理解が浅いと事件の本質を見落としてしまう危険がある。

　これらの取引においては、業者が顧客に比して圧倒的な情報を有して優位
な立場にあること、業者は顧客から多額の手数料を徴収するため両者は内在
的に利害対立関係にあること、特に先物取引はいわゆる相対取引であるため
業者の利益は逆に顧客の損失につながること等の特徴から、業者主導で継続
的取引が行われ、結局顧客の金員が業者の手数料等に転化していくというこ
とが少なくない。そして、被害金額が多額に上ることも多い。

　このような投機的取引に伴うトラブルには、商品先物取引の事案を中心に
多くの損害賠償請求訴訟が提起され、業者の責任を認める判例や和解が蓄積
されている。責任を認める判例は、継続的に行われる投機的取引を個々の局
面で考察せず、当初の勧誘行為からその後の一連の取引行為全体を不可分一
体のものとして把握し、それらを一体として見たときに社会的相当性を逸脱
している場合に不法行為責任を認める方法がとられることが多い。

　したがって、業者の注意義務違反等の存否や損害額等、争点となりやすい
点を立証するにあたっては、勧誘から全ての取引の終了までの業者の一連の
行為を客観的に証明する証拠が重要である。

(2)　客観的取引の把握

ア　依頼者の保有する資料

　依頼者から、先物取引等の委託契約書（約諾書）、重要事項説明書、取引
のしおり・パンフレット等、預り証、取引報告書、計算書、残高証明書、担
当者等の名刺を入手する必要がある。ただし、中には上記書類が依頼者に交
付されていない場合もあり、その場合には業者に対して交付するよう要求す
る。

イ 業者の保有する帳簿類の入手

業者に請求して、先物取引事件では口座開設申込書、委託者別先物取引勘定元帳（イタカン）、委託者別委託証拠金現在高帳（ダカチョウ）、売買注文伝票、顧客カード、業務日誌等を、証券取引事件では顧客勘定元帳、信用取引・発行日取引顧客勘定元帳、顧客カード、顧客審査書類、業務日誌等を、各業者に交付するよう要求して入手する。代理人からの請求とすると必要書類が増え煩雑となるケースもあり、委託者である依頼者から直接開示を請求することも考えられる。業者がこれらの書類を任意で交付しない場合には、弁護士会照会、当事者照会等により開示を求める[1]。なお、日本商品先物取引協会のホームページ（https://www.nisshokyo.or.jp/index.html）に掲載されている商品先物取引業務に関する規則14条の2には、商品デリバティブ取引勘定元帳の開示が明記されており、商品先物取引業務に関する規則第14条の取扱要領にて開示請求の具体的な手続等が定められている。この取引経過を分析し、売買経過一覧表や時系列のグラフにすることにより不合理な取引（売り直し・買い直し、途転、両建など）が浮かび上がってくるし、新規委託者の建玉規制違反や損害に対する手数料率なども明らかになってくる[2]。

なお、先物取引事件において、業者の帳簿自体の閲覧膳写請求は認めなかったものの、業者の問屋としての報告義務（委任の規定の準用）を根拠に取引内容についての書面による報告義務を認めた裁判例や（名古屋地判平成10年9月18日先物取引裁判例集25号103頁）、私募型ファンドの事件において、業者が取引履歴の開示を命じる本案判決に従わなかったケースで、取引金額の多寡にかかわらず債権者一人につき開示がされるまで1日あたり15万円の支払による間接強制を決定した裁判例（東京地決平成20年9月12日証券取引被害判例セレクト32巻154頁）がある。

1　その他、開示を求める書類に関しては、日本弁護士連合会消費者問題対策委員会編『先物取引被害救済の手引（10訂版）』（民事法研究会、平成24年）が詳しい。また、荒井哲朗編著『Q＆A投資取引被害救済の実務（改訂）』（日本加除出版、平成27年）200頁参照。

2　過去にはいくつかの業者が建玉分析ソフトを配布・販売等していたが、現在では入手困難となっている。

実践編　第3章　消費者問題関係

ウ　相場の調査（勧誘文言の不当性や取引の不合理性を判断するため）

　概略は日本経済新聞・業界紙・取引所の発行する取引所月報などでつかむ
ほか、日本商品先物振興協会のホームページ（https://www.jcfia.gr.jp/index.
html）には、各商品の「相場情報」が掲載されている。

⑶　勧誘当初から取引終了までの業者とのやり取りの把握

　相談者から業者とのやり取りの経過を時系列に沿って聴取する。勧誘の際
の説明資料等も業者の義務違反を基礎づける証拠となりうる。取引継続中の
場合は担当者との間の会話を録音しておく。

⑷　証拠保全の利用

　業務日誌、管理者日誌、業務規定など業者の内部資料によって違法性が明
らかになる場合があるが、これらは必ずしも作成されているかわからないも
のであり、自己に不利な書類であれば業者が廃棄する可能性もあるため、業
者の本店・支店に対して証拠保全を行うことが有効なケースもある。

⑸　業者情報の収集

　業者の多くはホームページを開設しており、業者名でホームページを検索
すると、その業務内容を知ることができる。また、先物取引業者の悪質な商
法について告発したホームページも見られる。特定の業者に対する苦情や相
談事例については、国民生活センターへ弁護士会照会をする。

　所管により財務省、金融庁等様々ではあるが、各官公庁のプレスリリース
で先物取引業者又は金融商品取引業者等の行政処分が公表されていることも
ある。経済産業省のホームページ（https://www.meti.go.jp/policy/commerce/）
では、同省に関する行政処分の状況、実績を見ることができる。行政処分を
受けた点と同様又は類似の点が改善されず再びトラブルに発展するケースも
あるため、相手方となる業者に行政処分歴がないか、検索してみると良い。

(6) 文献等

取引の仕組みが複雑であり専門用語が多用されるので、事件を受任する際には取引について最低限の知識を得ておく必要がある。また、法令・通達のほか自主規制・規則等も多くあり、改正も頻繁なので、常に最新のものを把握しておくべきである。そのために以下の文献やホームページが有効である。

・日本弁護士連合会消費者問題対策委員会編『先物取引被害救済の手引（10訂版)』（民事法研究会、平成24年）
・日本弁護士連合会消費者問題対策委員会編『金融商品取引被害救済の手引（6訂版)』（民事法研究会、平成27年）
・先物取引被害全国研究会『先物・証券取引被害研究』（年1回発行）
・先物取引被害全国研究会編『先物取引裁判例集』
・全国証券問題研究会編『証券取引被害判例セレクト』
・全国証券問題研究会（https://zenkokusyoken.com/）
・兵庫県弁護士会「消費者問題判例検索システム」（https://www.hyogoben.or.jp/hanrei/）

3 宗教団体に関する紛争

(1) 宗教団体等の定義

（広義の）宗教団体とは、法人格を取得している宗教法人と、法人格はないが宗教法人と同類の活動を行う任意団体（狭義の宗教団体）を含む概念である。（狭義の）宗教団体には権利能力なき社団と捉えられるものが多いが、株式会社形態をとるものや農事組合法人形態をとるものなど、他の法人の形式をとりながら宗教団体としての実態を備える組織も少なくない。

(2) 宗教団体とのトラブルの実態

このように多数の宗教団体が存在するため、宗教団体に関するトラブルも多岐に及んでおり、不動産をめぐる争いなど一般的な民事事件も少なくない。

一方で、宗教団体の中には無理な伝道（勧誘）・多額の献金・壺等の物品

実践編　第3章　消費者問題関係

販売等が社会的な問題に発展するケースが目立っている。これらはごく一部の宗教団体に見られる現象であるが、特定の宗教団体が数多くの事件を引き起こすことも多く、社会問題として大きく取り上げられることも少なくない。

(3)　基本的な証拠の収集

ア　宗教法人登記簿謄本（宗教法人の場合）

商業登記簿と同じように、所轄の法務局に備えつけられており、申請すれば謄本を入手することができる。

イ　規則・役員名簿・会計帳簿等（宗教法人の場合）

これらの書類の閲覧については、信者その他の利害関係人であって、これらの書類を閲覧することについて正当な利益があり、かつ、その閲覧の請求が不当な目的によるものでないと認められる者から請求があったときにはこれらの書類を宗教法人側が閲覧させる義務を負う（宗法25条3項）。なお、過去の裁判例には謄写請求を認めたものもあるので（東京高判平成6年3月23日判時1507号133頁・判タ870号267頁）、謄写請求も積極的に行うべきである。

「信徒その他の利害関係人」の具体例として、文部省（現：文化庁）は、寺院における檀徒・神社における氏子などのうち、その宗教法人と継続的な関係にあってその財産基板の形成に貢献してきた者、総代といった地位があり法人の管理運営上の地位が規則等で明確になっている者、宗教の教師などで法人との雇用関係にある者、債権者・保証人、包括関係・被包括関係にある宗教法人などを挙げている。なお「債権者」の中に、一般債権者だけではなく宗教法人の不法行為の被害にあったとする「不法行為による損害賠償請求権者」が含まれるとした裁判例もある（静岡地沼津支判平成9年10月29日）。また「正当な利益」の有無については、閲覧対象となる書類ごとに、かつ利害関係人ごとに判断されることになる。

宗教法人側が閲覧・謄写を拒否した場合には、書類の開示を求める訴訟の提起なども積極的に考えるべきである。

ウ　宗教団体の発行物

宗教団体では、宣伝・広報のため、大量の図書・雑誌・パンフレット類を

頒布していることが多い。これらの宣伝媒体には、貴重な情報（強迫的文言など）が含まれていることがあるので、積極的に収集すべきである。

　また、社会的に問題となっている宗教団体では、内部でマニュアル等の内部文書を作成して同じような手口でトラブルを多発させていることが多い。マニュアルの存在を指摘するだけでも後述の献金・物品販売・入信に関する訴訟では大きな威力を発揮するので、内部文書の収集には特に心がけたい。

(4)　献金に関するトラブル

ア　献金した本人から依頼を受けた場合

　宗教団体は献金・お布施・喜捨金などに領収証を発行しないことが多い。しかも、社会的に問題になっている宗教団体は、これらの支払（受領）の事実自体を争ってくることも少なくない。そのような場合には、いつ、どこで、誰に、どのような態様で、いくら渡したかという事実関係が大切になるため、記憶の鮮明なうちに本人から聴取しておくことが重要である。宗教団体側が争うと予想される場合、宗教団体側は証拠調べの段階で関係者を隠す可能性があるため、直接手渡した相手を被告に加えることも検討すべきである。また、宗教団体側の出方を見るために、まず内容証明郵便などで返金を請求することが望ましい。さらに、目的を特定した献金も少なくないので、その目的に詐欺性がないかなども調査すべきである。過去に、「高野山に地蔵を建てた」と言っていたが実際には建てていなかった例などもある。

イ　献金者の家族から依頼を受けた場合

　本人が現在もなお献金を続けているなどの場合には、かつては準禁治産宣告や、その保全処分（認容例あり）を行うことが考えられたが、成年後見制度施行後は浪費者に対する保佐がなくなったため、献金が精神上の障害によると位置付けられる必要がある。

(5)　物品販売に関するトラブル

ア　現物の確保

　物品販売による被害の場合、不法行為はもちろん、詐欺・強迫などによる

実践編　第3章　消費者問題関係

取消しや錯誤に基づく取消しなどの法律構成によることが一般的である。取消し後の金銭の返還を求めるためには、物品の提供が要件となる履行のため物品そのものを確保する必要があるが、物品を直接検分することで争点が見えることもある。とりわけ、宗教トラブルで物品に関する争いの場合、物品そのものは劣悪で、そこに「超自然的価値」を付加して高額で販売することが少なくない。その場合には、暴利行為・公序良俗違反構成も考えられる。

イ　契約書の確認

物品販売の場合、信者が関連会社を設立し、会社名で販売することも多い。そのような場合には、書面交付（特定商取引4条）しているのが普通なので、それらの書面を確保することが重要である。紛失している場合は、写しの交付要求も考えられる。書面交付がなかった場合には、そのこと自体を問題にすることができる。これらのトラブルは消費者問題の事件に酷似する。

ウ　当事者からの聴取

購入者からの事情聴取が最も大切である。物品販売も、献金と同じように、信じなくなったというだけで返金を請求することは難しい（ただし、暴利行為による構成は考えられる）。したがって、購入に至る経緯で購入者を畏怖誤信させる言動はなかったかを詳細に聴取すべきである。クーリングオフ妨害などの事例も多いので購入後の事情を聴取することも大切である。

(6)　入信に関するトラブル

ア　家族から依頼された場合

入信に関する相談は、入信者の家族から持ちかけられることが多い。このような場合、まず、宗教団体の実態を知る必要があるので、宗教団体側が発行する書籍・雑誌の類や関連書類を収集する。同時に、社会的に問題になっている宗教団体の場合、批判的な図書や批判的団体が存在することが多い。少なくとも情報収集のためそのような団体とも接触することは有効であろう。これらの団体は脱会に向けたプログラムを有する場合もある。多くのケースは親子関係などの歪みが入信の背景にあるため、そのような場合、入信者の親子関係の改善が最終的解決への道となると考えられる。この問題は、訴

訟のみによって救済しうる問題ではないため、弁護士が交渉の前面に出るのではなく、家族へのアドバイスに止めることが望ましい。

イ　脱会した本人から依頼された場合

入信の過程で、畏怖誤信を与える勧誘をされていることが多いため本人から事情を詳しく聴取する。もちろん、内部で経験した事情も詳しく聴取する。

いわゆるマインド・コントロールの違法を争い元信者側が勝訴した裁判例があり（広島高岡山支判平成12年9月14日判時1755号93頁。最高裁で確定）、これからも様々な訴訟が提起されるものと予想される。この場合、元信者一人が組織的違法を暴くことは難しいので、協力者の存在は不可欠である。

なお、元信者の内部での仕事に対し、労働者性を認めて未払賃金の支払を認めた判決もある（松山地今治支判平成8年3月14日労判697号71頁）。

(7)　情報収集

宗教団体に関しては、インターネットによる情報の発信・交換が普及している。当の宗教団体が勧誘のためにホームページを有することが多いし、反対勢力がホームページを有することも少なくない。宗教団体の概要を知るためには各種年鑑が発行されているほか、宗教情報リサーチセンターのホームページ（https://www.rirc.or.jp/）に宗教教団情報データベースがある。

その他、宗教法人を管轄する文化庁文化部宗務課に接触することによりその宗教法人に関する一般的な事項の情報を得ることができる。

また、他の被害事例を調べる等の目的で、または複数の（宗教団体に関する紛争に詳しい）弁護士と共同して担当するほうがよいこともあるため、全国霊感商法対策弁護士連絡会（https://www.stopreikan.com/）に支援を求めることも考えるべきである。

【参考文献】

・横浜関内法律事務所編『宗教法人の法律相談』（青林書院、令和5年）95頁

実践編　第3章　消費者問題関係

4　クレサラ関係

(1)　はじめに

　本項では、クレジット会社又はサラ金会社の代理人としてではなく、多重
債務者側の代理人の立場での活動を述べる。

(2)　クレサラ関係事件の処理形態

　債務者側から見たクレサラ関係事件の処理としては、任意整理・自己破産・
個人再生等の法的手段がある。また、平成18年1月13日の最高裁判決以降[3]の
判例の積み重ねや法改正があったが、大手の貸金業者で平成20年頃まで、中
小の貸金業者では平成22年頃までグレーゾーン金利での取引を行っていたこ
とから[4]、取引内容を確認の上利息制限法の制限金利での引き直し計算をする
ことにより過払金が発生していることが判明すれば、貸金業者に対して不当
利得返還（過払金返還）を請求することができる。いずれにしても、クレサ
ラ関係事件では、個々の貸金業者との取引内容を確認することが前提となる。

(3)　取引内容の確定

ア　債権者一覧表の作成

　最初に相談者の記憶に基づき、「債権者名・支店・最初の借入年月日・最
初の借入金額・現在の借入残高・保証人の有無・最終の返済日」等を記載し
た債権者一覧表を作成する。スムーズに事件処理を行うためには、貸金業者
の支店名まで記載することが望ましい。そこで、相談者に貸金業者との借用
証書、請求書、クレジットカード等を持参させ、相談の時点からできるだけ
詳しい情報を引き出すことが必要である。相談者の記憶が曖昧であったり、
資料が残っていなかったりする場合もあるが、貸金業者に取引履歴の開示を
求めるのであれば、この時点で全てを明確にしておく必要はない。

3　最三小判平成18年1月13日民集60巻1号1頁
4　グレーゾーン金利は出資法の改正により平成22年6月18日に廃止されたが、
　それ以降でもグレーゾーン金利に基づいて取引されている事例はある。

4　クレサラ関係

イ　取引履歴の開示

　債権者一覧表を作成し、処理方針等に関して依頼者と合意した上で委任契約を締結したら、各債権者に受任通知（介入通知）を送付する。この際、貸金業者の支店に送付することにより、本社・本店からの回付の段階を省略でき、時間短縮に繋がりうる。受任通知には、受任の事実、今後の取立ての禁止を記載するほか、取引経過の全部を開示するよう求める旨の記載をする。また、過払金の時効消滅を防ぐために過払金の返還を請求する旨の文言を入れたり、時効の更新事由としての債務の承認をするものではないという文言を入れておくことも多い。

　取引履歴の開示請求については、貸金業法19条の2が、債務者等は、貸金業者に対し、取引内容を記載した帳簿の閲覧又は謄写を請求することができ、貸金業者は、請求を行った者の権利の行使に関する調査を目的とするものでないことが明らかであるときを除き、当該請求を拒むことができないとする。さらに、金融庁の貸金業者向けの総合的な監督指針Ⅱ‐2‐18では、貸金業者が帳簿の開示請求を受けた際に迅速にこれに応ずるよう社内規則が定められているか等の点が示され、これへの重大な違反が業務改善命令・業務停止命令の対象となりうることとされており、大手の貸金業者は取引履歴の開示請求に応ずることが多い。

　さらに、最三小判平成17年7月19日民集59巻6号1783頁は、貸金業者が保存している業務帳簿に基づいて取引履歴を開示すべき義務を負うことを明示し、この義務に違反した場合は不法行為が成立し損害賠償の対象となるとしている。そこで、取引履歴を開示しない貸金業者に対しては、その旨を告げて、開示を促す。

　これにも応じない業者に対しては、監督官庁である本店所在地の都道府県知事、財務局長等に対して行政指導を促す申告を行うことも手段の一つである。

ウ　取引履歴の確認

　開示された取引履歴については、その内容に虚偽がないか、また、最初の取引からの履歴であるかを確認する。その際、依頼者の記憶を確認することになるが、借用証書、借入申込書の控え、計算書、振込明細表、依頼者の預

実践編　第3章　消費者問題関係

金口座の通帳と照らし合わせることも有用である。

　開示に応じない貸金業者に対しては、証拠保全手続により、あるいは、過払金の発生が認められる事案であれば、依頼者の記憶に基づき取引履歴を推定して計算した上で訴訟提起を行い、訴訟係属中に文書提出命令申立てにより、貸金業者が保存している業務帳簿の提出を求めることも考えられる。その際、不提出の際の真実擬制の獲得（民訴224条）にも留意すべきである。

エ　利息制限引き直し計算表の作成

　開示された取引履歴の内容に間違いがなければ、東京三会で配布している利息計算ソフトを利用して利息制限の引き直し計算表を作成する。過払金が発生している場合には、交渉や訴訟によって返還を請求する。交渉段階では、少額の返還にしか応じないという貸金業者が多い。

オ　その他取引内容の確認方法

　貸金業者の多くは信用情報機関に加盟しているので、信用情報機関に対する個人情報保護法に基づく開示請求により、貸金業者、契約内容、借入残高、返済状況等が分かる場合がある。信用情報機関としては、株式会社シー・アイ・シー（CIC）、株式会社日本信用情報機構（JICC）、一般社団法人全国銀行協会（全銀協）などがある。

⑷　判例調査等

　近時、全国規模で多くの過払金返還請求訴訟が提起され、クレサラ関係訴訟についての判例が集積されている。

　裁判例の調査については多くの方法があるが、例えば、兵庫県弁護士会のホームページ（https://www.hyogoben.or.jp）の「消費者問題判例検索システム」は自由に利用でき、また、比較的新しい裁判例もカバーしているため、有用である。さらに、名古屋消費者問題研究会のホームページ（http://www.kabarai.net）にも裁判例が集積されている。ほかにも、日弁連消費者問題対策委員会による「消費者問題メーリングリスト」（略称「cam」）は、全国の弁護士が参加する消費者問題に関する議論を行うメーリングリストであり、貸金業者等の情報や最新判例に関する報告も行われている。

1 企業倒産

第4章　破産・倒産関係

1　企業倒産

(1)　序——倒産関係における証拠収集

　破産手続開始の申立権者は、債権者、債務者又は債務者に準ずる者などである（破18条1項・19条1項・2項・4項など）。破産法上、債権者申立ては、無益な申立てや債務者に対する威嚇や嫌がらせ等不当な目的に基づく申立てを防止するため、①自己の債権の存在、及び②破産手続開始の原因となる事実の存在を疎明しなければならないとされる（破18条2項）。一方、債務者申立ての場合には、①債権の存在についての疎明は問題とならず、また、②破産手続開始の原因となる事実の疎明は要求されていない。

　もっとも、実務上は、債務者申立てであっても債務者の財産目録等（破規14条3項）の会社の資産状況を疎明する資料や陳述書の提出等が求められており、実質的な差異はない。

(2)　債務者側代理人の場合

ア　破産手続開始申立書の添付書類

　破産手続開始申立書に添付すべき資料としては、以下のものが挙げられる（東京地方裁判所民事第20部の場合）。なお、裁判所によっては添付すべき資料が異なる場合があるので、できるだけ管轄裁判所に問い合わせるべきである。

①　申立権の存在を証明するものとして、法人登記の現在事項全部証明書（3か月以内のもの）、破産申立てについての取締役会議事録又は取締役全員の同意書

②　委任状（委任者欄に、本店所在地、商号、代表者氏名及び代表印の記載があるもの）

③　債権者一覧表（公租公課、労働債権、金融機関、一般債権及びリース債権に分け、それぞれ債権者名、同住所、債権額等を記載したもの）、債務者一覧表（売掛先等の種類別に分け、債務者名、同住所及び債務額等を記載した

195

実践編　第4章　破産・倒産関係

もの）

④　会社の資産状況を疎明するものとして、資産目録、代表者の陳述書、貸借対照表・損益計算書（直近2期分）、清算貸借対照表（破産申立日現在）、税金の申告書控えのコピー（直近2期分）、不動産登記全部事項証明書（3か月以内のもの）、賃貸借契約書のコピー、車検証・登録事項証明書のコピー、会員権証書のコピー、有価証券のコピー、生命保険証書・解約返戻金計算書のコピー、訴訟関係書類のコピー等。

　なお、預貯金通帳のコピー（2年分）は、法人破産に限っては、破産手続開始申立書の添付書類として裁判所に提出する必要はない。もっとも、破産管財人には預貯金通帳の原本全てを引き継ぐ必要がある。

⑤　その他、必要に応じて、会社の組織・機構を明らかにするものとして、関連会社一覧表、定款、会社事業経歴書（会社案内）、就業規則、退職金規程、労働協約、株主名簿等。

　もっとも、申立代理人としては、上記の資料に限定することなく、会社の規模、業種等に応じて、破産手続開始決定後に想定される破産管財人による管財業務の円滑な遂行に必要と思われる資料（例えば、仕掛工事一覧表、在庫商品目録等）は積極的に準備して添付すべきである（破規15条参照）。

イ　東京地方裁判所民事第20部（破産再生部）での取扱い

　東京地方裁判所民事第20部（破産再生部）では、「即日面接通信」の名称で、破産申立てにあたり、注意すべき事項等が発信されており、同部の入口付近に配布資料として備え付けられている他、在京三会の会員ホームページでも閲覧が可能である。また、個人破産の申立書式については、裁判所が提供したデータが在京三会の会員ホームページで公開されており、これをダウンロードして加筆等することで申立書等の作成することが可能であるが、法人破産については、裁判所の提供書式がないため、上記個人破産の申立書式等を活用して作成する必要がある。

　その他にも、「破産受付係からのお願い」が配布資料として、同部の入口付近に備え付けられている（令和6年8月30日現在）。

　上記資料では、法人の申立書類については、受付でのチェックを迅速に行

うために、破産手続開始申立書、登記事項証明書、取締役会議事録（又は同意書）、委任状、債権者一覧表、債務者一覧表、財産目録、陳述書、その他疎明資料の順番に編綴して提出することが求められている。

また、裁判所における即日面接及び破産管財人、申立代理人及び債務者との打合せ（三者打合せ）に迅速かつ適切に対応するために、疎明資料については「資料1」等の番号を付するとともに、疎明資料に関する目録を作成することが必須である。

ウ　破産手続開始決定後の事務処理に必要な資料

総勘定元帳、現金出納帳、手形小切手帳、売掛・買掛帳、給与台帳、社会保険関係の書類等。なお、帳簿類が電子情報化されている場合は、電子情報として入手し保存するとともに、同電子情報の全てをプリントアウトしたものも併せて保管する。

以上の資料については、破産管財人に引き継ぐ前に廃棄、紛失してしまうことのないよう、安易に代表者に保管させることなく、申立代理人が受任時に預った上で、金庫に保管するなど、その管理には十分注意する必要がある。

(3)　債権者側代理人の場合

債権者申立ては、前述のとおり、①自己の債権の存在、及び②破産手続開始の原因となる事実の存在を疎明しなければならないとされる。

そのため、破産手続開始申立書に添付すべき資料として、登記事項証明書、委任状、債権者一覧表、債務者一覧表、財産目録及びその他疎明資料を提出する際には、以下の疎明事項に留意して収集及び作成する必要がある。

なお、債権者申立ての場合も、債権者一覧表、債務者一覧表、財産目録、貸借対照表・損益計算書等、債務者申立ての場合と同様の疎明書類を、わかる範囲内、入手できる範囲内で作成・提出することが望ましい。

そして、債権者一覧表については、申立権者において作成することが著しく困難である場合以外は、原則として申立書に添付する必要がある（破規14条2項）。

実践編　第4章　破産・倒産関係

ア　①自己の債権の存在の疎明

確定判決、和解・調停調書、公正証書、手形・小切手、契約書、請求書、売掛台帳等

イ　②破産手続開始の原因となる事実の存在の疎明

不渡り付箋付き手形・小切手、不渡り情報、執行不能調書、興信所の信用調査報告書、私的整理に関する文書、報告書（債務者の業務内容、債務者に対する債権の存在、破産原因たる事実の存在、倒産に至る経緯、資産・負債の概要、整理・清算の概況、債務者との交渉経過等について記載したもの）

【参考文献】

・永谷典雄・谷口安史・上拂大作・菊池浩也編『破産・民事再生の実務（第4版）破産編』（きんざい、令和2年）

・永谷典雄・谷口安史・上拂大作・菊池浩也編『破産・民事再生の実務（第4版）民事再生・個人再生編』（きんざい、令和2年）

・東京弁護士会倒産法部編『破産申立マニュアル（第2版）』（商事法務、平成27年）

・中山孝雄・金澤秀樹編『破産管財の手引き（第2版）』（きんざい、平成27年）

・宮川勝之監修、第二東京弁護士会倒産法制等民事法制検討委員会編『破産法書式集』（慈学社、平成18年）

第5章　その他民事関係

1　詐害行為取消関係訴訟

　詐害行為取消権の制度は、債務者の一般財産を保全するため、債権者において、債務者受益者間の詐害行為を取り消したうえ、債務者の一般財産から逸出した財産を、総債権者のために、受益者又は転得者から取り戻すことができるとした制度である（民424条）。民法改正により、詐害行為取消権の要件が明確化された。

⑴　各要件

ア　被保全債権

　詐害行為取消権の行使のためには、債権者に保全されるべき債権（被保全債権）があることが必要である。

　債務者が詐害行為をしないという合理的な期待を持ち得る債権者のみを保護する観点から、債権が、詐害行為より前の原因に基づいて生じたものであることが必要である（民424条3項）。また、被保全債権は、弁済期の到来は問わないが、詐害行為の当時だけでなく、取消権を行使するとき（事実審の口頭弁論終結時）にも存在していなければならない。

イ　詐害行為

　債権者を害する（財産権を目的とした）法律行為を詐害行為という。

　具体的には、財産の譲渡、弁済・代物弁済、担保権設定行為などがこれに当たり得る。

　債務者が財産処分にあたって相当な対価を得る場合でも、たとえば不動産を売却して現預金を得るケースなどでは、債務者財産の流出リスクが高まる。よって、受益者から相当の対価を取得しているときは、「債務者が、その行為の当時、対価として取得した金銭その他の財産について、隠匿等の処分をする意思を有していた」などの民法記載の一定の要件を満たす場合に、詐害行為取消請求ができることとなった（民424条の2）。

199

実践編　第5章　その他民事関係

　婚姻や離婚等の身分行為などの、財産権を目的としない行為については、たとえそれが債務者の財産状態を悪化させる場合でも、取消しの対象とはならない（民424条2項）。ただし、財産分与に仮託してなされた財産処分行為といえる場合、取消しの対象となる余地がある（最二小判昭和58年12月19日民集37巻10号1532頁）。また、対抗要件充足行為は法律行為ではなく、詐害行為取消権の対象にならないと解されている。判例は「債権譲渡の通知は詐害行為取消権の対象とならないと解するのが相当である」（最二小判平成10年6月12日民集52巻4号1121頁）としている。

　なお、債権が強制執行により実現することのできないものであるときは、裁判手続きを通じて保護するに値しないことから、詐害行為取消請求をすることができない（民424条4項）。

ウ　債務者の詐害意思

　詐害行為とされるためには、債務者が、当該行為が債権者を害すること、すなわち総債権者に対する弁済資力に不足を来すことを知っていること（詐害意思）が要求される（民424条1項本文）。

エ　受益者・転得者の悪意

　詐害行為取消権の行使は、債務者および当該行為によって利益を得た者（受益者）の犠牲を生じるため、債務者・受益者の悪意が要求されている（民424条1項但書）。

　なお、受益者からさらに他の者（転得者）に対して、対象財産が移転されている場合には、その転得者に連なるまでのすべての者が詐害行為の存在を知っていた場合に限り、転得者に対しても詐害行為取消権を行使できる（民424条の5）。

(2)　立証責任

　被保全債権、詐害行為、債務者の詐害意思は積極要件として取消権を行使する債権者に立証責任があるが、受益者・転得者の悪意については受益者・転得者側で詐害意思のないことを立証する責任があるとされている（最三小判昭和37年3月6日民集16巻3号436頁）。判例は客観的要件と主観的要件を総

合的かつ相関的にみて詐害行為の有無を判断しているようである。例えば客観的には詐害性の低い本旨弁済も債務者が債権者と通謀するなどの特別事情がある場合には「詐害行為」となるとし（最三小判昭和52年7月12日判時867号58頁。ただし傍論）、他方客観的に詐害性の高い贈与や不動産の廉価売却では受益者の詐害意思を緩やかに認定しているようである（東京高判昭和54年11月29日判タ408号86頁）。

2　実践編

⑴　要件ごとの証拠収集方法

ア　被保全権利

　たとえば、貸金債権であれば「金銭消費貸借契約書」、売買代金債権であれば「納品書」「注文書」「請求書」等の手持ち証拠を出すことになる。

　ただし、先述のとおり、弁済期の到来は問わないが、詐害行為当時に「成立」している債権である必要があるため、債権成立時期が明確になる資料が必要である。

イ　詐害行為

　詐害行為取消訴訟において、債務者の行為の有無自体が争いになることはあまりないが、当該行為が「詐害」行為といえるかについては、おおいに争いになり得る。

　当該行為当時の債務者の無資力の立証として、債務者の「税務申告書（控）」（債権者が取引銀行である場合などは、差入れを受けていることがある）、所有不動産の「登記簿謄本」（差押登記、過剰な担保権の設定など）、「不渡り返還された手形」などを証拠として提出することが考えられる。

　また、不動産売買契約を詐害行為として取り消す場合、売買代金額が不相当であることの立証をすることが考えられる。不動産価額の調査方法については基本編第2章を参照されたい。　　．

ウ　債務者の詐害意思

　債務者は通常自己の財産状態を知っているので、通常は、取消権者の側で

実践編　第5章　その他民事関係

は客観的な詐害の状況（債務者の無資力、不相当な対価、債務者と受益者との関係等）を立証すれば当該要件の立証として十分である。

エ　受益者・転得者の悪意

　取消権者が受益者らの悪意を立証（反証）するのには大変苦労する。受益者らの悪意を直接立証する証拠は、通常、債権者には収集困難である。また、当の債務者も受益者側に肩入れすることが多い。

　よって、間接事実の立証の積み重ねにより主要事実を立証していくしかない。以下間接事実及びその証拠について、事例ごとの具体例を示す。

【受益者・転得者と債務者の関係】

・夫婦である（東京高判昭和56年9月21日判時1020号43頁）など親族関係→戸籍謄本

・会社とその取締役という委任関係→商業登記簿謄本（登記事項証明書。以下同じ）

・債務者と受益者が共同事業に関して共同被告となっており、受益者と転得者の利害が共通していたこと（東京地判平成23年5月26日LLI/DB判例秘書登載）→共同被告となった事案の訴訟記録等

【受益者・転得者の特性】

・既存の債権者が債務者の不動産の代物弁済を受けた事実→不動産登記簿謄本（登記事項証明書。以下同じ）

・不動産業者でもない受益者が債務者の複数の不動産を一時に買い受けた事実→商業登記簿謄本・不動産登記簿謄本

【受益者・転得者の買受後の異常行為（債務超過を知っていると思われる）】

・受益者が譲渡担保で不動産を取得後（他の債権者が訪れてくることが予想されたので）その玄関鉄扉を針金で緊縛して当該建物を訪れる譲渡担保設定者（債務者）の債権者との面会を拒否してきた（東京地判昭和56年4月17日判時1018号89頁）。→写真撮影報告書（確定日付を取るとよい）

【詐害行為の態様】

・担保権が設定されたまま売買され所有権移転登記されている事実→不動産登記簿謄本

202

・不自然な売買代金支払方法

　例えば、登記済権利証がなく保証書で所有権移転登記がなされる場合には売買契約日と所有権移転登記受付に間隔ができる（つまり登記申請時に本当に登記が受け付けられるかわからない）が、契約日に代金全額支払っていると不自然→登記申請書添付書類、契約書（受益者が善意の立証のため通常出してくる）

【詐害行為の時期】

・債務者が債務超過となっていた時期・不渡りを出した時期と詐害行為の近接性→不渡り返還された手形、信用調査会社の報告書、新聞、貸借対照表（数年分あると望ましい）

【参考文献】

・我妻榮ほか著『我妻・有泉コンメンタール民法：総則・物権・債権（第8版）』（日本評論社、令和4年）
・飯原一乗ほか編『詐害行為の取消・否認の実務』（新日本法規出版、平成10年）
・遠藤浩ほか編『民法』（有斐閣双書、平成9年）

実践編　第6章　労働関係

第6章　労働関係

1　労働関係訴訟

(1)　問題の所在

　労働関係訴訟（労働保全を含む）では、会社（企業）側への証拠の偏在が一因となって、十分な争点整理がなされずに、多数の仮定的主張が放置されたまま、弁論と証拠調べが繰り返されるという、いわゆる「漂流型審理」に陥るリスクが存在する。そこで、当事者としては、各種の証拠収集方法を十分に活用したうえで、適正かつ迅速な裁判の実現に努める必要がある。

　本稿では、多種多様にわたる労働関係訴訟の中から、実務上も典型的な類型の一つである「懲戒処分に関する訴訟」と、過労死を典型例とする「労働災害に関する訴訟」を例に挙げて、以下、証拠収集の方法を説明する。

(2)　懲戒処分に関する訴訟

　この類型に該当する訴訟の主な争点は、①非行事実の存在と②それに対する懲戒処分の有効性の2点であるため、当該訴訟においては、①非行事実の存在と②懲戒処分の有効性要件に関する証拠の収集が、重要になる。

ア　非行事実の存在に関する証拠収集

　非行事実の存在について、会社側としては、非行事実の発覚後、速やかに会社内部で独自の調査を行い、非行事実の存在を立証するに足る証拠（偽造領収書や帳簿等非行事実を直接立証する書証、共犯者や目撃者等の事件関係者や警察等からの事情聴取書、非行者本人の供述書等）を収集・作成することが考えられる。本人が裁判になって供述を翻す可能性がある場合には、非行者本人からの事情聴取現場に第三者的な立場の人を立会人として同席させたり、事情聴取状況をビデオで撮影しておく等の対応も検討すべきである。

　他方で、労働者側としては、非行事実が存在しないことを主張立証することになるが、仮に会社の内部調査で非行事実の存在を否定するような結果が得られたとしても、一般的にはそのような内部資料を入手することは難しく、

204

1 労働関係訴訟

陳述書等が中心となることが多いであろう。なお、会社側の証拠の隠滅等が懸念されるような場合には、証拠保全(民訴234条)も検討すべきである。

イ　懲戒処分の有効性要件に関する証拠収集

判例上、労働者は労働契約を締結したことによって企業秩序を遵守する義務を負い、使用者は労働者の企業秩序違反行為に対して制裁罰として懲戒を課すことができるとされ（関西電力事件：最一小判昭和58年 9 月 8 日判時1094号121頁）、その有効要件については、従来の判例法理（ダイハツ工業事件：最二小判昭和58年 9 月16日判時1093号135頁等）で採用されていた懲戒権濫用法理を明文化する形で法文化されており、法律上、当該懲戒処分につき、 a 「客観的に合理的な理由」があり、 b 「社会通念上相当である」と認められることが要求される（労契15条）。

a　「客観的に合理的な理由」についての証拠

当該処分に「客観的に合理的な理由」があると認められるためには、問題となる労働者の行為が就業規則上の懲戒事由に該当すると認められる必要がある。そこで、懲戒処分の理由となる事由とこれに対する懲戒の種類・程度が就業規則上に明記されているかを確認するため、当該会社の就業規則を書証とすることが考えられる。

b　「社会通念上相当である」についての証拠

(i)　懲戒は、懲戒理由とされた当該「行為の性質及び態様その他の事情に照らして、社会通念上相当であると認められない場合」には、無効とされる（労契15条）。この社会通念上の相当性の判断として、実務上は、同じ規定に同じ程度違反した場合の懲戒処分は同一種類・同一程度であるべきであるという平等扱いの要請や、懲戒処分は規律違反の種類・程度その他の事情に照らして相当なものでなければならないとする相当性の要請を満たしているかどうかが争点となる場合が多くみられる。

これらの争点に関する証拠として、会社側としては、会社内での過去の懲戒事例（主に、平等扱いの要請との関係）や、当該非行者のこれまでの非行経験とこれに対する会社の対応（主に、相当性の要請との関係）等を陳述書や報告書として証拠化することが考えられる。なお、過去の懲

実践編　第6章　労働関係

戒事例については、同種事案のみならず、異種事案についても聞き取り
を行っておくと、当該会社における全体的な処分傾向を掴むことができ、
有用である。

(ⅱ)　また、懲戒処分の発動に当たっては、適正手続の要請として、手続的
な正義が要求され、就業規則や労働協約上、組合との協議や労使代表か
ら構成される懲戒委員会の討議を経ること等の手続が要求されている場
合には、これらの手続を遵守する必要がある。なお、前述のような規定
が特に定められていない場合であっても、本人に弁明の機会を与えるこ
とは最低限必要である。

　したがって、これらの手続を確実に行ったことを証する書面（懲戒委
員会の議事録や弁明書等）を入手し提出することが考えられる。

(ⅲ)　他方で、労働者側としては、相当性がないことを主張立証することに
なる。就業規則等であれば会社から入手することも可能かもしれないが、
一般的には内部資料の入手は困難であり、こちらも陳述書等が中心とな
ることが多いであろう。

ウ　仮処分

なお、懲戒処分のうち懲戒解雇の有効性を争う訴訟類型においては、解雇
無効を前提として地位保全の仮処分の申立てがなされることがあるが、その
場合には、「保全の必要性」の要件に関する証拠収集が問題となる。ここで
言う「保全の必要性」とは、具体的には、債権者（解雇された労働者）の地
位不安定から生ずる債権者の生活上の著しい困窮のことを指す。

この点に関して、債権者としては、債権者が無職であることや収入が生活
を維持できるほどには存在しないといった債権者の生活の状況（家族状況と
その生活を維持するのに必要な最低限度の生活費の額）を証する書面（無職無収
入を証明する文書、失業保険の取得を証明する文書、債権者自身又はその家族の
生活状況を具体的に述べた陳述書等）を提出することが考えられる。

逆に、債務者（懲戒解雇を行った使用者）としては、債権者には生活上の著
しい困窮がうかがわれないことを証明すべく、債権者の収入及び財産関係に
ついての調査を行い、報告書にまとめて提出することが考えられる。

206

(3) 労働災害に関する訴訟

　この類型に当てはまる訴訟としては、大きく分けて、労災不支給処分取消の行政訴訟と使用者に対する損害賠償請求の民事訴訟があるが、ここで問題となるのは、ア業務起因性、イ労災の具体的態様、ウ業務・疾病・損害の因果関係といった要件である。

ア　業務起因性

　業務起因性とは、業務と傷病又は災害との間に経験法則に照らして認められるところの客観的な因果関係（相当因果関係）が存在することをいい、現に業務に従事している際に発生した災害については、特に業務起因性についての反証がなされない限り、この要件は認められるのが通常である。

　したがって、この要件について争う当事者は、当該災害の原因が業務逸脱行為・恣意的行為・私的行為等であることを主張立証しなければならない。例えば、過労自殺の場合であれば業務以外のうつ病罹患原因（例えば、家族関係や異性関係の悩み等）を人証や陳述書で立証し、通勤災害であれば、通常の通勤経路と事故遭遇時の通勤経路を比較検討して後者が業務とはいえない旨の報告書を作成すること等が考えられる。

イ　労災事故の具体的態様について

　労災事故の存在自体については、争われることは実務上あまり多くない。

　事故の具体的態様について、使用者側が事故後の調査内容を十分に被災者に開示しない等の対応に出た場合には、後の裁判の際に建替えや撤去工事の完了等により事故直後の事故現場の検証手続による証拠調べが不能又は困難となることがあるため、証拠保全（民訴234条）の手続きを検討する。

　なお、労働局の個人情報開示等請求制度（個人情報保護76条以下）を利用することにより、一部マスキングがなされる部分があるものの、労働者死傷病報告書や調査結果復命書を入手できる可能性がある（当該文書が存在しない場合は、非開示となる）。これらは、労災事故の具体的態様に関する資料となる。

ウ　業務、疾病、損害の因果関係

　この点は、過労自殺裁判の場合などに、特に問題となる。裁判例は、業務

実践編　第6章　労働関係

と死亡との相当因果関係の有無は、その死亡が当該業務に内在する危険が現実化したものと評価しうるか否かによって決せられるべきである、としている（渋谷労基署長（小田急レストランシステム）事件：東京地判平成21年5月20日労判990号119頁）。

　したがって、因果関係を立証するためには、業務の過重性を立証するための被災者のタイムカードや出入記録を相手方及び警備会社等から当事者照会（民訴163条）や文書送付嘱託（民訴226条）制度を使って入手する、業務の過重性が原因となってうつ病に罹患したことを立証するための医師の診療録等を弁護士会照会（弁護23条の2）や文書送付嘱託（民訴226条）等を使って入手する、また、うつ病への罹患だけでなくうつ病が原因となり自殺に至った経緯について専門の医師に鑑定書を作成してもらう等の方法が考えられる。

2　労働災害・公務災害

(1)　はじめに

ア　労災事件の概要

　労災事件は、業務災害（労働者が労働契約に基づいて事業主の支配下にあることに起因して（業務起因性）生じた負傷、疾病）と通勤災害に大別される。裁判で争われるのは、主として脳・心臓疾患や頸肩腕症候群に関する業務災害の事案であるが、自殺の事案も増加している。

　業務災害のうちいわゆる過労死事件と呼ばれる事案には、脳・心臓疾患（脳出血、くも膜下出血、狭心症、心筋梗塞等）を原因とするものが多いが、脳・心臓疾患については、業務起因性の立証において特定の業務との医学的因果関係立証が困難であり、本人が有する素因（動脈硬化、動脈瘤、高血圧等）の寄与が争点となることが多い。

イ　労災事件の訴訟類型と特徴

　労働災害に関する主な訴訟類型としては、大別して、民事訴訟と行政訴訟がある。民事訴訟としては、使用者に対する民法上の損害賠償請求訴訟、労働基準法上の災害補償請求訴訟（労基75条等。ただし、使用者は、労働災害補

2　労働災害・公務災害

償保険法に基づいて保険給付がなされるべき場合には、その価額の限度において労基法上の労災補償の責めを免れるとされている)、使用者に対する地位確認訴訟 (業務上の負傷による療養期間中の解雇の効力を争うもの) が主なものである。また、行政訴訟としては、労働基準監督署長がした労災保険法に基づく労災保険給付不支給処分の取消訴訟、障害等級の認定変更を求める処分取消訴訟が主なものである。本項では、このうち過労死事件についての行政訴訟を中心に述べる。

　最近の労災事件裁判例は、業務災害の範囲を以前より広く認める傾向にあり、行政事件の中では原告側の勝訴率が比較的高い分野であるといえよう。医学的因果関係の立証を含め多岐にわたる立証と反証が行われることから、審理期間は第一審だけでも4、5年程度を要することが多い。

(2)　労災事故類型と立証のポイント
ア　労災事故の類型と注意点
a　労災事故についての適用法令

　労災事故には、①労働者災害補償保険法の適用を受ける場合 (民間の労働者)、②地方公務員災害補償法の適用を受ける場合 (学校の教員、保育士等の地方公務員)、③国家公務員災害補償法の適用を受ける場合 (国家公務員) の3類型があり、不服申立ての手続や訴状の記載方法 (被告・請求の趣旨) に違いがある。

b　不服申立て手続

　前述 a①②の場合には、不服申立前置主義がとられているが、平成28年4月1日施行の改正労働者災害補償保険法40条及び改正地方公務員災害補償法56条においては、審査請求手続さえ経れば再審査請求を行わなくとも取消しの訴えができることとされた。③の場合は、行政庁の認定に不服がある者からの審査申立てに対して人事院が判定を行うことになる (国家公務員災害補償法24条1項)。

c　訴状の記載方法

　前述 a①の場合は労働基準監督署長を被告として不支給処分の取消しを求

209

実践編　第6章　労働関係

め、②の場合は地方公務災害補償基金の支部長を被告として公務外認定処分の取消しを求めることになり、いずれも取消訴訟又は義務付け訴訟との併合提起の形態をとる。これに対して、③の場合は、行政庁がなす通知には行政処分性がなく、国家公務員災害補償法所定の要件に該当する事実があれば当然に補償請求権が発生すると解されているから、国を被告として、保険給付の支払を請求するか、国家公務員災害補償法による補償を受ける権利を有する地位にあることの確認を求めることになる。

　　イ　立証のポイント
　アで述べたとおり、労災事故についての法律の適用は複雑であるが、業務起因性についての立証のポイントは共通であり、業務過重性の有無（同様な職務を担当する職員と比較して特に過重な業務に従事したといえるか）、医学的にみた因果関係の有無が大きな争点となる。
　以下では、地方公務員災害補償法の適用を受ける者の事案を念頭に具体的な立証方法について述べる。

⑶　業務過重性に関する資料
　　ア　認定請求、審査請求、再審査請求の段階で提出される資料
　前述のとおり、地方公務員災害補償法の適用を受ける者については、不服申立前置主義がとられていることから、審査請求（再審査請求をした場合には再審査請求）の段階で、当事者双方から業務過重性の有無について各自の主張を裏付ける様々な資料が提出されている。

　　　a　被災者側から提出される資料
　　　　①公務災害認定請求書
　公務災害の認定請求を行う時点で、請求者が作成する。「災害発生の状況」を記載する欄があり、いつ頃からどのような症状が現れたのかが記載されている。
　　　　②災害現認報告書
　公務災害の認定請求を行う時点で、①を裏付けるために管理者ないし同僚が作成する。①と同じく災害発生の状況を記載する欄がある。

210

③被災者（被災者が死亡している場合は遺族）や同僚・上司等の報告書

被災者が従事した業務の具体的内容が記載されている。なお、報告書に代えて、口頭での意見陳述がなされることもある。

④残業の成果物（本人が自宅等で作成した業務関係の書類等）

b　処分庁から提出される証拠

①出勤簿

②旅行命令簿

③超過勤務命令簿

④休暇簿

⑤校務分掌組織表（学校の教員の場合）事務分担表等の勤務体制を裏付ける書類

⑥被災前3か月、被災前1週間、被災当日の各勤務状況等についての調査書類

⑦公務外災害と認定した通知書、裁決書

審査請求及び再審査請求の各裁決書には、各当事者の主張と、審査機関がどのような証拠に基づきどのような認定をしたかがかなり詳細に記載されているので、主張・立証の方針を検討するに当たって参考になる。

処分庁から提出される上記書類のうち、⑦は請求人に送達されるし、それ以外の書類は審査請求の段階で、審査請求人から審査機関に対し、その閲覧を求めることができる。これらの資料について被災者側が写しを所持していない場合は、訴訟の段階で、文書送付嘱託の申立てをすることにより取り寄せることになる。

なお、労働者災害補償保険法の適用を受ける民間労働者の場合は、会社が、労働基準監督署長の求めに応じて業務上か否か判断をするための資料（出勤簿、タイムカード、労働時間管理ソフト・システム記録、業務日誌、賃金台帳、給与明細、就業規則、給与規定、雇用契約書、労働条件通知書、その他従事した業務の内容がわかる書類等）を提出する。これらの資料は、再審査請求の段階（審査機関は労働保険審査会）で再審査請求人に明らかにされているようである。具体的には、再審査請求の審理のために、審査資料集（事件プリント）

実践編　第6章　労働関係

と題する書類が作成され、審理の期日に先立って申立人及びその代理人に同
資料が送付される。同資料においては、社内の規則類、労働者の診断書や関
係者への聴き取り内容などを記した聴取書などが編綴されている。

イ　裁判の段階での新たな証拠

アで述べたように、認定請求、審査請求、再審査請求の段階で、主要な資
料はほとんど提出されているので、裁判では早い段階からこれらが書証とし
て提出されるのが普通である。したがって、裁判の段階での新たな立証とし
ては、人証や検証が重要になる。

a　被災者、遺族（被災者死亡の場合）、同僚・上司等の本人尋問ない
し証人尋問

これらの人証に対しては、家庭生活の状況、家事・育児の負担、組合活動
の状況、個人的なストレス等について、被告側からも様々な尋問がなされる
のが普通である。

b　災害発生の状況の検証

実際に行われた具体例として、マラソン指導中に心疾患を起こした事案に
おけるマラソンコースの検証、知的障害児の通園施設職員の頸肩腕症候群の
事案における施設での園児の様子や職員の勤務状況の検証がある。

c　動画データの検証等

裁判所が現場検証を採用しない場合は、bの検証に代えて、勤務状況等を
撮影した動画データの検証を求める場合がある。

d　その他

設備の不備や業務の一般的過重性を立証するため、組合の職場改善要求書
や組合員アンケート等が提出されることがある。

(4)　医学的にみた因果関係の有無について

ア　業務起因性の判断基準

裁判例は、ほぼ一貫して、業務起因性が認められるためには、負傷又は疾
病と業務との間に相当因果関係のあることが必要であるとする（国家公務員
災害補償法の判断について、最二小判昭和51年11月12日判時837号34頁・熊本地裁

八代支部廷吏事件）。そして、相当因果関係の判断については、特に原因が競合する場合（基礎疾患や私生活上のストレス等）、業務が他の原因に比して相対的に有力な発症原因であれば相当因果関係を認める見解がある（相対的有力原因説。行政解釈もこれをとるとされる）。

イ　被災者の身体的素因（基礎疾病）に関する証拠

労災訴訟では、基本的に全面勝訴か全面敗訴かの結論しかないので、業務起因性（相当因果関係）の重要な要素である被災者の素因（基礎疾病）が立証されるかどうかは、裁判の帰趨に決定的な影響を与える。したがって、原告側では、仮にそのような素因があったとしてもそれほど重要なものではなく、業務が相対的に有力な原因となって発症したという立証を行うことになるし、被告側では、被災者に重要な素因があり、その自然経過で発症したという反証に全力を尽くすことになる。

また、労災事案の中には、診断書記載の被災者の診断名の誤りが後に発覚する事案（頸肩腕症候群と、頸椎症の誤りなど）もあり、何が医学的に正しい見解であるかをめぐって、双方が医師証人や医学的文献を提出し合うことにより、審理が長引く一因となっている。

被災者の素因についての立証・反証の主なものを具体的に述べれば次のとおりである。

a　診断書

b　カルテ

カルテについては、審査請求及び再審査請求の段階では収集されていない場合がある。この場合、被災者の素因を立証するために、被告側からカルテについて文書送付嘱託の申立てを行うが、審査請求及び再審査請求に何年も要している事案では、カルテの保存期間が過ぎているために、入手できない場合が少なくない。カルテの保存期間を考慮すると、文書送付嘱託の申立ては、訴訟の早い段階で行う必要がある。

c　主治医、大学教授の意見書

d　意見書を作成した医師、大学教授の証人尋問

医師証人への反対尋問の巧拙が裁判の結果を左右することも少なくないの

実践編　第6章　労働関係

で、その準備は周到に行う必要がある。

ウ　被災者の健康管理の状況に関する証拠

a　医療機関の受診状況、降圧剤等の服用状況等

医療機関の受診状況は、レセプト（診療費請求明細書）により立証する（入手方法については、実践編第2章2「医療過誤」を参照）。降圧剤等の服用状況等は、カルテから判明する。

b　喫煙、飲酒等の習慣の調査

エ　被災者の症状経過と業務との対応関係

症状が長期間にわたる頸肩腕症候群の場合は、被災者の症状経過と業務量との間に、勤務軽減を受ければ症状が軽くなり忙しければ症状が悪化する等の対応関係が認められるかを、証拠に照らし検討する必要がある。

オ　医学文献（実践編第2章2「医療過誤」を参照）

3　労働審判手続

⑴　はじめに

平成18年4月1日に、個別労働関係民事紛争について、紛争の実態に即した迅速、適正かつ実効的な解決を図ることを目的として、労働審判制度が導入された（労審1条）。

⑵　特　徴

ア　専門性

労働審判手続は、全国の各地方裁判所（及び一部の地方裁判所支部）に設置された労働審判委員会において行われ、同委員会は、裁判官である労働審判官1名と労働関係に関する専門的な知識経験を有する労働審判員2名（労使から各1名）で組織される（労審7条・9条2項）。

同委員会の決議は過半数の意見によるものとされており（労審12条1項）、裁判官である労働審判官の意見が労働審判員2名の意見より重視されるということはなく、その評議は秘密とするとされている（労審12条2項・33条）。

214

3　労働審判手続

イ　迅速性

労働審判の対象は、個別労働紛争に限定されており、労働審判手続は、原則として3回以内の期日で審理を終了させねばならないとされている（労審15条2項）。

また、労働審判の審理は口頭主義が採用されており、申立人・相手方の双方当事者は、第1回期日までに提出される申立書と答弁書（いずれも添付証拠書類を含む）以外の書面の提出は原則として認められず、答弁に対する反論やこれに対する再反論は、労働審判期日において口頭で行わなければならない。もっとも、口頭での主張を補充する書面（補充書面）の提出は可能である（労審規17条1項）。

ウ　柔軟性

労働審判は、調停による成立の見込みがある場合には調停を試みるとされており、調停による解決に至らない場合のみ、当事者間の権利関係を踏まえつつ事案の実情に即した解決をするために必要な審判（労働審判）を行うとされている（労審1条）。

また、労働審判手続は、双方当事者の素直な意向の表明、意見交換、交渉、議論を促進して当事者の互譲を醸成していけるように、非公開とされている（労審16条）。

(3)　証拠の扱い

このような特徴を有する労働審判手続においては、限られた書面と時間の中で紛争を解決しなければならないことから、証拠についても、提出が必要な証拠は、駆け引きなしに申立てと答弁の段階で出し切る必要があることに留意すべきである。

加えて、裁判に不慣れな労働審判員に事件を適切に理解してもらうために、証拠については、重要な証拠と補充的な証拠を明確に峻別してベストエビデンスを選択し、その提出方法も工夫すべきである。

例えば、録音データを提出するときは録音反訳文を添付したり、本件で争点となっている就業規則や関係内規などの具体的な規定に蛍光ペンや色ボー

実践編　第6章　労働関係

ルペンなどでアンダーラインを引いたり、詳細な証拠説明書を作成する等である。

　なお、陳述書の提出については、当事者の言い分は期日に口頭で行えば十分であり、口頭主義の原則からもこれを不要とする考えもないわけではないが、審尋において、双方当事者が自分の考えを整理し的確な陳述を行うことができるかは、その人の個性、能力、経験等に左右されることが多いことに鑑みれば、双方当事者の言い分を正確に労働審判官や審判員に理解してもらうには、陳述書の提出は不可欠といえるだろう。

第7章　商事関係

1　株主総会関係訴訟

⑴　株主総会決議の瑕疵の原因

ア　会社法の定める株主総会の瑕疵の原因は、次のとおりである。

a　取消し原因

① 招集手続又は決議方法の法令・定款違反又は著しい不公正（会社831条1項1号）

② 決議内容の定款違反（会社831条1項2号）

③ 特別利害関係者の議決権行使による著しく不当な決議（会社831条1項3号）

b　決議不存在

決議の外観はあるが、実際には決議が存しないとき、又は決議はあっても法的には決議が存在したと評価できないとき（会社830条1項）

c　無効原因

決議内容の法令違反（会社830条2項）

イ　なお、株主総会決議取消等訴訟は、株主が原告となって提起される場合がほとんどであるので、次項の証拠収集は、株主によることを念頭に置く。

また、株主総会決議不存在確認訴訟及び無効確認訴訟については、訴訟提起の期間は限られてはいないが、株主総会決議取消訴訟については、株主総会決議の日から3か月以内に提起することが必要とされているため、注意が必要である（会社831条1項）。

⑵　株主総会決議取消等訴訟の証拠収集

ア　招集手続に関するもの

① 招集通知（会社299条）

② 添付書類（会社437条、会社規116条4号・117条・133条、計算規133条）

実践編　第7章　商事関係

③　参考書類（会社301条・302条）

④　株主総会招集に関する取締役会議事録（会社298条1項・4項）

上記①～③の書類が総会会日の2週間前（公開会社以外の会社においては、書面又は電磁的方法による議決権行使を認める場合を除き1週間前）に発送されたこと（会社299条1項）については、会社側で、発信簿、郵便局の領収書、料金別納郵便の領収書等を証拠として立証することになる。また、④の取締役会議事録については、備置が義務づけられており、また、株主は必要がある場合にその閲覧・謄写を請求することができる（会社371条1項・2項）。

イ　決議方法及び決議内容に関するもの

a　定款（株主は会社31条により閲覧、謄写請求が可能）

b　株主総会議事録

株主は会社に対し株主総会議事録の閲覧・謄写を請求でき（会社318条）、訴訟において文書提出命令の申立ての手続により提出を求めることもできる（民訴220条）。株主総会議事録の記載がどこまで詳細かは個々の会社ごとに様々であり、特に小規模閉鎖会社においては簡略な記載にとどまっている（場合によっては株主総会議事録自体作成されていない）ことも少なくない（議事録の記載に不備や誤りがある場合、取締役に対する過料の制裁がありうるが（会社976条7号）、実際にこれが発動されることは極めて稀である）。

c　総会検査役の調査報告書

株主総会に先立って総会検査役の選任を裁判所に請求し、当該検査役の調査報告書を証拠として提出する方法である（会社306条・307条）。調査報告書は、その写しが株主・会社に対して交付される（会社306条7項）。

もっとも、この方法は、6か月前から引き続き発行済株式総数の1％以上の株式を有する株主（他の株主と共同でも可、また、公開会社においては6か月前から引き続き有する者に限る）でなければとることができない（会社306条1項。ただし、これを下回る割合を定款で定めた場合にあってはその割合となる）。

d　録音テープ・ビデオテープ

株主側が議場にテープレコーダー・ビデオカメラを持ち込んで録音・撮影をし、その録音テープ・ビデオテープを証拠として提出する方法もある。

218

特にビデオカメラによる撮影に関しては、プライバシーに対する配慮が必要であることは言を俟たないが、そもそもカメラやテープレコーダーを株主総会の会場に持ち込むことの可否が問われる場合もある。

株主側が録音機器等を議場に持ち込むことについては、一定の事情の下で、その持込み制限を適法とした裁判例もある（福岡地判平成3年5月14日判時1392号126頁、仙台地判平成5年3月24日資料版商事法務109号64頁）。これに対し、会社側によるビデオ撮影は、議事録作成・証拠保全という目的の相当性と必要性が認められ、その方法が相当と認められる範囲内である限り許されており（大阪地判平成2年12月17日資料版商事法務83号38頁）、テープ録音も同様に考えられる。会社側で撮影したビデオテープ等が存在するのに、会社側がこれを証拠として任意に提出しない場合、株主側は、それらについて準文書として文書提出命令の申立てをすることができる（民訴231条・220条）。

e　株主総会当日の資料

株主総会当日においては、会社が紙資料を配布することや、スクリーンにスライドを映すかたちで資料提供がなされることがある。そもそも、株主に広く開示している資料となるため、会社側から任意に開示されることが通常である。もっとも、会社がこれを証拠として任意に提出しない場合、株主側は文書提出命令の申立ての手続きにより提出を求めることができる（民訴220条）。

2　株主代表訴訟

⑴　株主代表訴訟制度の意義

株主代表訴訟制度は、昭和25年の商法改正から導入され、平成5年の商法改正以降申立手数料が低額となり（令和6年8月現在、1万3000円。会社847条の4第1項、民訴費4条2項・別表第一）、また、勝訴した場合の弁護士費用と事実調査費用等を会社に請求できることとなったため（会社852条1項）、一般株主も提訴しやすくなった。近年では、上場企業の不祥事などにおいて役員の責任追及が問題になるケースも増えており、株主代表訴訟は一定の役割を果たすものといえる。

実践編　第7章　商事関係

　一方で、濫訴や馴合訴訟を防止するため、原告適格が制限され、訴訟参加（会社849条）の制度や、担保提供命令（会社847条の4第2項・3項）の制度により適切な代表訴訟を担保している。

　株主代表訴訟においては、役員等に対する責任追及の訴え（会社423条1項等）、発起人・設立時取締役若しくは設立時監査役に対する責任追及の訴え（会社52条・103条1項・53条1項）、利益供与を受けた者に対する利益の返還を求める訴え（会社120条3項）、又は不公正な払込金額等で株式若しくは新株引受権を引き受けた者に対する責任追及の訴え（会社212条1項・285条1項）等が対象となるが、本稿では、役員等に対する責任追及の訴えを前提に述べる。

⑵　提訴請求通知

　株主代表訴訟を提起しようとする場合には、原則としてまず、会社に対し、書面又は電磁的方法で「訴訟提起請求通知書」を発信し、60日以内に会社が訴訟を提起しないときに初めて株主代表訴訟を提起することができる（会社847条1項ないし3項）。この「訴訟提起請求通知書」は訴訟要件を満たすための手続的必要書類であるから、事前に発信するとともに、訴状に添付する。

⑶　株主代表訴訟における証拠の分類について

　株主代表訴訟における役員の責任根拠には、違法配当、利益供与、法令・定款違反等様々な類型があり、この訴訟の対象となる役員の違法行為は様々である。

　そのため、まず一般的な証拠収集方法について述べたうえで、個別の違法行為に特有の証拠の収集について述べる。

ア　会社に関する情報

a　一般に入手できる情報

（i）　商業登記簿謄本

　会社の所在地や役員の氏名を知るためには、商業登記簿謄本（履歴事項全部証明書）が不可欠である。商業登記簿謄本については、基本編第1章2を参照されたい。

220

（ⅱ）　有価証券報告書及び添付書類

　金融商品取引所に上場されている有価証券その他金融商品取引法24条１項各号に定める有価証券を発行する会社は、事業年度ごとに、当該会社の商号、当該会社の属する企業集団及び当該会社の経理の状況その他事業の内容に関する重要な事項等を記載した有価証券報告書を内閣総理大臣に提出することが義務づけられている（金商24条１項柱書）。

　有価証券報告書は、会社の本店、財務局、金融商品取引所、認可金融商品取引業協会等に５年間備置され、公衆の縦覧に供されており（金商25条１項３号）、政府刊行物センターで会社ごと、本決算期、半期報告ごとに分冊されて販売されている。また、EDINET（https://disclosure2.edinet-fsa.go.jp/）や、東京証券取引所の適示開示情報閲覧サービス（https://www.release.tdnet.info）により、臨時報告書、四半期報告書（上場会社以外は半期報告書）、金融商品取引所のファイリング情報も公開されている。

　　　（ⅲ）　その他、マスコミ・公告媒体による情報

　新聞・雑誌等の記事や、四季報、インターネット上の情報で、会社に関する状況や、役員の情報等が公開されている場合も多い。また、事件等が発生した場合にはその事件報道、公開の刑事裁判等も重要な情報源となりうる。

　b　一般株主が入手できる証拠

　以下については、公開会社と非公開会社、また、委員会設置会社等では要件が異なる場合もあるが、公開会社であって委員会設置会社ではない会社を前提として記載する。

　　　（ⅰ）　単独で入手できるもの

　定款（会社31条２項）、株主名簿（会社125条２項）、新株予約権原簿（会社252条２項）、社債原簿（会社684条２項・会社規167条）、株主総会議事録（会社318条４項）、計算書類（貸借対照表、損益計算書、株主資本等変動計算書、個別注記表）及び事業報告並びにこれらの附属明細書（会社442条３項・１項・435条２項、計算規59条１項）、取締役会議事録（会社371条２項）、監査役会議事録（会社394条２項）

　これらの書類は、株主の閲覧・謄写請求権の行使によって、入手が可能で

実践編　第7章　商事関係

あり、また、計算書類については、定時株主総会の招集通知に添付されているため、入手が可能である。

　(ii)　少数株主が入手できる証拠

　総株主の議決権の100分の3以上の議決権を有する株主又は発行済株式の100分の3以上の株式を有する株主には、会計帳簿（総勘定元帳、日記帳、仕訳帳、補助簿等）、会計書類（契約書、伝票等）を閲覧・謄写する権利がある（会社433条1項。ただし、同項括弧書に注意）。

　また、業務検査役の選任を裁判所に請求することができる（会社358条）。業務検査役は、必要な調査を行ったうえでその報告を書面又は電磁的記録で裁判所に提出することとされており、株式会社及び選任の申立てをした株主に対してその写し等を提供することとなっている（会社358条5項・7項）。

c　その他の情報収集

　上記の方法によっても収集が困難な証拠については、調査嘱託（民訴186条）、文書送付嘱託（民訴226条）、当事者照会（民訴163条）、文書提出命令（民訴221条）の各申立てによる探索が可能であり、また、弁護士法23条の2の照会や、証拠保全の申立てや訴訟提起前の証拠収集の処分等（民訴第1編第6章）の手続によることもできる。株主代表訴訟においては、証拠が偏在していることもあり、上記証拠収集を尽くしつつ、裁判所に対して適切な訴訟指揮を求めることで、主張立証責任の所在に関わりなく、被告等に対し、証拠の提出を促していくことも重要である。

　また、株主の提訴請求に対し、株式会社が不提訴理由の通知（会社847条4項）を行った場合には、その中で資料の存在が明らかになる場合もありうるため、証拠収集の手掛かりとして、見過ごすことのないようにしたい。

イ　違法行為の情報

　上記に記載した資料も、違法行為の立証に役立つことが多いが、違法行為の態様によっては、以下のような証拠が考えられる。

a　違法配当

　①　決算書類（会社435条）、公認会計士や税理士等の意見書

　②　剰余金の配当議案（会社454条1項）

③　剰余金の払込みに関する書類

④　配当に係る職務を行った取締役を特定するための資料（人事一覧、定款等）

⑤　剰余金の配当議案が提出された株主総会の議事録

⑥　剰余金の配当議案に関する取締役会の議事録

b　利益供与、利益相反取引等、金銭・役務の提供が問題となる場合

①　利益供与者への金銭・役務の提供を定めた契約書（雑誌の購入申込書、業務委託契約書等）

②　株主名簿

③　利益供与の相手方からの領収証

④　会社の送金依頼書等

c　任務懈怠等

①　取締役会議事録及び取締役会に際して配布された資料

②　刑事裁判記録

d　その他

　会社内部で作成された書類やデータ（社内打合せメモ、特定案件に関する取扱規定、経理処理取扱規則等）

【参考文献】

・小林秀之・近藤光男著『株主代表訴訟大系（新版）』（弘文堂、平成14年）

・東京地方裁判所商事研究会編『類型別会社訴訟Ⅰ（第3版）』（判例タイムズ社、平成23年）

3　手形・小切手訴訟

(1)　手形訴訟・小切手訴訟の現状

　手形・小切手の利用件数は減少をしており、電子交換所に持出される全ての手形・小切手の交換枚数をゼロにするという提言がなされている。

　このような情勢にともない、手形訴訟・小切手訴訟の事件数も減少を続け、

実践編　第7章　商事関係

令和2年に至っては、新受件数は全国でわずか51件となっている。

　このように手形・小切手に関する情勢は大きく変化しており、手形訴訟・小切手訴訟についても法令改正を含め今後の動向に十分に注意する必要がある。

(2)　手形訴訟・小切手訴訟における審理の特徴と証拠収集

　手形訴訟・小切手訴訟（以下単に「手形訴訟」という。）では、簡易迅速審理の目的のため、証拠方法は原則として書証に限られ（民訴352条1項）、例外的に文書の成立の真正及び手形の呈示に関する事実に限って、当事者本人又は代表者尋問が許される（民訴352条3項・211条）。したがって当事者本人尋問によっては成立の真正を証明できない書証については、形式的証拠力に限界があることになる。

　しかも、証拠調べが可能な書証は、即時に証拠調べができる当事者手持ちの証拠に限られ（証拠方法の即時性の要請）、文書提出命令や送付嘱託の申立てをすることはできない（民訴352条2項）。筆跡又は印影を照合するための提出命令や送付嘱託もできないし、調査嘱託もできない。弁護士法23条の2による弁護士会照会の回答書を書証として提出することは許される。

　したがって、必要な証拠資料は、送付嘱託等の方法によるのではなく、訴訟提起前の準備段階に、弁護士会照会等の方法で収集しておかなければならない。

　証人尋問は禁止され、これを回避するための報告書・陳述書については証拠能力が否定される（東京地判昭和40年8月25日判時427号41頁参照）。

　原告代理人としては、これらの点に意を払い、手形訴訟か通常訴訟かの選択をすべきである。

　また、手形債権の不存在を主張する被告は、可能な限り証拠収集をすることで、原告に通常訴訟移行を促すことが可能になる場合がある。被告敗訴の手形判決が出てしまうと異議申立てはできても執行停止のための担保の金額が高額となるので、被告代理人は手形判決を回避するための立証活動を心がけるべきである。

224

3　手形・小切手訴訟

(3)　手形訴訟における請求原因事実と証拠収集

ア　被告の手形行為・小切手行為

被告の手形行為・小切手行為は、手形・小切手面上の記載により証明する。

手形・小切手の成立の真正については、被告の銀行取引印の届出書により証明する。原告の手元に被告の銀行取引印の届出書がないときは、あらかじめ弁護士会照会（弁護23条の２）により被告取引銀行から届出印の印影を入手し、これを書証として提出して証明する。

これらの方法によっても手形・小切手の成立の真正が立証できないときには、原因関係に関する書証や当事者尋問により書証の成立を証明せざるをえないが、このような場合、手形訴訟・小切手訴訟によるよりも通常訴訟によるほうが適切である。

被告は、手形・小切手の成立について偽造・変造を理由として争うときには、被告の印鑑証明書などを提出して、押印の成立の真正を争う。

手形や印鑑を盗難されて、偽造・変造されたときには、告訴状やその受理証明だけでは印鑑冒用や盗難の立証は困難であり、通常訴訟手続で人証等により証明せざるをえない。

イ　原告の手形・小切手の所持

手形・小切手自体を書証として提出することにより、立証が可能である。

なお、手形訴訟では、被告が欠席したときや請求原因事実に争いのないときでも、裁判所が訴訟指揮権の行使の一環として、手形・小切手原本の確認をすることが多いので、第１回期日に手形・小切手原本を必ず持参する必要がある。

ウ　原告の適法な支払呈示（為替手形の振出人や手形裏書人に対する請求の場合、遅延損害金を請求する場合）

a　支払拒絶証書（なお、統一手形用紙の場合、証書の作成が免除されている。）、手形面・小切手面の手形不渡り・小切手不渡りの付箋やスタンプにより証明する。

b　被告の反証

手形交換実務では、白地のままでも呈示されることが見受けられ、

225

実践編　第7章　商事関係

この場合でも交換に応じている。また、資金不足等により不渡りとなった場合でも白地であったかについては付箋等からは判明しない。提訴段階で白地を補充しても、呈示段階では適法とはいえないので、被告は、手形交換への持出銀行から交換に持ち出す手形のマイクロフィルムの写しを取り寄せ、呈示の際の手形が白地のままであり、適法な呈示がなかったことを立証することができる場合がある。

4　保険金請求訴訟

⑴　意　義

保険契約の内容は、生命保険と損害保険とに大別できる。

ここでは、生命保険と損害保険のうち交通事故関係の保険を除く火災保険・地震保険について保険金を請求する際に必要となる証拠収集について述べる。

⑵　生命保険

ア　保険契約の有無

a　保険契約者、受取人からの請求

まず、保険会社に対し、契約の存否について問い合わせる方法が考えられる。保険会社は、保険契約の当事者である契約者、受取人本人からの問合せについては概ね回答しているようである。その際、契約者を特定するために、契約者の氏名、生年月日、住所が必要とされる。契約者及び受取人以外の第三者からの問合せに対しては、プライバシー・個人情報保護の観点から回答していない。なお、代理人からの問合せに対しては、契約者又は受取人の代理人に限り、しかも印鑑証明書及び委任状（印鑑証明書の印が押されたもの）の提出をしてもらい、回答を行うのが通常である。右書類の提出がない代理人からの照会には応じない会社が多いようである。

b　弁護士法23条の2に基づく請求

保険会社に対し、直接問い合わせる方法のほかに、弁護士法23条の2に基づく弁護士会照会の方法でも回答が得られる。ただし、守秘義務や個人情報

226

保護を理由に回答しない保険会社もある。

c 調査嘱託

家事審判事件において、保険契約が存在するか否か不明の場合がある。その場合には、家庭裁判所の調査嘱託（家事62条等）を利用することが考えられる。この方法については、裁判所というスクリーニングが入るため、回答してもらいやすいことが多いようである。この申立ての際には、保険契約を特定するために、契約者の氏名、生年月日、住所を記載する必要がある。

イ　保険契約の内容

a　保険商品の種別、特約の付帯状況

各保険会社は通常、複数の保険商品を展開しているが、契約者が具体的にいかなる保険に加入しているか、いずれの特約を付帯しているかについては、契約者、受取人からの要請があれば、回答に応じているようである。その他の第三者からの問合せ及び弁護士法に基づく照会に対しては、前記アaと同様に、守秘義務や個人情報保護を理由に回答しない保険会社もある。

b　約　款

保険契約は、附合契約であるとされるため、その内容は約款によって定まる。約款は保険会社や保険商品の種類により異なる部分があるので、約款の内容を把握することは必須であるといえる。多くの保険会社は、ホームページ上で約款を公開しているし、そうでない場合であっても、各保険会社に請求すれば約款又はその写しを交付してくれる場合が多い。

ウ　保険事故の内容

a　訴訟前段階

刑事確定記録については、それを保管している検察庁において閲覧謄写する方法が可能である。不起訴記録については、弁護士会照会により、検察庁に対し実況見分調書及びその附属資料等の記録取寄せを申し出ることができる。その場合には、被疑者氏名、送致年月日、検番を担当警察において確認し記載する必要がある（これらの詳細については基本編第5章4「刑事裁判記録」の閲覧・謄写及び5「刑事不起訴事件記録」の項参照）。

記録の謄写は閲覧が前提となるため、検察庁によっては、閲覧に赴かない

実践編　第7章　商事関係

と謄写させてくれないところがあるので注意されたい。

　その他の資料として、警察署には死体検案調書等様々な資料が存在する。これらの資料については閲覧又は謄写させてもらうことはできないが、直接訪問した場合には、担当警察官から保険事故該当事実を説明してもらえる場合もある。

b　訴訟提起後

a以外に次のような方法が考えられる。

　まず、刑事公判記録に関し、民事事件係属部に対し記録提示の申出をする（ただし、係属部が属する裁判所に保管中の刑事公判記録に限る。別の裁判所が保管する訴訟記録を書証申出するときは、文書送付嘱託申立の方法による。本庁と支部の関係においては、理論的には記録提示で足りるはずだが、文書送付嘱託とする取扱いも見られるようである。）。この場合、被告人名、事件番号、事件名及び文書名を特定し、記録提示の必要性を記載して申出を行う必要がある。ただし、刑事部は記録の提示について慎重であり、特に否認事件においては、刑事事件の担当刑事部が応じない場合が多いようである。

　次に、刑事確定記録、不起訴記録に関し、文書送付嘱託の申出を行うことが考えられる。この場合にも、記録等を特定するために、被疑者名（被告人名）、送致年月日、検番（事件番号）、事件名、文書名を記載する必要がある。実況見分調書及び附属書類は、送付嘱託に応ずる場合が多いようである。

　なお、文書送付嘱託に応じない記録であっても、調査嘱託を行えばそれに対し回答を行ってくれる場合がある。

(3)　火災保険・地震保険

ア　保険契約の有無及び内容

　契約者又はその相続人が、保険会社に問い合わせれば、概ね回答してくれる。ただし、契約者の特定のために、契約者の氏名、生年月日、住所等が必要とされる。また、弁護士会照会に基づき回答をうることもできる。

イ　保険事故の内容

　消防署は火災原因及び損害調査を行い、火災調査書、火災原因判定書、出

228

火出動時における見分調査書、実況見分調査書、鑑識見分調査書、質問調査書、損害調査書、死傷者の調査書及び火災調査報告書といった火災調査書類[1]を作成して保管している（ただし、小規模な火災で、消防行政上の資料として重要性が低いものや、出火原因が明らかで多くの書類を作成する必要がないものについては、作成する書類が省略されることがある。）。そのため、火災原因や損害額等が問題となったときには、所轄消防署から事情を聴取することができる。事情の聴取に応じない場合又は文書による回答が必要な場合には、弁護士法23条の2に基づく弁護士会照会を行うことになろう。ただし、この場合にも、火災調査報告書等に添付されている写真図面等については、プライバシー保護の観点から回答を拒絶される場合がある（消防法34条2項及び4条4項）。その際には、訴訟提起後、調査嘱託、文書送付嘱託等の方法をとれば、消防署は提出してくれることがある。

　また、住家に関する損害の程度等が問題となった場合には、罹災証明書（災害対策基本法90条の2）を用いることもできる。罹災証明書とは、災害による住家の被害程度等を証明する書面であって、被災者の申請を受けて、市町村長が調査し交付する義務を負う書面である。各自治体によって取扱いに差はあるものの、地震や台風等の自然災害に係る罹災証明は市区町村等の各自治体が発行・交付し、火災についての罹災証明書は市町村長が消防署長に行わせるという形で所轄の消防署が発行・交付する運用となっていることが多い。従前、各罹災証明書は様式が統一されておらず、自治体によって記載事項もまちまちであったが、令和2年3月に統一された。統一様式においては、住家の被害の程度が必要的記載事項となっているが、任意で動産の被害状況等につき記載するための追加的記載事項の欄も設けられた。

1　火災調査書類の作成目的や記載事項、様式等については、消防庁（https://www.fdma.go.jp/）がホームページにて公開している「標準火災調査書類作成マニュアル」に詳しい。

実践編　第8章　知的財産権関係

第8章　知的財産権関係

1　特許権侵害訴訟

⑴　特許権侵害訴訟の主張・立証の対象

ア　原告の主張・立証について

a　差止請求の場合

特許権に基づき、差止請求（特許100条1項）を行おうとする場合、原告は、以下の点について主張・立証する必要がある。

① 原告が特許権者又は専用実施権者であること及び当該特許発明の技術的範囲の内容

② 被告が当該特許発明の侵害行為を行っていること（又は侵害するおそれがあること）

なお、差止請求とともに廃棄除却その他の侵害の予防に必要な行為も請求できる（特許100条2項）。

また、ここでは詳説を控えるが、直接侵害のみならず間接侵害（侵害とみなす行為。特許101条）や、特許発明の技術的範囲を特許権の請求の範囲の文言どおりの範囲から拡張する法理である均等論を用いた均等侵害といった主張についても、十分検討をしておく必要がある。

特許法では発明の種類を「物の発明」「方法の発明」「物を生産する方法の発明」の3つに分類しており、それぞれ特許権の効力が及ぶ範囲が異なる（特許2条3項）。各発明の種類に対する直接侵害行為（特許発明の実施）を挙げると、物の発明の場合は、その物の生産、使用、譲渡等、輸出入又は譲渡等の申出がこれにあたり、例えば被告が業として特許発明の技術的範囲に属する物を製造販売することが特許発明の実施となる。方法の発明の場合は、その方法を使用する行為、すなわち、被告が業として特許発明の技術的範囲に属する方法を使用することが特許発明の実施となり、物を生産する方法の発明の場合は、その方法を使用する行為及びその方法により生産した物の使用、譲渡等、輸出入又は譲渡等の申出をする行為が特許発明の実施となる。

230

b　損害賠償請求の場合

　特許権に基づいて、不法行為に基づく損害賠償請求（民709条）を行う場合、原告は、上記①②に加え、

③　相当因果関係のある損害の発生とその額について主張・立証する必要がある。なお、過失の存在及び損害額の算定については推定する特則がある（特許102条ないし103条）ため、通常の不法行為に基づく損害賠償請求とは異なり、過失の不存在は抗弁となる。

　東京地裁における特許権侵害訴訟の審理においては2段階審理方式を採用しており、通常、当初侵害論の審理がなされ、侵害の事実が存在するという心証が得られた後に初めて損害論の審理に移ることから、提訴の段階においては概括的な主張でも問題のない場合が多いが、提訴後は、証拠の収集が困難となることが想定されるので、主張の枠組みの検討や証拠の収集は十分にしておくことが望ましい。

c　不当利得返還請求の場合

　特許権侵害訴訟においては、消滅時効との関係で、不当利得返還請求（民703条）の構成を主張することが多い。すなわち、不法行為に基づく損害賠償請求権は、被害者又はその法定代理人が損害及び加害者を知った時から3年間行使しないときは時効により消滅する（民724条1号）ため、被告からの消滅時効の主張に備えて予備的に不当利得に基づく返還請求も主張し、不法行為構成の消滅時効期間である3年よりも以前の損害についても主張しておくことが望ましい。

　この場合、原告は、上記①②に加え、以下の点について主張・立証する。

④　被告が侵害行為によって利益を得たこと及びその額

⑤　原告が侵害行為によって損失を被ったこと及びその額

⑥　④と⑤との因果関係

d　その他の請求

　上記のほか、特許権者又は専用実施権者の業務上の信用を害した者に対しては、業務上の信用を回復するのに必要な措置を請求でき（特許106条）、特許権の登録を受けた者は、特許出願が公開された後に当該特許出願に係る発

実践編　第8章　知的財産権関係

明を実施した者に対して実施料相当額の補償金を請求できる（特許65条1項）。

イ　被告の主張・立証について

　被告側の主張・抗弁としては、非侵害の主張、特許無効の抗弁（特許104条の3第1項）、先使用の抗弁（特許79条）等がある。紙幅の都合上詳説することができないため、詳細については概説書等を参考にされたい。被告が収集すべき資料については、以下において適宜触れることとする。

(2)　特許権侵害訴訟において原告・被告が収集すべき資料等

ア　特許登録原簿謄本

　特許登録原簿とは、特許権の設定、移転、消滅等の登録事項が記載された原簿のことをいう。原告として訴訟を提起する場合、特許権者であることを証明するため、特許登録原簿謄本を取り寄せる。特許登録原簿謄本は、出願時の代理人に取得を依頼することや、特許庁に申請することにより入手することができる。電子化された書類は、オンラインシステムを利用して交付請求できる。このほか有料ではあるが、一般社団法人発明推進協会（https://www.jiii.or.jp/index.html）や取り寄せサービスを行っている業者などを利用して取り寄せる方法もある。これにより、権利の存在等を立証することができる。

イ　特許公報

　特許公報とは、特許庁が発行する特許の内容が記載された書面のことをいい、特許請求の範囲や発明の内容等が記載されている。特許公報は、独立行政法人工業所有権情報・研修館（INPIT）が運営する特許情報プラットフォーム（J-PlatPat）（https://www.j-platpat.inpit.go.jp）からダウンロードできる。また、有料ではあるが、上記の発明推進協会や取り寄せサービスを行っている業者などの利用、「Cyber Patent Desk」（https://www.patent.ne.jp/service/patent/search.html）等の有料データベースサービスの活用もできる。特許権侵害訴訟を行う場合、原告も被告もこれを取り寄せることは必須である。

ウ　出願包袋

　出願包袋とは、特許出願に当たって提出された出願書類や出願以降の出願

232

人と特許庁のやり取りなどに関する資料一式をいう。昔は袋の中に保存していたため包袋と呼ばれている。

特許権侵害訴訟においては、特許発明の技術的範囲の確定に当たって、このような出願経過が重要な意味を持つことが多い。そのため、特許権侵害訴訟を提起するに当たって、包袋を取り寄せて検討しておくことは必須である。

また、被告にとっても、非侵害の主張を行うに当たって、出願経過に基づく特許発明の技術的範囲に係る包帯禁反言の主張をすることが有効な場合もある。また、特許無効の抗弁（特許104条の3第1項）や均等侵害の主張に対する反論を提出できるか否かを検討するに当たっても、出願経過の検討が不可欠である。そのため、特に被告にとって、出願包袋を取り寄せて検討することは極めて重要である。

出願包袋についても、特許庁に申請することにより入手することができる。また、電子化された書類は、オンラインシステムを利用して交付請求できる。このほか、有料ではあるが、発明推進協会や取寄せサービスを行っている業者などを利用して取り寄せる方法もある。

エ　公知文献・先行特許等の調査に必要な資料

無効原因の存在や技術的範囲について検討するためには、出願当時の技術水準、公知・公用技術及び進歩性判断の基準となりうる先行技術について考慮せざるを得ないこととなる。そこで、国内外の特許公報・技術文献類のほか、新聞・雑誌・カタログ・見本市展示資料等を収集することが必要となる。

これは、訴訟を提起する原告にとっても事前に検討しておくことが望ましいし、また、被告にとっても、無効原因の存在や技術的範囲に係る非侵害との主張の余地があるか否かを検討するため必要である。

なお、先行特許の調査等には、原則として、当該分野を専門とする特許事務所や弁理士に依頼・相談するのが望ましい。その他の方法として、前述の「Cyber Patent Desk」等の有料データベースサービスを活用することもできる。特許調査を行う業者もいるので、これを活用するのも有効である。

オ　侵害品等

被告が侵害行為を行っていることを証明するため、侵害品の実物、侵害品

実践編　第8章　知的財産権関係

のカタログ、広告、取扱説明書、設計図、製図等を入手しておくべきである。

また、方法の発明に係る侵害を主張する場合には、当該方法の被告による実施を直接的に立証できるような証拠をうる手段を慎重に検討すべきである。

なお、侵害の有無の検討に当たって、特許事件に慣れていない場合は、弁理士等に相談することも検討すべきである。

カ　損害を立証するための資料

損害の主張・立証に当たっては、原告は、民法709条により通常の方法で逸失利益を計算して損害額を主張・立証できるが、因果関係の立証等には困難が伴うため、特許法102条1項ないし3項の規定を活用して損害額を主張することが通常である。ここでは、特許法102条1項ないし3項の規定を利用して損害額を立証するために必要な資料について検討する。

a　特許法102条1項1号の場合

特許法102条1項1号は、侵害者の侵害行為により権利者の販売数量が減少したことに伴う逸失利益を規定したものであり、権利者の製品単位数量当たりの利益の額に、侵害者の譲渡数量のうち権利者の実施の能力に応じた数量（実施相応数量）を超えない部分から、権利者が販売することができないとする事情に相当する数量（特定数量）を控除した数量を乗じて得た額を、販売数量の減少に伴う逸失利益額として算出するものである（特許庁『令和元年法律改正（令和元年法律第3号）解説書』17頁）。

この場合、原告としては、以下の事項について資料を収集する必要があろう。

① 被告の侵害品の譲渡（販売）数量

② 原告が権利者製品を販売した場合の単位数量当たりの利益の額

③ 原告が①の数量について実施する能力があること

①の被告の侵害品の譲渡数量に関しては、被告側の領域内にある事柄なので、立証には困難が予想されるが、業界紙や企業情報サービスなどの各種統計資料等から推計することが考えられる。また、訴訟提起後に裁判所に損害の計算のための必要な書類の提出を命令してもらう（特許105条）ことも有用である。この場合の資料としては、被告の売掛金元帳、納品伝票、請求書、出庫伝票、仕入元帳、原材料発注書及び原材料領収書等がある。

234

さらに、文書提出命令（民訴223条）等を活用することも考えられる。

②③については、原告側の事柄であるので、各種帳簿や報告書、陳述書等によって準備できると思われる。

一方において、被告は、実施相応数量を特許権者又は専用実施権者が販売することができないとする事情がある場合は、当該事情及び当該事情に相当する数量（特定数量）を抗弁として主張することができる（特許102条1項1号）。この場合、被告は、非侵害代替品の存在を示す実物やカタログ及び広告等を用意することとなろう。

b　特許法102条1項2号の場合

特許法102条1項2号は、同項1号で販売数量減少に伴う逸失利益の基準となる数量から除外された実施相応数量を超える数量又は特定数量があるときにおいて、侵害者の侵害行為により、権利者がライセンスの機会を喪失したことに伴う逸失利益を規定したものであり、権利者自らが実施すると同時にライセンスを行ったと擬制し得る場合に、実施料相当額をライセンス機会喪失に伴う逸失利益として請求できることを規定する（特許庁『令和元年法律改正（令和元年法律第3号）解説書』17頁）。

この場合、原告としては、特許法102条1項1号の場合の②③に加えて（又は代えて）以下の事項について資料を収集する必要がある。

・原告の実施能力を超える数量又は特定数量に応じた当該特許権又は専用実施権に係る特許発明の実施に対し受けるべき金銭の額に相当する額

これについては、実施権に関する実施許諾契約書、各種帳簿や報告書、陳述書等によって準備できると思われる。

一方において、被告は、原告が、特許権又は専用実施権についての専用実施権の設定若しくは通常実施権の許諾をしえたと認められないことを抗弁として主張することができる。

c　特許法102条2項の場合

この場合、原告としては、以下の事項について資料を集める必要がある。

① 被告の侵害品の譲渡（販売）数量

② 被告が侵害品を譲渡（販売）したことによる単位数量当たりの利益の額

①については、特許法102条１項の場合と同様である。

②の収集方法についても、特許法102条１項１号の①の場合と同様である。具体的な資料としては、被告の確定申告書、決算書、売掛金元帳、納品伝票、請求書、出庫伝票、仕入元帳、原材料発注書及び原材料領収書等が考えられる。

d　特許法102条３項の場合

この場合、原告としては、以下の事項について資料を収集する必要がある。

① 被告による侵害品の売上高

② 実施料率

①については、被告の決算書、売掛金元帳、納品伝票、請求書及び出庫伝票等が考えられる。

②については、原告に有利な実施料率が合意された原告と第三者との間の実施許諾契約書を提出することが考えられる。また、業界での相場がある場合には、業界における相場が記載された文献等を用意する。

業界ごとの実施料率を記載した文献として、発明協会研究センター編『実施料率〔第５版〕』（発明協会、平成15年）があるが、国内企業同士の「相場」のデータではなく外国技術導入契約における実施料に関するデータを収集したものであり、さらに、平成10年４月の外為法改正により指定技術（航空機、武器、火薬類、原子力、宇宙開発）に関しない外国技術導入契約の届出が不要となり、以降のデータ収集が不可能となってから既に約20年を経過した旧データであるため、資料としての適格性において重大な欠陥がある。

他方、国内実施許諾契約における実施料率については、「知的財産の価値評価を踏まえた特許等の活用の在り方に関する調査報告書～知的財産（資産）価値及びロイヤルティ料率に関する実態把握～」（株式会社帝国データバンク、平成22年）において平成19年におけるアンケート結果が公表されており、今後新たな調査が行われてまとまったデータが得られるまでは、これが最新の統計的資料であり、近時の侵害訴訟における実施料相当額の算定において引用される例が増えている。

⑶ 裁判における証拠収集手続

ア 査証制度の創設

　特許権侵害は頻繁に発生しやすいが、その発見や防止は容易ではないという性質があることから、従前から特許法上、特許権侵害訴訟について、民事訴訟法の特例が規定されていた（特許105条、文書提出命令（民訴223条）に関する規定の特例）。しかし、近時、方法の発明に関する特許やソフトウェア特許の増加など、従前の規定による文書提出命令等では対応が困難な場合も多く、中立的な専門家による証拠収集手続の強化の必要性が高まっている。また、米国の証拠開示（discovery）、英国の捜索命令（search order）や証拠開示（disclosure）等、多くの先進国では強制的な証拠収集手続が法律上措置されていることから、令和元年5月17日に公布された改正特許法（令和元年法律第3号）では、裁判所が中立的な立場の技術専門家に依頼し、侵害したと思われる相手方の工場などを訪れて製造設備等を調査して証拠を集め、その結果を裁判所に報告する査証制度が創設された（特許105条の2〜105条の2の10）。

イ 査証手続の流れ

a 査証の申立て

　査証の申立てに当たっては、申立書を提出する必要がある。査証制度は、査証人が被疑侵害者の工場等に立ち入り、相手方への質問、書類提示の要求その他必要な措置をとり、その結果を報告書にまとめて裁判所に提出するものであり、かつ、相手方に対しても査証の受忍義務を課すものであることから、査証を受ける者にとって大きな負担となる。そのため、特許法105条の2は、査証命令の要件として、①「立証されるべき事実の有無を判断するため、相手方が所持し、又は管理する書類又は装置その他の物（以下「書類等」という。）について、確認、作動、計測、実験その他の措置をとることによる証拠の収集が必要である」こと（必要性の要件）、②「特許権又は専用実施権を相手方が侵害したことを疑うに足りる相当な理由がある」こと（蓋然性の要件）、③「申立人が自ら又は他の手段によっては、当該証拠の収集を行うことができないと見込まれる」こと（補充性の要件）を定め、ただし、④「当該証拠の収集に要すべき時間又は査証を受けるべき当事者の負担が不相当な

実践編　第8章　知的財産権関係

ものとなることその他の事情により、相当でない」ときには、査証の命令を発することができない旨（相当性の要件）を規定している。

申立書にはこれらの要件に対応した記載が求められる（裁判所ホームページ「査証手続の運用に関するQ&A」(https://www.courts.go.jp/tokyo/saiban/minzi_section29_40_46_47/sasyoutetudukiunnyou/index.html)）。

b　査証の実施

裁判所により査証の申立てが認容され確定すると、命令を受けた査証人（場合よっては査証人に加えて執行官）は、特許権を侵害していると疑われる物品を製造している工場等に立ち入り、証拠となるべき書類等に関する質問や提示要求、製造機械の作動・計測・実験等を行い、査証が実施される（特許105条の2の4第2項）。

査証を受ける当事者には査証協力義務があるため、正当な理由なく査証に応じない場合は、裁判所は立証されるべき事実に関する申立人の主張を真実と認めることができる（特許105条の2の5）。

c　報告書の作成・提出

査証実施後、査証人は査証報告書を作成し、裁判所に提出する（特許105条の2の4第1項）。申立人は、査証人から提出された報告書を書証として利用することができる。

【参考文献】
特許庁『令和元年法律改正（令和元年法律第3号）解説書』

2　商標権侵害訴訟

(1)　商標権侵害訴訟の特徴

ア　はじめに

商標権者（及び専用使用権者）は、指定商品又は指定役務について登録商標を独占的・排他的に使用することができる（専用権／商標25条、30条2項）。

したがって、第三者が無断で登録商標を指定商品・指定役務に使用してい

る場合は、商標権の侵害となり、その差止め（準物権として差止請求が認められている。商標36条1項）、損害賠償（民709条）及び不当利得返還（民703条）を請求することができるほか、差止請求とともに廃棄除却その他の侵害の予防に必要な行為も請求できる（商標36条2項）。また、業務上の信用を回復するのに必要な措置も請求できる（商標39条、特許106条）。なお、設定登録前の金銭的請求権等（商標13条の2）も規定されている。

　商標権の排他的効力は、本来の専用権の範囲に止まらず、第三者が類似の商標を指定商品・役務に使用した場合や指定商品・役務と類似する商品・役務に同一又は類似の商標を使用したときにまで及び（禁止権／商標37条1号）、さらに、商標法37条2号ないし8号により商標権を侵害するものとみなされる行為（間接侵害）にまで広げられている。

　　※　「商標の使用」とは、商品の出所表示としての標章の使用という意味であり、商標法2条3項、4項及び7項が具体的に定めている。

イ　商標権侵害訴訟の特殊性

　　①　権利自体が（無効審判・取消審判等で）消滅することも珍しくないこと

　　②　侵害の有無の判断の困難性……商標の類否の判断が困難であること

　商標権は、類似商標や類似商品・役務にも効力が及ぶ（禁止権／商標37条1号）が、商標、商品・役務の類似・非類似の判断が困難な場合が多く、商標権侵害訴訟では、主にこの点が争われることになる。

　　※　商標には自他商品識別力があり、これに基づいて出所表示機能、品質保証機能、宣伝・広告機能があるが、その本質は自他商品を識別する点にある。したがって、この識別力の強弱（独創性・創作性の高いものは一般に識別力が強いが、独創性の低いものやほかに類似の登録例があるものは一般に識別力が弱い）により、その類似範囲も異なってくる。

　　③　過失の推定（商標39条、特許103条）・損害額の推定（商標38条）

　　④　管轄

　商標権侵害訴訟を含む商標権等に関する訴えの管轄原因は、普通裁判籍（民訴4条）、不法行為地（民訴5条9号）、義務履行地（民訴5条1項）、併合請求の裁判籍（民訴7条）、応訴管轄・合意管轄（民訴11条、12条）が認められる。

実践編　第8章　知的財産権関係

加えて、競合管轄（民訴6条の2）があり、例えば、他の管轄原因によって定まる管轄裁判所が東京高裁、名古屋高裁、仙台高裁及び札幌高裁の管轄区域内に所在する地方裁判所である場合には、東京地方裁判所にも競合管轄が認められる。また、不法行為地管轄（民訴5条9号）については、原則として、被告の行為により原告の商標権について損害が生じたことの客観的事実関係が証明されれば足りるとされる（最二小判平成13年6月8日民集55巻4号727頁〔円谷プロダクション事件〕）。例えば、原告が商標権を有すること及び被告が侵害品を東京都内で販売したことの事実を証明すれば、東京地方裁判所に不法行為地の管轄が認められるとされる（髙部眞規子著『実務詳説商標関係訴訟【第2版】』一般社団法人金融財政事情研究会、令和5年、6～7頁）。

　⑤　二段階審理

　商標権侵害訴訟において損害賠償請求が含まれる場合、侵害の成否に関する争点が整理できた段階で、裁判所が損害論に入るか否かを検討し、損害論に入らない場合は、中間判決に至る可能性もあるとした上で、手続が進められるとされる。また、損害論に入る場合は、弁論準備手続期日において、裁判所の心証を一定程度開示した上、損害論の争点整理手続に入るか、又は和解勧告がなされるとされる（髙部眞規子・前掲書9頁）。

(2)　原告の立場

ア　訴訟前の準備

a　原告（となろうとする者）が権利者であることの確認

　特許庁から「商標登録原簿」を取り寄せて、権利の存在と、誰が権利者となっているか、登録料の納付はしているか、存続期間が満了していないか（更新はしているか）、無効・取消しとなっていないかを確認できる。

　また、権利者が当該商標を使用しているかどうかを確認し、「当該商標が付された商品等の現物・写真・カタログ・広告等」を集めておく。

　　※　権利者が商標を使用していない場合は、不使用による商標登録取消審判（商標50条）が申し立てられるおそれがある。不使用取消を予防するための立証準備については、特許庁の資料である「不使用取消審判請求に対する

240

登録商標の使用の立証のための参考資料―登録商標を使っていたことを証明するために―」（https://www.jpo.go.jp/system/trial_appeal/shubetu-shohyo_torikeshi/document/index/shiyou-risshou.pdf）が参考になる。

b　商標の確認

特許庁から「商標公報」及び「出願書類（包袋記録）」を取り寄せて権利の内容や出願経過を確認できる。商標権侵害訴訟においては出願経過が重要な意味を持つこともある（包袋禁反言等）ため、その意味でも、包袋記録を取り寄せて検討しておく必要性は高い。

※　「商標登録原簿」、「商標公報」等の入手方法

「商標登録原簿」、「商標公報」、「包袋記録」等の取寄せは、誰でも特許庁に行って手続することで入手できるが、特許事務所や一般社団法人発明推進協会（https://www.jiii.or.jp/）に依頼するのがよい。なお、商標公報は、独立行政法人工業所有権情報・研修館の「特許情報プラットフォーム（J-PlatPat）」（https://www.j-platpat.inpit.go.jp/）でダウンロードすることができる。また、電子化された登録原簿や出願書類等はオンラインで交付を請求することもできる。

c　侵害行為の確認

①　被告（にしようとする者）の商品・役務への標章使用の事実を確認する。
⇒「商品・包装紙等被告の標章が付された物の実物・写真」「被告標章が付された商品等の広告・カタログ」「被告の看板等の写真等」

②　先方は自己の登録商標を使用している場合もあるので、先方の登録商標の有無を調査する。

※　商標調査には、特許情報プラットフォーム（J-PlatPat）や業者の有料データベースを利用するほか、商標調査を行う業者の活用も有効だが、信頼できる特許事務所に相談するのが無難である。商標又は指定商品・役務の類否の判断が難しければ、弁理士等に鑑定してもらうことが必要となる場合もある。

③　事案によってはウェブページ運営者に対する請求を検討する。
商標権侵害訴訟の被告となるべき者について、知財高判平成24年2月

14日判時2161号86頁〔楽天市場事件〕は、ウェブサイトにおいて複数の出店者が各々開設したウェブページ（出店ページ）上の店舗（仮想店舗）で商品を展示し、これを閲覧した購入者が所定の手続を経て出店者から商品を購入できる場合において、上記ウェブページに展示された商品が第三者の商標権を侵害しているときは、直接に上記展示を行っている出店者に対して請求することは当然、ウェブページの運営者に対しても、その者が、単に出店者によるウェブページの開設のための環境等を整備するにとどまらず、運営システムの提供・出店者からの出店申込みの許否・出店者へのサービスの一時停止や出店停止等の管理・支配を行い、出店者からの基本出店料やシステム利用料等の利益を受けており、その者が出店者による商標権侵害があることを知ったとき又は知ることができたと認めるに足りる相当の理由があるに至ったときは、その後の合理的期間内に侵害内容のウェブページからの削除がなされない限り、上記期間経過後からウェブページの運営者に対しても差止請求と損害賠償請求をできると解するのが相当であるとしている。

d 仮処分

訴訟は時間がかかることが多いので、仮処分の申立ても検討する。もっとも、被保全権利の存在については、侵害論及び無効論とも、主張や疎明は本案訴訟と同程度のものが要求されるとされる（高部真紀子・前掲書21〜22頁）。

e 知財調停

知財調停は、ビジネスの過程で生じた知的財産権をめぐる紛争について、知的財産権部の裁判官及び調停委員（知的財産の経験が豊富な弁護士・弁理士等）によって構成された調停委員会の助言や見解を得て、非公開での話合いによる柔軟で簡易・迅速（原則として3回程度の期日内で調停委員会の見解が開示される。）な解決を図る手続である。当事者は、第1回調停期日までに主張と証拠を提出することになっている。

f 他の事件資料の入手

他の事件の主張、立証状況を自らの事件における主張立証のヒントにできることもある。例えば、「知財提訴データベース」（https://jp.s-nippo.com/）

の「事件書類閲覧サービス（東京地裁/大阪地裁/知財高裁）」では、訴状、準備書面等の要約や両当事者が提出した書面の名称を知ることができる。

イ　訴訟の提起

商標権侵害に関する損害賠償請求訴訟で原告が主張・立証すべき事項に対応する証拠は以下のとおりである。差止請求については、以下のうち損害論の主張・立証は不要である。なお、詳細な主張立証事項は割愛するが、損害賠償請求権が時効消滅した場合、不当利得返還請求として、使用料相当額の請求をするのが通例とされる。不当利得の主張としては、商標権侵害行為に加え、使用料相当額を主張・立証すれば足りるとされる（岡口基一著『要件事実マニュアル第7版第3巻』ぎょうせい、令和6年、574~575頁）。

a　原告の商標権の存在・特定

① 　原告＝商標権者・専用使用権者・独占的通常使用権者であること

② 　権利の特定

登録商標を別紙図面として添付するとともに、登録番号・出願日・出願番号・公告日・公告番号・商品の区分・指定商品・登録日を明らかにして原告の商標権を特定する。専用使用権の立証も、登録が効力発生要件であるため（商標30条、特許98条1項2号）、商標登録原簿によって容易に可能である。

　　⇒「商標登録原簿」「商標公報」「独占的通常使用権を示す契約書等」

b　被告の侵害行為

① 　被告が商品・役務に標章を商標法2条3項所定の方法で商標として使用している（若しくはそのおそれがある）こと、又は商標法37条2号ないし8号所定の行為をしている（若しくはそのおそれがある）こと

　　⇒「商品・包装紙等、被告の標章が付された物の実物・写真」「被告の標章が付された商品等の広告・カタログ」「被告の看板等の写真等」「ウェブページ上の情報」

なお、商標の本質は自他商品識別機能にあることから、商標権侵害としての「商標の使用」といえるためには、その使用の態様が自他商品の識別機能を果たす態様での使用（商標的使用）であることが必要であると解されている。したがって、単なる図柄・デザインとして使用されているに過ぎない場

実践編　第8章　知的財産権関係

合は、「商標的使用」ではなく、侵害にならない。この点を商標法26条1項
6号による抗弁と整理するか否かは見解が分かれるようである。

　なお、令和3年改正により、「輸入する行為には、外国にある者が外国か
ら日本国内に他人をして持ち込ませる行為が含まれるものとする。」とされ
た（商標2条7項）。

　②　被告標章と登録商標の同一又は類似（商標37条）
　　標章と商標が同一の場合は特に困難はないが、商標の類否が問題とな
　る場合は、この点の主張・立証に困難を伴うことが多い。
　※商標の類否は、対比される両商標が同一又は類似の商品・役務に使用され
　　た場合に、商品の出所につき誤認混同を生ずるおそれがあるか否かによっ
　　て決すべきであり、そのために外観・称呼・観念等によって取引者に与え
　　る印象、記憶、連想等を総合して全体的に考察すべきであり、かつ、その
　　商品の取引の実情を明らかにしうる限り、その具体的な取引状況に基づい
　　て判断されるべきものとされる（最三小判昭和43年2月27日民集22巻2号
　　〔氷山印事件〕399頁等）。

　立証対象の例を挙げると、被告標章と登録商標の外観（外見）・称呼（口で
発音した音）・観念（意味）の3要素の共通性・類似性に加え、取引の実情と
して本件商標の著名性や需要者の共通性等があり得る。著名性立証について
は、広告宣伝の内容、規模、費用を示す資料やアンケート等が提出される。

　ところで、いくつかの文字と文字、文字と図形、図形と図形等の結合によっ
て構成されている商標を「結合商標」という。結合商標の類否判断について
は、最高裁判例（最一小判昭和38年12月5日民集17巻12号1621頁〔リラ宝塚事件〕、
最二小判平成20年9月8日裁判集民228号561頁〔つつみのおひなっこや事件〕等）
により、商標の一部を分離、抽出して類否を判断できる基準が示されている。
各基準は、次のとおり整理されるとされる。

　・結合商標の各構成部分についてそれを分離して観察することが取引上不
　　自然であると思われるほど不可分的に結合しているものと認められる場合
　　⇒原則として抽出不可。もっとも、商標の構成部分の一部が取引者、需要
　　者に対し商品又は役務の出所識別標識として強く支配的な印象を与える

ものと認められる場合や、それ以外の部分から出所識別標識としての称呼、観念が生じないと認められる場合は、一部抽出可。

・上記のように不可分的に結合しているとは認められない場合

⇒一部抽出可

　　③　被告の商品・役務と登録商標の指定商品・指定役務との同一又は類似

　※　商品・役務の類否の判断は、商品・役務の属性による商品・役務自体の類否ではなく、その商標をある商品・役務に使用した場合の取引者、需要者における出所の混同の有無（同一営業主の製造又は販売に係る商品・提供に係る役務であると誤認混同されるおそれがあるか否か）に求められる（最三小判昭和36年6月27日民集15巻6号1730頁〔橘正宗事件〕、最三小判平成9年3月11日民集51巻3号1055頁〔小僧寿し事件〕等）。立証対象の例を挙げると、本件指定商品と被告商品とが通常同一営業主により製造・販売されていること及び取引の実情（小売店で直接対面販売されていることが多いのか、ネット販売が多いのか等の事情）がありうる（髙部真紀子・前掲書44頁）。なお、商標登録関係で考慮される特許庁の「類似商品・役務審査基準」や類似群コードについては、商品・役務の類似性を直ちに裏付けるものではなく、参考情報にとどまるとされる。

c　損害額の算定

　　（i）　商標法38条1項・2項により推定される損害賠償を求める場合

①　1項の場合の主張立証事項と対応する証拠

　・被告の侵害行為がなければ原告が商品を販売できたこと（1号）

　⇒「当該商標が付された商品等の現物・写真・カタログ・広告等」「被告商品との代替可能性、商標権者の販売予定及び被告商品との市場競合性を示す資料」

　・被告による侵害品の譲渡数量（1号）

　⇒「業界紙や企業情報サービスなどの各種統計資料、被告の売掛帳・売上伝票等」

　・原告が販売する商品の単位数量当たりの利益額（限界利益説：商標権者の製品の売上高から当該製品の製造販売に直接関連して追加的に必要と

実践編　第8章　知的財産権関係

　なった経費(売上高に比例して変動する売上原価その他の変動経費)を控除)
　　(1号)
⇒「原告の仕入元帳、売掛元帳、請求明細書等の原価・利益率の資料」
・原告の使用能力（原告が、被告による侵害品の譲渡数量相当の商品を販売
　する能力を有していること）（1号）
⇒「原告の確定申告書、決算書等」
・被告の譲渡数量のうち原告の使用相応数量を超える数量又は特定数量
　がある場合におけるこれらの数量に応じた使用料相当額（2号）
⇒商標法38条3項と同様
②　2項の場合の主張立証事項と対応する証拠
・被告による侵害品の譲渡数量
⇒「業界紙や企業情報サービスなどの各種統計資料、被告の売掛帳・売
　上伝票等」
・被告が販売する侵害品の単位数量当たりの利益額（限界利益説）
⇒「被告の仕入元帳、売掛元帳、請求明細書等の原価・利益率の資料」
・被告の侵害品の販売により原告が営業上の損害を被ったこと（なお、
　原告が商標を使用していることが必須でないことにつき、東京地判令和3
　年6月28日（平成31年（ワ）第8117号）判例秘書登載等を参照）
⇒「当該商標が付された商品等の現物・写真・カタログ・広告等」「担
　当者の調査報告書」これらの証拠は任意に収集することが困難な場合
　もあるので、場合によっては、書類提出命令（商標39条、特許105条）
　により、相手方に提出を求める必要がある。
　(ii)　商標法38条3項による使用料相当額を請求する場合の主張立証事
　　　項と対応する証拠
・被告による侵害品の売上高
⇒「被告の売掛帳・売上伝票等」
・使用料率
⇒業界での相場がある場合には「業界における相場が記載された文献
　等」、他者に使用許諾している場合は「使用許諾契約書等、使用料の

246

金額を示すもの」

(iii) その他の損害

上記以外の損害として、商標権の取得・維持に要する費用（商標38条5項）及び信用毀損による無形損害の請求が挙げられる。

⇒「特許法等関係手数料令、商標法40条1項、商標法施行令の確認・摘示」「原告の信用が毀損されたことを基礎付ける資料」

(3) 被告の立場

訴訟で被告が主張・立証すべき事項に対応する証拠は以下のとおりである。

ア 被告の標章が原告の登録商標と非類似であるとの主張

他に原告の登録商標に似ている後願の登録商標がある場合は（その登録商標は、特許庁において原告の商標とは非類似と判断されて登録されたのであるから）、それが原告の登録商標の識別力の弱さを示すものとして、それだけ類似範囲が狭まると主張しうる。

⇒「他の登録商標公報・商標登録原簿」

イ 商標的使用でない旨の主張

前述のとおり、商標権侵害としての「商標の使用」とは、自他商品の識別機能を果たす態様での使用（商標的使用）であることが必要なので、単に図柄・デザインとして使用しているにすぎないような場合は、この点を争うことも有効な対抗手段となる。

ウ 商標権の効力が及ばないとの主張（商標26条1項）

被告の商標使用が商標法26条1項各号に該当する場合は、原告の商標権の効力が及ばないとの主張が可能である。

エ 使用権の存在

a 許諾による使用権の存在

専用使用権（商標30条2項）については登録が効力要件であり（商標35条、特許98条1項2号）、通常使用権（商標31条2項）については、特許法における通常実施権（特許99条）とは異なり、登録が対抗要件（商標31条4項）である点は留意が必要である。

⇒「使用許諾契約書」「商標登録原簿」

b　法定使用権の存在——主に先使用権（商標32条1項）

先使用権が認められるためには、「ⅰ．登録商標の出願前から、被告が日本国内で、指定商品・役務又はこれに類似する商品・役務について、当該標章を使用していたこと」「ⅱ．不正競争の目的がないこと」「ⅲ．登録商標出願の際に被告の標章が被告の業務に係る商品・役務の表示として周知であったこと」「ⅳ．被告が継続して商品・役務に当該標章を使用していること」が要件となるが、立証において問題となるのは、主にⅰ及びⅲの要件である。

⇒被告商品の販売状況を示す「被告商品の納入伝票・注文伝票・請求書・領収書等又は商業帳簿等」「被告商品の広告・カタログ・チラシ・業界紙・新聞・雑誌等被告商品の広告・宣伝が掲載された印刷物（発行日がわかるもの）」「被告商品についての需要者の評判・アンケート結果等、被告商品に関する記事が掲載された新聞・雑誌等」「広告業者・放送業者・出版業者・印刷業者の証明書・陳述書」「同業組合又は同業者の証明書・陳述書」「商工会議所等の公的機関の証明書」「Wayback Machine（https://web.archive.org/）等のウェブアーカイブ」

その余の法定使用権としては、団体商標又は地域団体商標に関する団体構成員又は地域団体構成員による使用（商標31条の2、32条の2）、無効審決確定の場合における無効審判の予告登録前の使用（商標33条）、特許権や意匠権等の存続期間満了後の使用（商標33条の2）、特許権や意匠権等の存続期間満了後の実施権者の使用（商標33条の3）、取消し又は無効にした商標権が再審により回復した場合における再審請求登録前の使用（商標60条）等につき、通常使用権が法定されている。

c　自己の登録商標使用（登録商標の積極的効力）

被告の使用している商標が被告の登録商標と同一である場合、その被告の商標権の専用権（積極的効力）の効果として、原告の商標権の効力が及ばない（商標権の侵害ではない）との抗弁があり得る（争いはある）。

⇒「被告の商標公報」

※　被告の使用している商標が被告の登録商標である場合は（特許庁におい

て被告の登録商標と原告のそれとは非類似であると判断されて両方が登録されているのであるから）、原告の登録商標の類似範囲を限定解釈（上記ア）する根拠ともなりうる。

オ　真正商品である（並行輸入）旨の主張（実質的違法性の欠如）

商標権者が外国で製造販売している真正商品を並行輸入し、日本国内で販売することは、商標権の侵害ではないとされ、抗弁となる（最一小判平成15年2月27日民集57巻2号125頁〔フレッドペリー事件〕、東京地判平成18年12月26日判時1963号143頁〔バーバリー事件〕）。

　⇒「被告商品及び原告商品の現物」「被告商品及び原告商品の広告・カタログ・チラシ等」「外国の当該商標権情報」「輸入元と外国商標権者又は使用許諾者との関係を証明する資料」「外国の商標権者と日本の商標権者の関係を証明する資料」

カ　権利行使の制限（商標39条、特許104条の3）

無効理由（商標46条1項）のある商標権の行使を制限する抗弁である。もっとも、除斥期間（商標47条）が設けられている無効理由については、除斥期間経過後は商標登録無効の抗弁を主張できず、除斥期間経過前に無効審判を請求する必要があるとされる（最三小判平成29年2月28日民集71巻2号221頁〔エマックス事件〕）。

　⇒「原告の商標権が無効であることを示す資料」

なお、近時の裁判例（知財高判令和6年3月11日令和5年（行ケ）第10095号）において、一般に識別力獲得が難しく、商標法3条1項3号に該当し、同条2項に該当しない（無効理由になる）とされる傾向のある単色や単色に近い色彩商標について、原告のアンケート結果（認知度40％程度）による識別力獲得を否定したものの、「アンケート調査における認知度という意味では、本願商標の自他商品役務識別力の獲得を認め得る結果になっているといえる（被告は正答率が高いとはいえない旨主張するが、正当な評価とはいえない。）。」との評価がなされた点は注目に値する。

キ　特許権、実用新案権、意匠権又は著作権と抵触すること（商標29条）

登録出願以前の他人の特許権、実用新案権、意匠権又は著作権に抵触する

商標権に基づく権利行使は許されない。

⇒「特許登録原簿」「実用新案登録原簿」「意匠登録原簿」「登録商標と
抵触する著作物」

ク 商標権の消尽

商標権者により登録商標が付されて適法に流通に置かれた商品について、
その後の当該商品のそのままの状態での譲渡、使用等の行為には、商標権が
及ばない（争いがある）。

⇒「被告商品の広告・カタログ・チラシ等」「商品の購入レシート、領
収証」「購入元の資料」

ケ 権利消滅

存続期間（10年間。更新につき商標19条2項3項）満了、無効審決・取消決
定の確定（商標46条の2、43条の3第3項）、取消審決の確定（商標54条）及び
移転登録等による権利喪失（商標24条の2第1項。なお、登録が効力要件（商
標35条、特許98条1項、2項））等の権利消滅事由は、抗弁となる。

コ 過失の推定を覆滅する事情

サ 損害発生に対する反論

商標法38条1項1号に対しては原告が販売することができない事情（被告
の営業努力や代替品の存在等。当該事情に相当する数量を「特定数量」という）
が存在すること、同項2号に対しては商標権者等が商標権についての専用使
用権の設定又は通常使用権の許諾をし得たとは認められないこと、同条2項
に対しては被告の利益の額が被告の侵害行為により原告が被った損害の額で
あるという推定を覆滅する事情が存在すること（市場の非同一性、競合品・競
合サービスの存在、被告の営業努力及び機能・デザイン・サービス内容等登録商
標以外の特徴等）及び同条3項に対しては損害の発生があり得ないこと（知
名度や顧客吸引力がないため登録商標に類似する標章を使用することが第三者の
商品の売上に寄与しないこと等）が抗弁となる（最三小判平成9年3月11日民集
51巻3号1055頁〔小僧寿し事件〕）。

シ 商標権の濫用

民法1条3項による抗弁を主張できる。権利濫用を基礎付ける事実（例え

ば、著名性にフリーライドした商標登録及び権利行使等）を立証することになる。
商標登録無効の抗弁が除斥期間経過により主張できない場合も権利濫用を基
礎付ける要素として主張することはありうるとされる。

3　意匠権侵害訴訟

(1)　「意匠」の意義と「意匠権」の内容

　「意匠」とは、「物品（物品の部分を含む。…）の形状、模様若しくは色彩
若しくはこれらの結合（以下「形状等」という。）、建築物（建築物の部分を含む。
…）の形状等又は画像（機器の操作の用に供されるもの又は機器がその機能を発
揮した結果として表示されるものに限り、画像の部分を含む。…）であって、視
覚を通じて美感を起こさせるもの」をいう（意匠2条1項）。

　意匠を特許庁に登録した者（意匠権者）又は専用実施権者は、業として登
録意匠及びこれに類似する意匠の実施をする権利を専有し（意匠23条、27条）、
無断実施の差止請求（意匠37条1項）、侵害の予防のために必要な行為を請求
する侵害行為組成物廃棄等請求（意匠37条2項）、信用回復措置請求（意匠41
条で準用される特許106条）、損害賠償請求（民709条）、不当利得返還請求（民
703条）ができる。侵害行為の態様は、意匠権者に無断で、業として登録意
匠と同一・類似の意匠を実施する直接侵害（意匠23条）と、直接侵害を惹起
する蓋然性の高い行為である間接侵害（意匠38条）がある。

(2)　意匠権侵害訴訟における請求原因事実と証拠収集

　意匠権に基づいて差止請求、侵害行為組成物廃棄等請求をする者は、以下
の請求原因事実を主張する必要がある。
　①原告が意匠権又はその専用実施権を有していること
　②被告が、業として被告製品（原告が被疑侵害製品として特定した製品のこ
　　とであり、慣行的に「イ号製品」と呼ばれることもある）を製造等している
　　（又はそのおそれがある）こと（直接侵害）又は被告製品の製造のみに使
　　用される物を製造等している（又はそのおそれがある）こと（間接侵害）

251

実践編　第8章　知的財産権関係

③被告製品の意匠（被告意匠）が原告の登録意匠と同一又は類似であること（被告意匠が原告の登録意匠と同一又は類似であること、及び被告製品が原告の登録意匠に係る物品と同一又は類似であることを含む）

④侵害行為組成物廃棄等の必要があること（侵害行為組成物廃棄等請求の場合）

意匠公報は本来、書証であるが、便法として、書証として提出するとともに、訴状別紙として意匠公報の写しを添付するのが通例である。

意匠の類否は、全体観察のうえで需要者が（意匠24条2項参照）最も注意を引く部分（要部）を把握し、原告の登録意匠と被告意匠とが当該要部において構成態様を共通にするかを観察のうえ、原告の登録意匠と被告意匠を全体的に観察し、全体としての美感を共通にするかによって判断される。

また、公知・周知意匠が何かによって意匠権の権利範囲が大きく左右されるので（意匠3条1項1号・2号参照）、単純に意匠公報の図面と被告製品とを比較して類否判断ができるわけではないことに注意を要する。

意匠の類否判断のために、原告の登録意匠と被告意匠の基本的構成態様と具体的構成態様とを文章で表現し、分説し、対比する必要がある。損害賠償請求の際は、上記に加え、以下を主張及び立証する必要がある。

⑤被告製品の製造、販売により、原告が損害を被ったこと（意匠40条により過失は推定されるため、過失の不存在は抗弁に回る）

損害額については、意匠法39条の損害額の推定規定と、特許法105条の3を準用する意匠法41条により、裁判所が相当な損害額を認定することができる旨の規定がある。この場合に検討すべき資料等については、特許権侵害訴訟の損害を立証するための資料について参照されたい。

ア　意匠登録原簿の認証付謄本

意匠権は譲渡することも可能であるから、原告が現在の権利者であることを立証するためには、意匠登録原簿の認証付謄本を提出する必要がある。これは、特許庁（審査業務部出願課証明閲覧担当）又は一般財団法人日本特許情報機構（Japio（https://www.japio.or.jp/index.html））等で入手できる。

イ　意匠公報

意匠公報には、願書に添付した図面ないし写真が転載されているので（意

匠20条3項)、意匠権の具体的内容はこれによって立証する。

意匠公報は、特許情報プラットフォーム（J-PlatPat（https://www.j-platpat. inpit.go.jp））からダウンロードすることができる。

ウ　写真、ひな形、見本

意匠登録出願において、図面に代えて写真、ひな形、見本を添付して出願する場合がある（意匠6条2項、意匠規4条・5条1項）。特に、図面に代えて写真を添付する場合（図面代用写真）が多いが、意匠公報に転載された写真は細部が不明瞭、あるいは色彩が不明な場合がある（意匠公報に「細部については原本を参照されたい」と注釈がある場合がある。）。かかる場合は、図面代用写真と同一の写真を訴状別紙として用いる。同一の写真がない場合には、特許庁において図面代用写真を接写してくれる。写真の同一性について争いとなった場合は、特許庁に証明願を出せば特許庁長官の証明書が発行される。

エ　特徴記載書

意匠公報には、特許権における「特許請求の範囲」に相当するものではないが、意匠の特徴を言葉で説明した特徴記載書が提出される場合がある（意匠規6条1項）。ただし、その場合でも、特徴記載書を意匠の権利範囲を定める資料として用いることは禁止されている（意匠規6条3項）。なお、特徴記載書の内容は後述の出願経過禁反言の適用の対象となるものもあるので、その内容と矛盾する主張をすることのないよう注意をしなければならない。

オ　意匠権者の実施品

願書の添付図面等は実際の実施品を想定して図面化したものであり、添付図面等から受ける印象と実際の実施品の印象が異なることは否定できず、実際の実施品がある場合には、これから受けるありのままの印象は極めて重要となる。よって、必要に応じて原告の実施品を検証物として提出する。

カ　類似意匠公報・関連意匠公報

登録した類似意匠（平成10年改正前の意匠10条）又は関連意匠（同改正後の意匠10条）があると、原告の登録意匠の要部・類似範囲を定めるに当たって参酌されるので、被告製品と対比した場合に有利に利用できる場合には、「類似意匠公報」又は「関連意匠公報」を提出するべきである。なお、被告側か

253

実践編　第8章　知的財産権関係

ら、非類似を立証する証拠として、これらが提出される場合もある。

キ　公知・周知意匠に関する資料

公知・周知意匠（登録された意匠であると否とを問わない）の内容は、意匠権の権利範囲を定めるに当たって決定的に重要である。通常は、被告側から、非類似を立証する証拠として提出する場合が多いであろう。しかし、原告側としても、提訴前に公知・周知意匠について検討しておくことは必須である。

ク　被告製品に関する資料

被告製品の意匠と原告の登録意匠の類似に関する裁判所の判断の便宜上、被告製品の図面ないし写真を、原告の登録意匠の意匠公報ないし図面代用写真と、縮尺・撮影方向等をあわせて作成して（訴状別紙として）提出する。

また、可能であれば、被告製品を実際に店頭等で購入して、検証物として提出する。被告製品を容易に購入できない場合は検証申立てを検討する。

ケ　その他

物品の機能又は技術的な制約の結果、要部が限定されることがあるので、物品の機能的・技術的な要素の検討が必要になる。検討資料として、物品分野別の先行する関連の登録例、拒絶されている先願意匠例、内外国の刊行物、インターネット上の意匠、見本市・展示場などの実地検査資料などがある。

(3)　被告側の反証

ア　意匠権の要部認定を争うための資料

公知意匠及び類似意匠・関連意匠を精査し、原告主張の要部認定を争うことをまず検討するべきである。

また、出願経過禁反言の適用があるのは特許と同様であるので、意匠登録出願の包袋資料は一般財団法人日本特許情報機構（Japio）などを通じて取り寄せ（最近出願されたものについては特許情報プラットフォーム（J-PlatPat）の「経過情報検索」からダウンロードできる場合もあるが、一部しか電子化されていない場合もあり、確実に入手できるわけではない。）、例えば拒絶理由通知に対して出願人が提出した意見書などにおける出願人の主張内容を検討する。

254

イ　意匠権の有効性を争うための資料

新規性（意匠3条1項）及び創作非容易性（意匠3条2項）が意匠権の登録要件であるので、公知意匠を検討して権利無効の抗弁（意匠41条で準用される特許104条の3）が成り立たないかを検討する。

ウ　先使用による通常実施権等を基礎づけるための証拠

先使用による通常実施権（意匠29条）が成立する場合には、原告の登録意匠の出願以前の、国内における自己の実施品（見本）、図面、パンフレット、新聞・雑誌記事、広告、事業計画書等を提出する。これらの資料は、先出願による通常実施権の抗弁（意匠29条の2）や権利無効の抗弁（意匠41条で準用される特許104条の3）の資料として使える可能性もある。

(4)　鑑　定

特許庁長官は、登録意匠及びこれに類似する意匠の範囲について鑑定の嘱託（民訴218条1項）があったときは、3名の審判官を指名して、その鑑定をさせなければならない（意匠25条の2第1項）。また、損害計算のために、鑑定を行うことができる（意匠41条で準用される特許105条の2の12）。

【参考文献】

・岡口基一著『要件事実マニュアル第3巻（第7版)』（ぎょうせい、令和6年）
・小谷悦司・小松陽一郎・伊原友己編『意匠・デザインの法律相談Ⅰ・Ⅱ』（青林書院、令和3年）
・寒河江孝允・峯唯夫・金井重彦編著『意匠法コンメンタール（新版)』（勁草書房、令和4年）
・茶園成樹編『意匠法（第2版)』（有斐閣、令和2年）

実践編　第8章　知的財産権関係

4　不正競争防止法関係訴訟

⑴　不正競争防止法の概要

ア　目　的

　不正競争防止法は、民法の不法行為の特別法として、「事業者間の公正な競争」を確保するために、禁止すべき行為類型を限定列挙して、それぞれの行為類型ごとに差止請求、損害賠償請求、信用回復措置請求等を定めている。

イ　不正競争行為の類型

　不正競争防止法2条1項は、禁止すべき「不正競争」行為を22個に分けて限定列挙している。大別すると、混同惹起行為（1号）、著名表示冒用行為（2号）、形態模倣商品を譲渡等する行為（3号）、営業秘密に係る不正行為（4〜10号）、限定提供データに係る不正行為（11〜16号）、技術的制限手段に対する不正行為（17号、18号）、ドメイン名に係る不正行為（19号）、原産地・品質等誤認惹起行為（20号）、信用毀損行為（21号）、代理人等の商標冒用行為（22号）に分けられる。

ウ　差止請求

　差止請求（不正競争3条1項）は、不正競争行為によって被侵害者の営業上の利益を侵害され、又はそのおそれがあることが要件である。また、差止請求と併せて、侵害組成物等の廃棄請求、侵害品を製造する設備の除却請求その他の侵害の予防に必要な行為を請求できる（同2項）。

エ　損害賠償請求

　損害賠償請求の要件は、被告の故意又は過失による不正競争行為により原告の営業上の利益を侵害されたこと、及び侵害行為と因果関係のある損害の発生とその額である（不正競争4条）。

　不正競争行為に関する損害賠償請求においては、立証が困難な場合も多いことから、不正競争防止法は、以下のaないしcのような算定規定を設けている（不正競争5条）。ただし、不正競争行為者の故意・過失については、特許権侵害等とは異なり、不正競争行為について過失があったものとの推定規定はないため、権利者（被侵害者）側で証明する必要がある。

256

a 不正競争防止法5条1項による損害賠償額の算定

不正競争防止法2条1項1号から16号まで又は同項22号に規定される不正競争行為によって自己の営業上の利益を侵害された場合、侵害者が侵害行為を組成した物を譲渡したとき又はその侵害の行為により生じた役務を提供したときは、侵害者が譲渡・提供した物・役務の数量に、その侵害がなければ被侵害者が販売・提供できた物・役務の単位数量あたりの利益の額を乗じて得た額を、被侵害者自らのその商品・役務の販売・提供等の能力に応じた額を超えない限度で、被侵害者が受けた損害の額とすることができる。

また、侵害者による譲渡・提供数量のうち、被侵害者の販売等能力相応数量を超える数量又は特定数量がある場合には、これらの数量に応じた使用行為に対して受けるべき金銭の額(すなわちライセンスによって得られたはずの逸失利益)に相当する額を損害の額とすることができる。

具体的には、原告は、①原告製品等の単位数量当たりの限界利益、②被告商品等の譲渡等の数量、③被告の侵害行為が無ければ原告が販売・提供できたこと(市場において競合関係に立つ製品であること等)、④②の数量が原告の販売・提供の能力を超えないこと(原告の販売・提供能力を超える数量がある場合には、原告製品等の使用に対し受けるべき金額)を主張立証する。

b 不正競争防止法5条2項による損害賠償額の算定

侵害者が不正競争行為によって利益を受けている場合、その額が損害額であると推定される。この場合、原告は、①被告による被告商品の販売時の1個当たりの限界利益、②被告商品の販売個数、③被告の侵害行為が無ければ原告が利益を得られたであろう事情が存在することを主張立証する。

c 不正競争防止法5条3項による損害賠償額の算定

不正競争防止法2条1項1号から9号まで、同項11号から16号まで、同項19号又は22号に規定される不正競争行為に関しては、当該各不正競争における使用行為に対して受けるべき金銭の額(ライセンス料)を損害とすることができる。この場合、原告は、被告商品の単価、被告商品の販売個数、原告が被告の標章の使用に対して受けるべき金銭の額を主張立証する。

被侵害者(原告)は、侵害者(被告)の利益相当金額立証のために、書類

実践編　第8章　知的財産権関係

提出命令（不正競争7条1項）により、「損害の計算をするため必要な書類」
として侵害者が所持する計算書類のほか、総勘定元帳、売上帳（伝票）、受
発注伝票等の提出を要求する。これらの書類は文書提出命令の対象でもある。

　また、被侵害者は、使用料相当金額（不正競争5条3項）に関しては、被
侵害者がほかに一定料率でライセンスしている事実があれば、その料率を主
張立証する。商標の場合、一般的には商品単価の10%前後から2、3％とさ
れることが多いが、表示の周知性又は著名性が顕著なほど、顧客吸引力や広
告宣伝力が高いと考えられて、その使用料率も高くなる。なお、不正競争防
止法5条1項2号及び同条3項に基づく損害額の推定に関して、被侵害者の
販売又は提供能力を超える数量部分の損害に関して、被侵害者が許諾し得た
分の額又は使用許諾料に係る損害額の認定をするに当たって、不正競争が
あったことを前提として侵害者との間で合意をするとした場合に被侵害者が
得ることとなる対価の額を考慮できる（同条4項）。また、被侵害者（原告）は、
使用料相当額以上の額を請求することができ、侵害者に故意又は重大な過失
がなければ、裁判所は損害の額を定めるについてこれを参酌できる（同条5
項）。

オ　不当利得返還請求

　使用料が発生するような不正競争行為に関しては、損害賠償請求権につい
て消滅時効が完成しても、不当利得返還請求権を行使できる場合もある。

カ　信用回復措置請求

　故意又は過失による不正競争行為により営業上の信用を侵害された者は、
金銭賠償に代え又は金銭賠償とともに営業上の信用を回復するのに必要な措
置を請求することができる（不正競争14条）。

(2)　混同惹起行為（不正競争2条1項1号）

ア　請求原因

　商品等表示として需要者の間に広く認識されているものと同一又は類似の
商品等表示を使用等する行為が不正競争防止法2条1項1号の混同惹起行為
にあたる。混同惹起行為を主張する場合、①当該表示に「商品表示性」があ

258

ること、②原告の商品等表示に「周知性」があること、③被告が商品等表示を「使用等」していること、④被告が使用する商品等表示に原告の商品等表示と「同一性又は類似性」があること、及び⑤被告の行為により被告の商品が原告の商品と「混同を生じさせるおそれ」があることを主張立証する。

イ　周知性の立証

周知性については、販売期間・販売数量・販売方法、宣伝広告の方法・回数・費用、マスメディアで取り上げられたこと等を主張し、取引関係書類や広告の写し、マスメディアでの紹介記事等で立証する。例えば、リッツホテルの名称（営業表示）の周知性について、世界的著名人が多数宿泊利用した事実や、著名な映画の舞台になった事実、質の高いホテルとして紹介されている発行物等が存在すること等が根拠とされた（神戸地判平成8年11月25日判タ958号272頁）。その他、営業主体自らは当初使用していなかった、第三者による営業呼称「アメックス」の周知性について、新聞・雑誌の記事や辞典に掲記されていることを証拠としたものもある（アメックス事件：最一小判平成5年12月16日判時1480号146頁）。

需要者のアンケート調査結果を提出することもあるが、アンケート調査は中立的な機関に依頼し、質問内容も誘導的にならないよう注意する必要がある。その他に、用語をウェブ検索した結果を証拠とすることも考えられる。

「周知」の意味について、全国的に知られている必要はなく、一地方において広く知られていれば足りると解され、この点は2号の「著名」と異なる。

ウ　混同を生じさせるおそれの立証

混同のおそれは、他人の商品等表示と自己の使用表示との類似性の程度、他人の商品等表示の周知著名性及び独創性の程度、自己の表示の使用商品等と他人の業務に係る商品等との関連性の程度、取引者及び需要者の共通性その他取引の実情などに照らして、取引者及び需要者において普通に払われる注意力を基準として、総合的に判断されるため（東京地判平成16年7月2日判時1890号127頁）、他人の周知性の度合い、競業関係の有無、表示の使用形態・販売方法の相違等を具体的に示す書類を用意して行う。

259

実践編　第8章　知的財産権関係

エ　被告の反証

被告側では、原告の主張を否認するほか、問題となっている行為が不正競争防止法の適用外であることを主張立証することになる。具体的には、①商品・営業の普通名称又は慣用表示の普通に用いられる方法での使用等であること、②自己の氏名を不正目的でなく使用していること、③コンセント制度による登録を受けた登録商標の使用であること、④先使用であることである（不正競争19条1項1号～4号）。なお、コンセント制度とは、令和5年の法改正により令和6年4月から導入された制度で、先行登録商標と同一又は類似する商標であって、先行登録商標の権利者の同意に加え、両商標の間で出所混同のおそれが生じないと認められる場合に、併存登録を認める制度をいう。

(3)　**著名表示冒用行為（不正競争2条1項2号）**

ア　請求原因

他人の著名な商品等表示と同一又は類似の商品等表示を自己のものとして使用等する行為が不正競争防止法2条1項2号の著名冒用行為にあたる。著名表示冒用行為を主張する場合、1号の②周知性の要件に代えて原告の商品等表示の「著名性」があることが必要となるほかは、1号と同様に①商品表示性、③被告による使用等、④同一性又は類似性を主張することになる。

イ　著名性の立証

本号は1号と異なり混同（のおそれ）を要件としないことから、著名性は、全国的に知られているようなものを想定している（経済産業省知的財産政策室編『逐条解説不正競争防止法　令和6年4月1日施行版』（経済産業省HP）85頁）。著名性の立証方法は、周知性とほぼ同じであるが、全国紙で広告宣伝している事実など全国的規模で著名であることを立証しなければならない。

ウ　被告側の反証

被告側では、原告の主張を否認するほか、問題となっている行為が不正競争防止法の適用外であることとして、1号における被告の反証と同様の事項を主張立証することになる（不正競争19条1項1号～3号、5号）。

(4) 形態模倣商品を譲渡等する行為（不正競争2条1項3号）

ア 請求原因

不正競争防止法2条1項3号の不正競争行為を主張するためには、原告の「商品」の「形態」を「模倣」した商品を、「譲渡等」する行為（譲渡、貸し渡し、譲渡若しくは貸渡しのために展示し、輸出し、輸入し、又は電気通信回線を通じて提供する行為）であることを主張立証する。なお、商品の模倣行為自体は本号の不正競争にあたらない。

イ 形態模倣の立証

他人の商品の形態（不正競争2条4項）に依拠して、これと実質的に同一の形態の商品を作りだすことをいう（不正競争2条5項）。商品の形態を比較した場合に各商品に相違する部分があるとしても、当該相違部分についての改変の内容・程度、改変の着想の難易、改変が商品全体の形態に与える効果等を総合的に判断した上で、その相違がわずかな改変に基づくものであって、商品の全体的形態に与える変化が乏しく、商品全体から見て些細な相違にとどまると評価されるときには、当該商品は他人の商品と実質的に同一の形態というべきである（知財高判平成26年2月26日判例秘書登載）。

具体的には、原告商品と被告商品の商品形態を比較して、共通点、相違点を挙げ、原告商品の形態の特徴的部分が同じであるか、寸法、材質が同じであるか、相違点が同一性の判断にどのように影響するかを主張し、図面や写真等で立証する。また、模倣者が原告商品の形態にアクセスした又はアクセス可能であったと立証することで、主観的要件を推定させることができる。

なお、令和5年改正により、リアルの商品の形態をリアル空間で模倣して提供する行為に加えて、新たに①リアルの商品の形態をデジタル空間上で模倣して提供する行為や、②デジタルの商品の形態をデジタル空間上で模倣して提供する行為、③デジタルの商品の形態をリアル空間で模倣して提供する行為も不正競争と位置づけられるようになった。

ウ 被告側の立証

被告の反論としては、第一に、原告商品の形態に依拠していないことを主張する「独自開発の抗弁」と呼ばれる間接反証をすることが考えられる。具

実践編　第8章　知的財産権関係

体的には、被告商品形態の開発・決定過程を社外デザイナーへ委託したのであれば、その委託契約書、商品企画書、設計書、社内稟議書等を準備する。

第二に、「商品の機能を確保するために不可欠な形態であること」（不正競争2条1項3号括弧書き）として、当該形態をとらない限り、商品として成立しえず、市場に参入することができないものであることを主張立証する。商品の機能を確保するために不可欠な形態に該当するか否かは、「商品を全体として観察して判断すべきであって、全体としての形態を構成する個々の部分的形状を取り出して個別にそれがありふれたものかどうかを判断した上で、各形状を組み合わせることが容易かどうかを問題にするという手法により判断すべきものではない。」（ストッキング事件：東京地判平成20年7月4日最高裁HP）。

第三に、形態模倣は、原告商品が最初に販売された日から3年を経過すると規制対象外となるので（不正競争19条1項6号イ）、商品の雑誌広告などで発売時期を特定し、3年が経過していることを主張立証する。

第四に、形態模倣商品を譲り受けた者の場合、形態模倣の商品であることを善意無重過失で譲り受けたことを主張立証する（不正競争19条1項6号ロ）。

⑸　営業秘密に係る不正行為（不正競争2条1項4号～10号）

ア　要　件

営業秘密を不正に取得、使用、開示等する行為が不正競争防止法2条1項4号から10号によって禁止される不正競争行為であり、営業秘密であると言うためには、「秘密管理性」「有用性」「非公知性」が要件となる。

イ　営業秘密

a　秘密管理性

秘密管理性の要件の趣旨は、企業が秘密として管理しようとする対象（情報の範囲）が従業員等に対して明確化されることによって、従業員等の予見可能性、ひいては、経済活動の安全性を確保することにある（経済産業省「営業秘密管理指針　平成15年1月30日（最終改訂：平成31年1月23日）」4頁）。

そして、秘密管理性は、当該情報が秘密であることが客観的に認識できる

ようにしておくことが要件となる。具体的には、企業の規模や情報の性質等を踏まえながら、当該情報にアクセスできる者を限定し、物理的・制度的に制約していること、就業規則で守秘義務を定めるだけでなく、秘密にアクセスできる者には「誓約書」を提出させていること、営業秘密文書には「部外秘・コピー禁止」等の記載をし、特定の場所での閲覧のみを許す等して秘密にする意思を内部的に表明していること、秘密情報を外部企業に委託して加工する場合に秘密保持契約をしていること等を立証する（具体的な検討にあたっては、上記経済産業省の指針も参考にする。）。

b 有用性

事業活動に有用な技術上又は営業上の情報であることが要件となっており、具体的には、ノウハウや新規開発の情報、顧客名簿、取引先・仕入先名簿等で立証する。ただし、法令違反の情報、スキャンダル情報等は会社の存続には必要であっても、事業活動に有用な情報ではないとされている。

c 非公知性

公然と知られていないことも要件となっている。具体的には、刊行物で当該情報が発表されていないこと、第三者が容易に入手できないこと等、保有者の管理下以外では一般的に入手できないことを主張立証することになる。

ウ 侵害行為の類型

営業秘密に関する侵害行為として、以下の7類型の行為が定められている（不正競争2条1項4号～10号）。

① 営業秘密を不正取得し、又は当該不正取得した営業秘密を使用・開示する行為

② 不正取得が介在する営業秘密であることを知って（重過失で不知の場合も含む）、取得・使用・開示する行為

③ 営業秘密取得後に不正取得が介在したことを知って（重過失で不知の場合も含む）使用・開示する行為

④ 営業秘密の保有事業者から示された営業秘密を、不正競業その他の不正利益を得る目的又は保有事業者に損害を加える目的で使用・開示する行為

⑤ 営業秘密の不正開示行為によること、又は不正開示行為が介在するこ

とを知って（重過失で不知の場合も含む）、営業秘密を取得・使用・開示
する行為

⑥　営業秘密取得後に、不正開示行為があったこと、又は不正開示行為が
介在したことを知って（重過失で不知の場合も含む）、営業秘密を使用・
開示する行為

⑦　技術上の営業秘密の不正使用行為によって生じた物の譲渡等をする行為

　上記各類型の行為は内密に行われるのが一般であり、当該行為があったで
あろうと推認させる間接事実を主張立証することになる。例えば、元従業員
が競合会社に就職し、前職の会社で営業秘密として管理していたロボットシ
ステムの設計図面、データを不正に取得・使用して、類似のロボットシステ
ムを製造販売していた事案（名古屋地判平成20年3月13日判時2030号107頁）で
は、元従業員と他の従業員との社内メールや、被告が提出した設計図面が原
告保有の設計図面と寸法が若干異なる点を除きほぼ同じであることを主張立
証することにより、不正取得・不正利用が認められている。

エ　被告側の反証・抗弁

　営業秘密であることについては、当該情報と同種情報を記載した文献等に
より公知性を主張することもできる。また、秘密管理されていないことにつ
いては、被告が客体たるデータを入手した経路を主張立証し、侵害行為がな
いことについては、自己が開発したことを主張立証するために、開発企画書・
設計図・開発必要機材の調達・実験ノート等を用いる。さらに、抗弁として、
善意で重過失なく営業秘密を取得し使用・開示したことを主張立証すること
ができる（不正競争19条1項7号）。なお、不正競争防止法2条1項4号から
9号までの不正競争のうち、営業秘密を使用する行為に対する同法3条1項
の規定による侵害の停止又は予防を請求する権利は、侵害の事実及びその行
為を行う者を知った時から3年又は行為の開始の時から20年で消滅する（不
正競争15条1項）。差止請求権が消滅すると、その後に営業秘密使用行為によっ
て発生した損害に関する賠償請求も制限される（不正競争4条但書）。もっと
も、不正使用行為の消滅時効が経過した後に当該営業秘密の使用行為に基づ
いて生じた営業秘密侵害品の譲渡等の行為は適用除外となる（不正競争19条

1項8号）。

⑹　**限定提供データに係る不正行為（不正競争2条1項11号～16号）**

　限定提供データとは、限定提供性（業として特定の者に提供するものであること）、電磁的管理性（電磁的方法により管理されていること）、相当量蓄積性（電磁的方法により相当量蓄積されること）の要件を満たす技術上・営業上の情報をいう（不正競争2条7項）。そして、限定提供データに関する侵害行為として、以下の6類型の行為が定められている（不正競争2条1項11号～16号）。

　①保有者から限定提供データを不正な手段で取得し、又は当該不正取得した限定提供データを使用、開示する行為

　②不正取得行為の介在について知って（悪意で）限定提供データを取得し、使用、開示する行為

　③限定提供データを取得した後に、不正取得行為の介在について知って（悪意で）限定提供データを開示する行為

　④保有者から正当に示された限定提供データを不正に使用、開示する行為

　⑤保有者から正当に示された不正開示行為の介在等について知って（悪意で）限定提供データを取得し、使用、開示する行為

　⑥限定提供データを取得した後に、不正開示行為の介在について知って（悪意で）限定提供データを開示する行為

　限定提供データの「使用」とは、データを用いる行為をいい、「開示」とは、データを第三者が知ることができる状態に置くことをいう（経済産業省知的財産政策室編・前掲、資料3　経済産業省「限定提供データに関する指針　平成31年1月23日（最終改訂令和6年2月）」20～22頁）。

　被告側の反証としては、限定提供データ保有者からライセンス契約や業務委託契約等に基づき正当に取得したこと等を主張することが考えられる。なお、不正競争防止法2条1項11号から16号までに掲げる不正競争のうち、限定提供データを使用する行為に対する同法3条1項の規定による侵害の停止又は予防を請求する権利は、侵害の事実及びその行為を行う者を知った時から3年又は行為の開始の時から20年で消滅する（不正競争15条2項）。もっと

実践編　第8章　知的財産権関係

も、限定提供データ不正開示行為の介在等について知らずに取得した者について、その後悪意に転じた場合であっても、悪意に転じる前に契約等に基づき取得した権原の範囲内で開示する行為（不正競争19条1項9号イ）と、相手を特定・限定せずに無償で広く提供されているデータを取得し、又はその取得したデータを使用し、若しくは開示する行為（同号ロ）は適用除外とされている。また、同法15条によって差止請求権が消滅した後にその限定提供データを使用する行為によって生じた損害については、損害賠償の義務を負わないとされている（不正競争4条ただし書き）。

(7)　技術的制限手段に対する不正行為（不正競争2条1項17号、18号）

　不正競争防止法2条1項17号及び18号は、コンテンツの提供に際して無断コピーや無断アクセスを防ぐために用いられている技術的制限手段に対する不正行為、すなわち技術的制限手段の効果を妨げ、その機能により制限されている影像の視聴等を可能とする機能を有する装置やプログラムを譲渡等する行為を不正競争行為として制限する。

　原告は、営業上用いられている技術的制限手段により制限されている影像の視聴等を提供していること、及び被告が当該技術的制限手段の効果を妨げることにより影像の視聴等を可能とする機能を有する装置やプログラムを記録・記憶した記録媒体や機器を譲渡等していることを主張立証することになるが、本号にいう「営業上用いられている」とは、ある営業活動のために用いていることをいい、事業活動と関係のない目的で用いられてるものは含まれない（経済産業省知的財産政策室編・前掲130頁）。

　被告側の反証としては、技術的制限手段の試験又は研究のために譲渡、引渡し等を行ったことを示すために（不正競争19条1項10号）、目的の記載された契約書等の書面や、研究ノートを提出することが考えられる。

(8)　ドメイン名に係る不正行為（不正競争2条1項19号）

　同号は、不正の利益を得る目的又は他人に損害を加える目的で、他人の特定商品等表示と同一又は類似のドメイン名を使用する権利を取得し、若しく

は保有し、又はそのドメイン名を使用する行為を不正競争行為として規制する。

「不正の利益を得る目的」とは、公序良俗、信義則に反する形で自己又は他人の利益を不当に図る目的をいい、「他人に損害を加える目的」とは、他者に対して財産上の損害、信用の失墜といった有形無形の損害を加える目的をいう（経済産業省知的財産政策室編・前掲145頁）。具体的には、著名なドメイン名を高額で売りつける目的で取得したとか、ワンクリック詐欺に利用した等の事実を主張することになる。立証方法としては、当該ドメイン名を利用したウェブサイトを開設していないことやワンクリック詐欺のサイトに移動することをウェブのスクリーンショットで示したり、相手方から販売の連絡が来たときの書面を提出したりすることになる。

なお、ドメイン名を取得した者の連絡先は、「jp」ドメイン名であれば、株式会社日本レジストリサービスに情報開示請求を行い、確認することになる。

⑼　原産地・品質等誤認惹起行為（不正競争2条1項20号）

同号は、商品・役務の原産地、質、内容、用途、数量等について誤認を生じさせるような表示を行う行為、その表示をした商品を譲渡等する行為、その表示をして役務を提供する行為を不正競争行為として規制する。

「誤認させるような表示」に該当するか否かは、個別・具体の事案に応じて、当該表示の内容や取引界の実情等、諸般の事情が考慮されたうえで、取引者・需要者に誤認を生じさせるおそれがあるかどうかという観点から判断される。したがって、誤認させるような表示がなされているというだけではなく、具体的に誤認されるおそれがあることを示す事実を具体的に主張立証しなければならない。なお、誤認惹起行為は、商品・営業の普通名称又は慣用表示を普通に用いられる方法で使用等する場合には差止請求権や損害賠償等の規定の適用除外となっている（不正競争19条1項1号）。

⑽　信用毀損行為（不正競争2条1項21号）

同号は、競争関係にある者が、客観的真実に反する虚偽の事実を告知又は流布して、他人の営業上の信用を害する行為を不正競争行為として制限する。

実践編　第8章　知的財産権関係

「虚偽の事実」とは、客観的真実に反することであり、行為者自らが虚構したものであると他人が虚構したものであるとを問わない。また、表現を緩和したものであっても、表現の実質的内容が事実に反している場合も含まれる（経済産業省知的財産政策室編・前掲161〜162頁）。

他人の営業上の信用を害するか否かは、対象となる文言のみならず、告知文書の他の部分や、添付された文書の記述をも併せて読むことにより、全体として虚偽といえるかどうか検討すべきであり、告知文書の形式・趣旨、告知の経緯、告知文書の配布先の数・範囲、告知の相手方のその後の行動等の諸般の事情を総合して判断すべきである（東京地判平成18年9月26日判夕1228号330頁）とされている。したがって、虚偽の事実を告知していると主張立証するために、告知の相手方や当該相手方の行為を調査し、調査結果を告知文書と共に証拠として提出することになる。

⑾　代理人等の商標冒用行為（不正競争2条1項22号）

同号は、外国において商標に関する権利を有する者の代理人又は代表者による商標冒用行為を不正競争行為として規制する。

「代理人」とは、法律上の代理権の存否を要件とすることなく、広く解されるべきであり、同盟国商標権者との間に特定商品の包括的な代理店関係を有するものに限ることなく、何らかの基礎となる代理関係があれば足りるとされている（大阪地判平成12年12月14日最高裁HP）。

「正当な理由」とは、学説上、商標に関する権利者が我が国における権利を放棄した場合や、権利取得の意思がないことを代理人等に信じさせた場合等であると考えられているが、それだけでは足りず、代理人等の側に類似商標を使用する必要性や、かかる使用を社会的に是認することのできる利益が備わっていなければならないという考えもある（小野昌延編著『新・注解不正競争防止法上巻（第3版）』（青林書院、平成24年）814頁）。なお、商品・営業の普通名称又は慣用表示を普通に用いられる方法で使用等する場合（不正競争19条1項1号）や、自己の氏名を不正な目的でなく使用等する場合（同項2号）は、差止請求権や損害賠償等の規定の適用除外となっている。

268

第9章　公法関係

1　新しい行政不服審査制度と証拠収集

⑴　行政不服審査法の改正

　昭和37年の制定以来、半世紀余り実質的な改正がなされてこなかった行政不服審査法が、①行政不服審査制度の公正性の向上、②行政不服審査制度の使いやすさの向上、③国民の救済手段の充実、拡大の観点から、平成26年に大改正され、平成28年4月1日から施行され、同日以降にされた処分に対する不服申立てからは、新しい不服申立制度が適用されている。

⑵　平成26年改正法による新しい行政不服審査制度

　新しい不服申立制度においては、異議申立手続が廃止され、審査請求に一元化され（行審2条）、さらに、不服申立てが大量にされる処分等については、個別法の規定により再調査の請求が審査請求との自由選択として導入された（行審5条1項）。

　なお、再調査の請求をした場合には、原則として決定があるまで、審査請求をすることができず（行審5条2項本文）、一定の理由がある場合のみ、審査請求をすることができる（行審5条2項但書1～2号）。

　この再調査の請求は、処分庁が事実関係等の再調査を行い、再考するものである。審査請求よりも簡易迅速な手続である再調査の請求においては、審理員による審理手続も、行政不服審査会等への諮問手続もない。

　また、行政不服審査制度の一般法である行政不服審査法の大改正に合わせて、不服申立前置主義が廃止ないし縮小された。

　審査請求については、主観的審査請求期間が、正当な理由があるときを除き、処分があったことを知った日の翌日から起算して60日と定められていたのが、3か月に延長された（行審18条1項）。

　審理の迅速化を図るために、標準審理期間の設定（行審16条）、争点整理のための審理員による審理手続の計画的遂行も規定された（行審37条）。

269

実践編　第9章　公法関係

　審査請求における標準的な手続の流れは、①審査請求人による審査請求の後、指名された審理員が、審査請求人の審査請求書、処分庁の弁明書、弁明書に対する審査請求人の反論書・参加人による意見書といった主張書面及び証拠の提出や口頭意見陳述等を受けて審理を行い、審査庁に対して裁決の案である審理員意見書を作成し（行審42条）、②審査庁が、事件記録とともに第三者機関である行政不服審査会等に諮問し、その答申を受けて、裁決をする。

　行政不服審査制度の目的である公正性（行審1条参照）に関しては、審査請求の対象となった処分・不作為や処分の再調査の請求についての決定に関与した職員や関与することとなる職員や審査請求人と一定の身分関係にある者は、審理に関与しないこととされ（行審9条2項）、それ以外の職員（審理員）が審査庁により指名されて審理を行う。

　また、裁決については、審査請求人が希望しない場合や当該第三者機関が不要と認めた場合等を除き、第三者機関である行政不服審査会（地方公共団体の場合には同等の執行機関の附属機関。以下、行政不服審査会等と合わせて「行政不服審査会等」という）に諮問がなされる（行審43条・81条）。

　行政不服審査会等における審理手続は、審理員意見書及び事件記録に基づく書面審理によるが、審査関係人（行審74条は、審査請求人、参加人、及び審査庁をいうと定義している。以下、同じ。）からの申立てがあった場合には、行政不服審査会等が不要と認める場合を除き、口頭による意見申述の機会が与えられる（行審75条1項）。

(3)　行政不服審査制度における証拠収集

　審査関係人は、行政不服審査会等に対し、主張書面・資料を提出することができ（行審76条1項）、また、提出された主張書面・資料を閲覧・謄写をすることができる（行審78条1項）。

　また、審査請求人又は参加人は、一定の書類等の謄写・写しの交付請求権が認められる（行審38条1項）。閲覧等の請求は、審理員に対して行使する。

　閲覧等の請求の対象となる一定の書類等とは、「第29条第4項各号に掲げる書面又は第32条第1項若しくは第2項若しくは第33条の規定により提出さ

れた書類その他の物件」（行審38条1項括弧書き）のことである。

　具体的には、①「第29条第4項各号に掲げる書面」として、処分庁が弁明書に添付する行政手続法上の聴聞調書（行手24条1項）・聴聞報告書（同条3項）・弁明書（行手29条1項）、②「第32条第1項若しくは第2項若しくは第33条の規定により提出された書類その他の物件」として、審査請求人・参加人が提出した証拠書類・証拠物（行審32条1項）、処分庁等が提出した処分理由となる事実を証する書類その他の物件（行審32条2項）、審理員が所持人に対して提出要求し、提出された書類その他の物件（行審33条）である。

　閲覧等の請求は、裁決を不服として行政訴訟で争う場合にも、重要な証拠となりうる。なお、審理員が作成した文書等は、閲覧等の対象とはなっていない。

　また、口頭意見陳述手続における処分庁への質問権が認められている（行審31条5項）。

【参考文献】
・櫻井敬子・橋本博之著『行政法（第6版）』（弘文堂、令和元年）
・宇賀克也著『行政不服審査法の逐条解説』（有斐閣、平成27年）

2　独占禁止法

(1)　独占禁止法違反に対する法的措置

　私的独占の禁止及び公正取引の確保に関する法律（以下「独禁法」という）は、公正で自由な競争の促進を目的とした法律である。

　独禁法は、その目的を達成する手段として、私的独占（独禁3条・2条5項）、不当な取引制限（独禁3条・2条6項）及び不公正な取引方法（独禁19条・2条9項）を禁止し（独禁1条参照）、その他事業者団体の行為（独禁8条）、株式の保有等に対しても一定の規制をかけている（独禁9〜18条）。

　独禁法は、同法違反行為に対する法的措置として、次の三つを規定している。

ア　行政上の規律

　公正取引委員会（以下「公取委」という）による、各違反行為に対する排

実践編　第9章　公法関係

除措置命令（独禁7条・8条の2・17条の2・20条）、課徴金納付命令（独禁7条の2・8条の3・20条の2～20条の7）、独占的状態に対する措置（独禁8条の4）がある。

　排除措置命令や課徴金納付命令に関する調査手続は、基本的に、公取委の職権探知や一般からの報告（独禁45条）及び違反事業者からの報告（独禁7条の2第10項～13項、課徴金減免制度）等により始まる。公取委は、事件の調査を行い（犯則調査：独禁12章、審査：45条2項・47条・48条）、命令の名宛人となるべき者に対して、意見聴取を行う（独禁49～60条・62条4項）。

　その後、公取委は、同意見聴取の内容を踏まえて、名宛人に対し、排除措置命令及び課徴金納付命令を文書で行う（独禁61条・62条）。同命令に不服がある名宛人は、公取委を被告として（独禁77条）、東京地方裁判所に対して、同命令の取消訴訟を提起することができる（独禁85条1項、行訴3条）。

　排除措置命令の発令までの仮の措置として、緊急停止命令が規定されている（独禁70条の4）。排除措置命令違反や緊急停止命令違反に対しては、過料の制裁がある（独禁97条・98条）。

イ　刑事上の規律

　私的独占・不当な取引制限、確定排除措置命令違反、企業結合規制違反、届出等違反について罰則の定めがある（独禁89条以下）。

ウ　民事上の規律

　私的独占又は不当な取引制限の禁止（独禁3条）、特定の国際的協定又は契約の禁止（独禁6条）、不公正な取引方法の禁止（独禁19条）に違反する行為を行った事業者及び事業者団体の禁止行為（独禁8条）に違反する行為を行った事業者団体は、被害者に対し、無過失の損害賠償責任（排除措置命令又は課徴金納付命令の確定が要件となっている（独禁25条・26条））、民法上の不法行為（民709条等）に基づく損害賠償責任を負う。また、株主代表訴訟や住民訴訟による損害賠償責任を負う場合もある。そのほかに、事業者や事業者団体による不公正な取引方法に対しては、その行為により利益を侵害される者による、独禁法違反行為の差止請求も可能である（独禁24条）。

272

⑵　独禁法関係事件において収集すべき証拠

　以下は上記の措置のうち、⑴ウに関する民事訴訟における被害者側の証拠収集について述べる。

　不当な取引制限について、共同行為を証明するための資料として、協定書、決定議事録、出席者の上司への報告書、会合の経緯に関するメモ等がある。

　また、不公正な取引方法については、メーカーの示した価格で販売することが定められている契約書（再販売価格の拘束）、安売り業者には販売しない旨の卸売業者のメーカーに対する誓約書（拘束条件取引、その他の取引拒絶）等がある。

　独禁法違反者は、独禁法違反の追及から逃れるため、違反行為の存在を隠蔽しようとするので、協定書や議事録等の直接的な証拠が残されていることは少ない。また、仮にそのような証拠があったとしても、通常は違反者側の手元にあるから、被害者（特に直接の取引先以外の者）がそれらの証拠を収集することは困難である（特に訴訟提起前においては困難である）。

　そこで、独禁法違反行為について排除措置命令等・同命令取消訴訟が行われている場合には、公取委が独禁法違反行為の調査過程で取得する事実認定の資料（供述調書・報告書を含む）及び排除措置命令書等の謄本を利用することが考えられる。

⑶　独禁法関係事件における証拠の収集方法

ア　公取委からの記録の取得

　公取委は、被害者の立証負担を軽減して独禁法25条に基づく損害賠償請求訴訟制度が有効に活用されるように、また、独禁法違反行為を原因とする民法709条に基づく損害賠償請求訴訟等に資するため、平成3年5月15日、裁判所又は訴訟当事者に対して、違反行為の存在及び損害に関する立証に必要な資料等を提供するための基準（「独占禁止法違反行為に係る損害賠償請求訴訟に関する資料の提供等について」）を作成・公表し、これに基づいて資料提供等を実施することとした（事務局長通達第6号。なお、同通達は、平成27年3月31日事務総長通達第7号により改正された。）。

実践編　第9章　公法関係

a　排除措置命令等確定後の資料

　まず、独禁法違反行為の被害者は、損害賠償請求訴訟提起前の段階でも、公取委から、排除措置命令書又は納付命令書の謄本又は抄本の提供を受けることができる（上記通達参照）。

　次に、独禁法違反行為の被害者が損害賠償請求訴訟を提起した後、受訴裁判所を通して公取委に文書送付嘱託を行うことにより資料の提供を受けることができる（民訴226条）。公取委は、受訴裁判所から文書送付嘱託があったとき、事業者の秘密・事件処理手続上の問題・個人のプライバシーに配慮しつつ、命令に至るまでの過程で取得・作成した資料のうち、違反行為の存在に関連する資料（事件記録、事実認定の基礎とした資料等）並びに違反行為と損害との関連性ないし因果関係及び損害額に関連する資料（違反行為の対象商品又は役務の取引・流通慣行等に関する資料、違反行為の経緯、実施状況、実効確保手段等に関する資料等）を提出するものとされている（通達参照）。また、公取委は、受訴裁判所から、調査嘱託（民訴186条）、鑑定嘱託（民訴218条）があった場合、事業者の秘密等に配慮しつつ、これに応ずるものとされている（通達参照）。

b　排除措置命令等確定前の資料提供

　独禁法違反行為の被害者は、損害賠償請求訴訟提起前の場合、公取委から、排除措置命令書又納付命令書の謄本又は抄本の交付を受けることができる。

イ　当該違反行為が刑事事件となっている場合には当該刑事事件訴訟記録の閲覧（刑訴53条〔被告事件の終結後〕）、記録取寄せ（検察庁に対する文書送付嘱託）

ウ　独禁法違反行為者に対する当事者照会（民訴132条の2・163条）

エ　文書提出命令の活用（民訴220条以下）

　独禁法違反行為の被害者は、公取委から審判記録の開示を求めることができていた。もっとも、その後の改正により審判手続が廃止された関係から、同条の開示制度も廃止された。

　そのため、以後、独禁法違反行為の被害者が公取委との間で記録の開示の範囲を争う場合は、文書提出命令を申し立てることが考えられる。もっとも、

274

公取委が、提出命令の対象となる文書の提出について、「公務の遂行に著しい支障を生ずるおそれがある」（民訴220条4号ロ）に該当すると主張することが想定される。

しかし、東京高決平成19年2月16日金判1303号58頁は、既に公取委における手続が全て終了していることから、文書の提出による公取委の審査業務に著しい支障が生ずるようなおそれは認められず、また、審判手続が公開されていること、公取委が審判手続終了後は（改正前）独禁法70条の15により文書の提出に応じていることから、供述者の供述内容が他に開示されないことが制度上保障されているわけではないことから、「公務の遂行に著しい支障を生ずるおそれがある。」に該当しないと判断した。

平成25年の独禁法改正は、審判手続を廃止したものの、現行法下においても、公取委の主張が認められることにはならないはずである。

オ　独禁法24条に基づく差止訴訟を提起した場合の文書提出命令の特則（独禁80条）

独禁法24条に基づく差止請求訴訟では、裁判所は、書類の所持者が提出を拒む正当な理由がない限り、その侵害行為を立証するため必要な書類の提出を当事者に対して命ずることができる。これは、民訴法220条4号の営業秘密文書又は自己利用文書として提出義務が否定されてきた文書でも、一定の範囲で文書提出命令を認めるものである。

独禁法は、証拠収集の範囲を広げた代わりに、差止訴訟における当事者等への秘密保持命令（独禁81条）、記録閲覧等の制限（独禁83条）の制度を設けている。

カ　公取委審決集、公正取引特報等による審決・課徴金納付命令・審判開始決定等の調査

公取委審決集は、公正取引委員会による刊行物であり、主要な大学の図書館において所蔵されている。公正取引特報は、公益財団法人公正取引協会における刊行物であり、公正取引委員会や消費者庁ほか関係当局の報道発表資料などを、要約とともにまとめたものである。

実践編　第9章　公法関係

キ　独禁法25条に基づく損害賠償請求訴訟が提起された場合の公取委の
「同条に規定する違反行為に因って生じた損害の額」についての意見（独
禁84条）

この公取委の意見は、裁判所が損害の存否、額を判断するに当たっての一
つの参考資料にすぎず、裁判所の判断を何ら拘束するものでないと解されて
いる（最一小判昭和62年7月2日民集41巻5号785頁等）。

【参考文献】
・村上政博・栗田誠・矢吹公敏・向宣明編『独占禁止法の実務手続』（中央経済社、
　令和5年）

3　課税処分取消訴訟

(1)　はじめに

課税処分取消訴訟は、税務署長による納税者の確定申告に対する更正及び
無申告納税者に対する決定（国税通則24条・25条。なお、これら両者を含む意
味で「課税処分」という）の取消しを求める訴訟類型である（行政訴訟）。

課税処分は、行政処分として公定力を有していることから、仮にそれが違
法であっても、納税者が通常の民事訴訟で国を相手に課税処分に係る租税債
務の不存在確認を求めたり、課税処分により納付した租税の還付を求めたり
することは許されない。課税処分取消訴訟は、課税処分の公定力を排除し、
租税の納付の拒否又は納付した租税の還付請求を正当化するものである。課
税処分に対する不服申立て、課税処分取消訴訟の提起によっても課税処分の
手続の続行（滞納処分の執行）は停止されない（国税通則105条1項・114条、
行訴25条1項）。

なお、課税に関する手続には行政手続法の適用はない（国税通則74条の
14）。

276

⑵　行政不服審査法改正と不服申立前置主義の存続

ア　平成26年の行政不服審査法改正（平成28年4月1日施行）により、異議申立てと審査請求が一本化され、国税に関する処分に不服がある者は、全ての処分について、国税不服審判所長に対して審査請求をすることが可能となった。そして、審査請求をする前に再調査の請求（国税通則77条、81条）をするかどうかは、請求人の自由選択である（国税通則75条）。なお、再調査の請求は、処分庁が行った更正や決定、滞納処分などについて不服があるときに、当該処分の取消しや変更を求める手続である。

ただし、国税に関する法律に基づく処分については、大量の不服申立てがあり、直ちに出訴されると裁判所の負担が大きくなるため、国税に関する法律に基づく処分については不服申立前置主義が採用されている（国税通則115条1項柱書）。

イ　再調査の請求、審査請求は、原則として処分があったことを知った日（処分に係る通知を受けた場合には、その受けた日）の翌日から起算して3か月以内にしなければならない（国税通則77条1項）。

ウ　審査請求をする前に再調査の請求をし、その決定になお不服がある場合には、国税不服審判所長に審査請求をすることができる（国税通則75条3項）。この審査請求は、原則として、再調査決定書の謄本の送達があった日の翌日から起算して1か月以内にしなければならない（国税通則77条2項）。なお、再調査の請求をした日の翌日から3か月を経過してもなお再調査の請求について決定がない場合は、決定を待たずに審査請求をすることができる（国税通則75条4項）。

エ　審査請求の裁決が出た場合、若しくは審査請求がされた日の翌日から起算して3か月を経過した場合等は、取消訴訟の提起が可能となる（国税通則115条1項）。なお、出訴期間は、原則として、処分又は裁決があったことを知った日から6か月以内である（国税通則114条、行訴14条1項）。

実践編　第9章　公法関係

(3)　課税処分取消訴訟の特徴
ア　納税者側の勝訴率の低さ

　令和4年度における訴訟の終結件数は、186件であり、納税者側の勝訴率は、一部認容4件、全部認容6件で、5.4％にとどまる。東京地裁の裁判官の講演では、行政庁がそれなりに判断したことに対し、裁判所が「NO」という率としては決して低くないと考えているとのことなので、要注意である。

イ　「和解なし」の訴訟であること

　課税処分取消訴訟においては、ごくごく稀に、課税庁側が減額更正を行って原告が訴えを取り下げるという方法による実質的な和解が行われることがあるが、一般的には「和解なし」という前提で訴訟に臨む必要がある。

ウ　課税庁側代理人団の構成

　課税庁側の代理人団は、通常、法務局から2名、国税局から2名の計4名をもって構成されている。通常の行政事件における代理人団と異なる点は、国税局には訟務官室という訴訟を扱う専門の部門があり、しかも訟務官室には、法人税、所得税、資産税（相続税・贈与税、譲渡所得税）等の部門毎にそれぞれ専門の職員が配属されている点である。

エ　低い勝訴率の要因

　課税庁の職員には納税義務者等に対する質問検査権（国税通則74条の2～74条の6）及び団体に対する諮問及び官公署等への協力要請権（国税通則74条の12）が認められているのみならず、国税不服審判所の審判官においても審理のための質問検査権が認められている（国税通則97条）。加えて、国税官庁自身が膨大な個人・企業についての資料を有しており、これらに基づく資料等が訴訟において課税庁側の主張を支える証拠として提出されることになる。これらについては、行政手続法の適用がないとされているため（国税通則74条の14）、争うのは難しく、立証のイニシアティブは課税庁にあるといえる。

(4)　証拠の収集
ア　訴状に添付すべき証拠

　基本的には、課税根拠事実の主張立証責任は被告である課税庁にあるが、

278

課税処分の存在を立証するための「更正通知書」、課税処分の経緯を立証するための「再調査決定書」や「裁決書」を収集して訴状に添付することが望ましい。

「再調査決定書」や「裁決書」を提出することにより、訴状において違法理由を具体的に主張しなくとも、裁判所に争点を予告することにもなるからである。

イ　その他の証拠の収集

a　国税不服審判所に提出した書類の還付請求

審査請求の審理のために国税不服審判所に提出した証拠書類等（国税通則96条・97条）は、裁決後速やかに還付されるべきものであるから（国税通則103条）、返還未了の場合には、直ちに返還を求め、証拠として活用すべきである。

b　確定申告書の控えが依頼者（原告）の手元にない場合

依頼者本人及びその代理人が、税務署に提出した原本を閲覧することは可能であるが、そのコピーをもらうことまではできない。弁護士会照会によってもコピー添付による回答を求めることはできない。

もっとも、東京地裁の扱いとしては、行政庁が所持する証拠については、早急に提出を求める扱いをしているので、行政庁に提出を求めるのも一案である。

(5)　通達・文献等の収集

ア　通達集

課税処分取消訴訟においては、『税務六法通達編』（ぎょうせい）などの通達集を参照することが必須である。また、国税庁ホームページで閲覧することもできる。

イ　文　献

課税処分取消訴訟においては、文献等が証拠という形で裁判所に提出される度合が高いのも一つの特徴である。

税法の解釈・運用に関する書物として、国税庁・国税局等が監修し執筆している書籍が多数出版されている。政府刊行物センターや国税局の庁舎内に

実践編　第9章　公法関係

ある書店にはその種の書籍が取り揃えられている。

　国税不服審判所裁決事例集が公表されているが、国税不服審判所では、先例となるような裁決については、「裁決事例集」を作成し、審判所ホームページ上で公表している。もっとも、全ての裁決が公開されているわけではなく、特に税務署長の主張が認められなかった裁決事例の掲載が少ないのではないかと思われる節もある。未公表裁決でも行政機関の保有する情報の公開に関する法律による行政文書開示請求が可能であるが、請求文書を特定（行政機関の保有する情報の公開に関する法律4条）する必要があるため、未公表裁決を特定するのが難しく、証拠収集の効果を上げるのは難しい。

4　退去強制令書発付処分等取消訴訟

⑴　はじめに―退去強制手続の流れ―

　出入国管理及び難民認定法（以下「入管法」という）は、出入国の公正な管理、難民の認定手続の整備を目的とした法律であり（入管1条）、その目的達成手段として、退去強制事由（入管24条）に該当する外国人を対象とする、日本からの退去強制手続を規定するものである。

　具体的な退去強制手続は、先行刑事手続終了後の入国管理局（以下「入管」という）への引渡し、外国人の自発的申告や入国警備官の職権摘発を端緒とする違反調査に始まる（入管27条）。

　入国警備官は、調査対象の外国人について、強制退去事由に該当すると疑うに足りる相当な理由がある場合、その所属官署の主任審査官［上級の入国審査官で法務大臣が指定するもの（入管2条11号）］からの収容令書の発付により、当該外国人を収容することができる（入管39条）。入国警備官は、身体拘束開始時から48時間以内に、当該外国人を入国審査官に引き渡さなければならない（入管44条）。

　入国審査官は、当該外国人が退去強制対象者に該当するかを審査し（入管45条）、退去強制対象者に該当すると認定した場合、当該外国人に対して、その旨を「認定通知書」という書面により通知する。当該外国人が認定に服

280

した場合は、主任審査官より退去強制令書が発付される。当該外国人が在留を希望する場合は、通知を受けた日から3日以内に、特別審理官の口頭審理の請求をすることができる（入管48条）。

特別審理官は、口頭審理（代理人及び立会人の同席可）の結果を踏まえて、入国管理官の認定に誤りがないと判定したときは、当該外国人に対して、その結果を「判定通知書」という書面により通知する。外国人がその判定に服したときは、退去強制令書が発付される。外国人が在留を希望する場合は、通知を受けた日から3日以内に、法務大臣に対して異議を申し出る（入管49条1項）。

法務大臣又は委任を受けた地方入国管理局長は、異議の申出に理由があるか否か、異議の申出に理由がなくても在留特別許可（入管50条1項）をすべき事情があるか否かを判断し、その裁決の結果を主任調査官に通知する（入管49条3項）。異議の申出に理由がなく、特別在留許可もしないとの裁決の通知を受けた主任審査官は、外国人にその旨を知らせ、退去強制令書を発付する。

退去強制令書の発付処分に不服がある外国人は、法務大臣又は地方入国管理局長の裁決及びこれに基づく退去強制令書発付処分の取消しを求める訴訟を提起することができる。

(2) 退去強制令書発付処分等取消訴訟において収集すべき証拠

ア 基本的な証拠

本人の在留歴や出入国歴を確認するため、本人のパスポート、外国人登録原票や外国人住民に係る住民票を取得すべきである。また、取消訴訟の出訴期限を確認するため、裁決通知書を取得すべきである（なお、退去強制令書の通知書は本人に渡されない）。

イ 入管で作成された証拠

退去強制事由は、不法残留（オーバーステイ）、不法入国や刑罰法令違反等様々であり、収集すべき証拠も事案により異なる。

しかしながら、退去強制手続における入管側の考えを把握するためにも、退去強制手続の過程で作成された調書等の記録を取得することが重要である。また、当該手続で不適切な供述調書が作成されないためにも、退去強制

実践編　第9章　公法関係

令書発付前の口頭審理の段階から、代理人として立ち会うことが望ましい。

ウ　ガイドラインや通達

在留特別許可の判断の大多数は、入管の内部基準に従って、一定程度、定型的な判断がなされている部分がある。そのため、在留特別許可をしない旨の裁決の裁量権の逸脱・濫用を主張する際には、ガイドラインや通達を収集し、主張を検討すべきである。

エ　身分関係の証拠

身分関係が重要な考慮要素とされている事案では、日本人と身分関係がある場合には戸籍謄本、出生や戸籍等について日本国内で届出がされている場合には出生届記載事項証明書、婚姻届記載事項証明書等を取得する。外国人の本国における出生や婚姻の届出を証明する書類等は、外国から書類を取り寄せる必要がある。

さらに、日本人や在留資格のある外国人の配偶者に在留特別許可がされるケースでは、婚姻の実体の立証が非常に重要になる。その場合には、配偶者やその家族や友人との関係性に関する証拠収集が必要となる。

オ　難民事件における文献や証拠

最後に、外国人が難民であることを理由として、退去強制令書発付処分等の取消しを求める場合は、難民該当性を検討する際の文献として、国連難民高等弁務官事務所（以下「UNHCR」という）が発行しているハンドブックを取得すべきである。

また、難民は、危機的状況から避難してきたため、自ら客観的証拠を所持していないことが多い。そのため、難民であるか否かの事実認定は、難民自身の供述が中心とならざるをえない。当該供述の信用性を補強するためにも、出身国情報の取得、依頼者と同じ体験を有する者の証言や出身国の情勢に詳しい専門家の意見等も取得することが望ましい。

(3)　退去強制令書発付処分等取消訴訟における証拠の収集方法

ア　依頼者及びその関係者からの取得

依頼者は、パスポート、裁決通知書等の基本的事項に関する証拠、配偶者、

子及び友人との日常的な関係性を示す証拠を持っている。また、依頼者の配偶者や友人からは、依頼者と周囲の人々との関係性に関して、依頼者との手紙やメール、SNS等のやり取り、住居内の私物等の客観的な証拠を取得することができる。

イ　入管からの書類の取得

退去強制手続の過程で入管側が作成した調書等の記録は、「行政機関の保有する個人情報の保護に関する法律」に基づき、法務省に対して開示を求めることができる。外国人登録原票や、日本人や外国人の出入国記録についても、個人情報開示請求により開示を求めることができる。これらの書類取得の方法として、訴訟提起後は、文書送付嘱託の方法も考えられる。

また、その他の日本の官公庁や団体からの文書入手の場合、文書送付嘱託や弁護士会照会を利用することができる。刑事手続が先行する外国人の場合、刑事事件記録の閲覧（刑訴53条）により刑事事件の記録を取得することも可能である。

ウ　在留特別許可の拒否の判断に関するガイドライン等は、法務省入国管理局のホームページにより閲覧することができる。

エ　難民認定基準ハンドブックは、UNHCR駐日事務所のウェブサイトから無料でダウンロードすることができる。また、出身国情報は、UNHCR運営の出身国情報検索サイトであるレフワールド（Refworld）、ヒューマンライツ・ウォッチ、アムネスティ・インターナショナルなどの国際人権NGOが発表する各報告書、全国難民弁護団連絡会議のホームページ等からも取得可能である。

【参考文献】

・東京弁護士会外国人の権利に関する委員会行政訴訟研究部会編著『入管訴訟マニュアル第2版』（現代人文社、平成29年）
・外国人ローヤリングネットワーク編『外国人事件ビギナーズver. 2』（現代人文社、令和2年）

実践編　第10章　親族関係

第10章　親族関係

1　離婚事件

(1)　離婚事件における各種請求

　離婚事件においては、①離婚を求める離婚請求のほかに、②未成年の子の親権者・監護者の指定、養育費の請求、③配偶者や第三者（不貞行為の相手方等）に対する慰謝料請求、財産分与の請求、年金分割、④離婚までの婚姻費用の分担請求など、数多くの解決すべき問題がある。本項では①について説明し、③については後記2、②及び④については後記3においてそれぞれ説明する。なお、いずれの請求との関係でも、陳述書、日記、メモなどの当事者、第三者の主観的記録が証拠・資料として有用なことは共通する。

(2)　離婚請求の手続

ア　調　停

　協議離婚が成立しなかった場合、いきなり離婚訴訟を提起することはできず、訴訟の前に、家庭裁判所に調停の申立てをしなければならない。この制度を調停前置主義という（家事244条・257条1項）。調停の申立てをすることなく訴訟を提起した場合、家庭裁判所は、その訴訟事件について、調停に付することが相当でないと認める場合を除き職権で、調停に付す（257条2項）。

　調停は、話合いによる円満解決を目的とする手続であるから、厳密な意味での立証（証明責任）の問題は生じない。しかし、調停における積極的な主張やその裏付けのために(3)において後述する各種証拠を資料として提出することが多い。

イ　訴　訟

　離婚調停が不成立（家事272条1項）により終了となった場合は、別途離婚訴訟を提起し、裁判による離婚を求めることになる。そして、裁判上の離婚が認められるためには、法定の離婚原因（民770条1項1号から4号）に該当する具体的事実を主張立証しなければならない。

284

なお、旧民法770条1項4号（回復の見込みのない強度の精神病）は令和6年の民法改正で削除された。

　法定の離婚原因とは、、1不貞行為（1号）、2悪意の遺棄（2号）、33年以上の生死不明（3号）、、5その他婚姻を継続し難い重大な事由（4号）の4つであり、それぞれ別個の訴訟物を構成すると解されている。そのため、離婚請求に必要な証拠は、離婚原因ごとに検討する必要がある。なお、実務上、離婚訴訟の訴訟物はほとんどが「その他婚姻を継続し難い重大な事由」（4号）が占めるとされ、かつそれで不都合はないとされている（小河原寧編著『人事訴訟の審理の実情（第2版）』（判例タイムズ社、令和5年）15頁）。

⑶　離婚請求に関する資料・証拠

ア　不貞行為（1号）に関する証拠・資料

　不貞行為とは、自由な意思に基づいて配偶者以外の異性と性交渉を行うことをいう。

①　住民票（相手方が不貞相手と同居している場合）

②　不貞行為の相手方の戸籍謄本（相手方と不貞相手との間に子がいる場合）

③　子のDNA鑑定書（同上）

④　写真、録音データ、ビデオデータ（例えば、ホテルへの出入り写真など）

⑤　興信所、探偵社等の調査報告書

⑥　クレジットカードの利用明細書、領収書（飲食店、ホテル等の利用記録）

⑦　パソコン・携帯電話のメール、SNS（LINE、Facebook、X（旧Twitter）、Instagram等）、手紙を利用した相手方と不貞相手とのやり取り

⑧　弁護士会照会の回答書、裁判所からの調査嘱託・送付嘱託の回答書等

・固定電話・携帯電話の契約者名・契約者住所の調査（各電話会社）・宿泊記録の調査（各宿泊施設）・日本人出帰国記録の調査（東京入国管理局（出入・登録照会担当））

※個人情報、プライバシーの保護等を理由に照会先が回答を拒否することがあるので、弁護士会照会や調査嘱託等を申し立てるときには、事前に照会先や裁判所に連絡し、回答の見込みを問い合わせたほうがよい（以下同じ）。

実践編　第10章　親族関係

⑨　自動車のカーナビゲーションシステムの検索履歴、走行経路履歴

⑩　スマートフォン、GSPタグ等のGPS位置情報履歴

⑪　相手方のアカウント情報（例：インターネットショッピングの配送先、検索エンジンの検索履歴等）

イ　悪意の遺棄（2号）に関する証拠・資料

悪意の遺棄とは、正当な理由なく民法752条の同居・協力・扶助義務を履行しないことをいう。

①　住民票（相手方と別居していること）

②　家出人捜索願出証明書（相手方が家出をしたこと、相手方による遺棄があったこと）

③　預貯金通帳（自分の収入で生活費を支出していること、相手方から生活費等の入金がないこと）

④　クレジットカードの利用明細書、領収書（生活費の記録）

⑤　弁護士会照会の回答書、裁判所からの調査嘱託・送付嘱託の回答書等

・家出人捜索願の受理日の調査（各警察署）

ウ　3年以上の生死不明（3号）に関する証拠・資料

生死不明とは、単なる行方不明とは区別され、相手方の生存の証明も死亡の証明もできない場合をいう。

①　新聞記事（事故などにより相手方が生死不明になった場合）

②　家出人捜索願出証明書

③　弁護士会照会の回答書、裁判所からの調査嘱託・送付嘱託の回答書等

・家出人捜索願の受理日の調査（各警察署）

エ　その他婚姻を継続し難い重大な事由（4号）に関する証拠・資料

「その他婚姻を継続し難い重大な事由」とは、婚姻関係が破綻し回復の見込みがないことをいう。上記事由として主張されるものには、性格の不一致、暴力、経済的DV、異性関係、各種ハラスメント、長期間の別居、生活費を渡さない、浪費などの各事情がある。

a　相手方による暴力に関する証拠・資料

①　診断書（怪我の有無、程度の裏付けなど）

286

1　離婚事件

② 写真（受傷当時の具体的状態など）

③ 裁判記録（暴力の内容、程度）

④ 刑事記録、警察署の相談票（暴力の内容、程度）

　　b　相手方の異性関係に関する証拠・資料

① 不貞行為（1号）の証拠と共通

　　c　相手方による精神的虐待に関する証拠・資料

① 写真、録音データ、録画データ（相手方の言動など）

　　d　相手方との長期間の別居に関する証拠・資料

① 相手方の住民票

　　e　相手方が生活費を渡さない場合に関する証拠・資料

① 預貯金通帳（自分の収入で生活費を支出していること、相手方からの入金がないこと）

② クレジットカードの利用明細書、領収書（生活費の記録）

　　f　相手方の浪費に関する証拠・資料

① 給与明細、預貯金通帳など（夫婦の収入がいくらか）

② クレジットカードの利用明細書、領収書（相手方が何にいくら使っているか）

③ 消費貸借契約書、振込票（借入の事実及びその金額）

④ 弁護士会照会の回答書、裁判所からの調査嘱託・送付嘱託の回答書等

・貸金の内容の調査（各金融業者）

【参考文献】

・秋武憲一著『離婚調停（第4版）』（日本加除出版、令和3年）

・秋武憲一・岡健太郎編著『離婚調停・離婚訴訟（四訂板）』リーガルプログレッシブシリーズ7（青林書院。令和5年）

・小河原寧編著『人事訴訟の審理の実情（第2版）』（判例タイムズ社、令和5年）

・二宮周平・榊原富士子著『離婚判例ガイド（第3版）』（有斐閣、平成27年）

・東京弁護士会法友全期会家族法研究会編『離婚・離縁事件実務マニュアル（第4版）』（ぎょうせい、令和4年）

・東京弁護士会調査室編『弁護士会照会制度（第6版）』（商事法務、令和3年）…

287

実践編　第10章　親族関係

弁護士会照会の申出方法、注意事項、記入例等
・群馬弁護士会編『立証の実務：証拠収集とその活用の手引（改訂版）』（ぎょうせい、平成28年）

2　財産分与・慰謝料請求、年金分割

⑴　財産分与請求

ア　財産分与の要素

　財産分与には、①夫婦の協力によって築き上げた財産を離婚に際して清算する清算的財産分与、②離婚後、経済的に困る配偶者に対して扶養を継続する扶養的財産分与、③相手方の有責な行為により離婚を余儀なくされた一方当事者に対する慰謝料的財産分与の三つの要素があるといわれている。以下、①②について述べる。

イ　清算的財産分与について

a　清算の対象

　婚姻中の財産は、「特有財産」（遺産等名実ともに一方が所有する財産）、「共有財産」（名実ともに夫婦の共有に属する財産）及び「実質的共有財産」（名義は一方に属するが、夫婦が協力して取得した財産）から成る。夫婦のいずれかに属するか明らかでない財産は、共有財産と推定される（民762条2項）。

　そして、これらのうち、共有財産及び実質的共有財産が、財産分与として清算の対象となる。

　審理の流れとしては、まず、特定の日付を決め（別居の日など）、その時点において当事者の双方が財産分与の対象となり得ると考える財産の種類・数量・価額を明らかにする（その際、各当事者が、それぞれの名義の不動産の登記簿謄本、預貯金の通帳等を提出する）。次に、その中に財産分与の対象とならない特有財産がある場合にはその旨を各当事者が主張するという流れになる。

　そして、上記のとおり、所有名義のいかんにかかわらず、婚姻期間中に取得した財産は一応夫婦の実質的共有財産であると事実上推定されるから、それを特有財産であると主張する当事者に主張を裏付ける資料等の提出が求め

られる（小河原寧編著『人事訴訟の審理の実情（第2版）』29・30頁参照）。

　不動産の評価については、時価額を基準とするが、時価額は複数の不動産仲介業者の査定書の平均価額をとることが多く、不動産鑑定士により鑑定をすることは実務上少ない。また、借地上の建物である場合には、借地権価額も含めた評価となり、不動産購入の際のローンを返済中である場合には、返済については一般的には夫婦が平等の割合で返済に貢献した、とされる（東京高判平成10年2月26日家月50巻7号84頁）。

b　財産分与の割合

　財産分与の割合は、財産形成についての当事者の寄与・貢献の程度によって判断される。

　寄与度（貢献度）については、基本的には、特段の事情がない限り2分の1を原則としつつ、特段の事情を主張する者にそれを裏付ける資料等の提出が求められる（小河原寧・前掲書29・30頁参照）。

　分与の割合を2分の1以外とすることはほとんどないようである。

c　清算的財産分与請求に関する証拠

⑴　夫婦共有財産の存在及び評価に関する証拠

　前述のように、まずは、当事者双方が協力してそれぞれの名義の財産に関する証拠を提出するのが基本となるが、証拠を保管している相手がその提出を拒むことがあり、その場合には、弁護士会照会や裁判所からの調査嘱託・送付嘱託により証拠の収集を試みるのが有用である。

【収入】

① 　所得税の確定申告書、源泉徴収票、給与明細書、課税証明書

② 　預貯金通帳（給与の振込みがある場合)、銀行取引明細書

③ 　年金振込通知書などの年金に関する資料

④ 　弁護士会照会の回答書、裁判所からの調査嘱託・送付嘱託の回答書等

　　・年収の調査（各勤務先）

　　・企業年金の受給額の調査（各加入機関）

【不動産】

⑤ 　不動産登記簿謄本

実践編　第10章　親族関係

⑥　固定資産評価証明書、路線価、売買契約書、不動産仲介業者の査定書、鑑定書（不動産の評価）

⑦　住宅ローンの明細（住宅ローンの残高）

【預貯金】

⑧　預貯金通帳

⑨　弁護士会照会の回答書、裁判所からの調査嘱託・送付嘱託の回答書等
　・預貯金残高の調査（各金融機関）

【有価証券等】

⑩　取引残高報告書など、有価証券等に関する資料

⑪　弁護士会照会の回答書、裁判所からの調査嘱託・送付嘱託の回答書等
　・株式の銘柄、株式数の調査（各証券会社、信託銀行等）

【退職金】

⑫　退職金規程（将来の退職金）

⑬　弁護士会照会の回答書、裁判所からの調査嘱託・送付嘱託の回答書等
　・退職金の調査（各勤務先）

【保険金】

⑭　保険証券

⑮　弁護士会照会の回答書、裁判所からの調査嘱託・送付嘱託の回答書等
　・解約返戻金の調査（各保険会社、一般社団法人生命保険協会）

　加入する保険会社がわかっているときには直接保険会社に照会するが、保険会社がわからないときには、一般社団法人生命保険協会に照会すると、同協会を通じて同協会に加盟する全保険会社に照会してくれる。

(ii)　特有財産・固有財産であることの証拠（反証）

①　遺言書、遺産分割協議書（相続により取得した財産であること）

②　親族の預貯金通帳、振込明細書などの送金記録（親族からの贈与により取得した財産であること）

(iii)　財産分与の割合に関する証拠

　前述のとおり、寄与度については特段の事情がない限り2分の1となるため、特段の事情を主張する者にそれを裏付ける資料等の提出が求められる。

・前記「【収入】」の証拠と共通（両当事者の収入に著しい差があること）

ウ　扶養的財産分与について

a　認められる場合

　妻（夫）が専業主婦（夫）で高齢であるとき、病気であるとき、未成熟子を監護するときなど、経済的自立が不可能あるいは困難である場合に、離婚後扶養としての財産分与が認められることがある。もっとも、夫の年金が年額約298万円、妻の年金予想金額が年額約25万円、夫が年金の4割を終生支払う用意があると述べていた事案において、一部扶養的財産分与を認めた事例（東京高判平成14年9月17日）があるが、実務上、扶養的財産分与が認められるケースはごく稀である。

b　扶養的財産分与請求に関する証拠

① 　診断書（重篤な病気であること）

② 　戸籍謄本（高齢であること、未成熟子がいること）

③ 　当事者の収入、資産に関する証拠

(2)　慰謝料請求

ア　慰謝料請求の内容

　慰謝料請求には、①離婚そのものによる慰謝料請求と、②離婚原因を構成する個々の不法行為（暴力、不貞行為など）に基づく慰謝料請求がある。不貞行為の相手方など配偶者以外の第三者に対して慰謝料を請求する場合もある。

　慰謝料の額については、判例は、双方の有責性の程度、苦痛の程度、婚姻期間、当事者の年齢、未成年子の有無及び年齢、経済状態、財産分与による経済的充足があるか、離婚に至る一切の経過等を考慮して判断しているという指摘がある（二宮周平・榊原富士子著『離婚判例ガイド（第3版）』151頁参照）。

イ　慰謝料請求に関する証拠

① 　有責行為については、離婚請求の証拠と共通

② 　当事者の収入・資産に関する証拠（有責配偶者の資力が高く、無責の配偶者の資力がないこと）

実践編　第10章　親族関係

(3)　年金分割

ア　年金分割の内容

　平成19年4月1日以降に離婚する場合に、婚姻期間中の保険料納付記録を当事者間で分割することが可能となった。これを離婚時年金分割制度という。

　平成19年4月から実施された合意分割と平成20年4月から実施された3号分割の2種類がある。

　合意分割の按分割合（婚姻期間中の保険料納付記録の夫婦合計額のうち、分割を受ける側の分割後の持分割合のこと。上限は50％である）は、合意で定めることができるが、合意に至らないときには、調停、審判、裁判により定めることができる。

　裁判所に按分割合を定める申立てをするときには、「年金分割のための情報通知書」を提出する必要がある。上記通知書は、年金事務所等で入手する。

　また、国家公務員については、国家公務員共済組合連合会から「年金分割のための情報提供請求書」を入手することができ、これを用いて請求をすると、共済組合員及びその配偶者については各省庁から、過去の共済組合員であった者及びその配偶者については国家公務員共済組合連合会から、情報通知がなされることとなっている。地方公務員については、地方公務員共済に対して同様の請求を行うこととなる。

　なお、私的年金保険については、公的年金のような手続が必ずしも準備されているわけではないため、担当者に年金保険の内容について確認を行ったうえ、財産分与手続の中で解決するのが望ましい（これに伴い、生命保険の受取人を配偶者から他の者に指定変更する手続も行う）。

イ　按分割合

　按分割合の定め方は、「対象期間における保険料納付に対する当事者の寄与の程度その他一切の事情」を考慮して決められる（厚年78条の2第2項）。

　この点、東京家裁の考え方は、同居期間に比例して割合が決まるものではなく、別居期間があっても、原則として2分の1と考え、別居期間が長期間に及んでいることやその原因等については、例外的な取扱いに関する考慮事情とするにとどめるのが相当であるとし、和解は別として、判決においては、

292

平成19年12月31日の時点まで、0.5以外の割合を定めた例はない（小河原寧・前掲書32頁参照）。

ウ　按分割合に関する証拠

①　住民票、公共料金領収証（いずれも別居期間が長期間に及んでいること）

【参考文献】

・小河原寧編著『人事訴訟の審理の実情（第2版）』（判例タイムズ社、令和5年）
・二宮周平・榊原富士子著『離婚判例ガイド（第3版）』（有斐閣、平成27年）
・東京弁護士会法友全期会家族法研究会編『離婚・離縁事件実務マニュアル（第4版）』（ぎょうせい、令和4年）
・東京弁護士会調査室編『弁護士会照会制度（第6版）』（商事法務、令和3年）
・群馬弁護士会編『立証の実務：証拠収集とその活用の手引（改訂版）』（ぎょうせい、平成28年）

3　親権者・監護者の指定、養育費・婚姻費用分担請求

(1)　親権者・監護者の指定

ア　親権と監護権

従来、離婚に際しては、父母の一方を親権者と定めなければならないとされてきた（民819条1項）。しかし、令和6年5月に成立した「民法等の一部を改正する法律（令和6年法律第33号）」（以下、「本改正」という。）により、父母の双方が親権者となることが可能となった（改正民819条1項）。裁判離婚では、裁判所が親権者を決定する（民819条2項）が、この場合も裁判所が父母の双方を親権者と決定することも制度上可能となった（改正民819条2項）。

監護権について、民法上は親権と監護権の分属が認められており（民766条・788条）、実際に親権者と監護者を別々に決める例があるが、裁判所は分属に慎重である（小河原寧編著『人事訴訟の審理の実情（第2版）』17頁参照）。

実践編　第10章　親族関係

イ　親権者の指定の審理

　親権者の指定の審理の流れは、まず、当事者双方が①監護の現状が未成年者の福祉に反するような状況にあるかどうか、②その監護がどのようにして開始されたのかについて主張し、次に、非監護親が監護の現状に問題があると主張するときは、どのような問題があるのか、具体的な主張と裏付けとなる資料等の提出が求められる（東京家庭裁判所家事第6部『東京家庭裁判所における人事訴訟の審理の実情（第3版）』29頁参照）。

ウ　親権者の指定に関する証拠

①　子への虐待や、不貞行為により子の監護がおろそかになっている等の監護の現状に問題があることの証拠

②　家庭裁判所調査官の調査報告書

　その他、家庭裁判所調査官による調査のためなど、必要に応じて、監護親・非監護親の生活状況、経済状況、子の生活状況、子の監護方針などに関する陳述書の提出が求められる。

　改正後の共同親権の規定においても、裁判所が共同親権を定めるにあたっては「子の心身」への害悪の有無（同項1号）、父母間における「身体に対する暴力その他の心身に有害な影響を及ぼす言動」（同項2号）、その他「子の利益」への害の有無（改正民819条7項柱書後段）に基づき判断されることが明記されており、引き続き子への影響及び父母間の関係に関する主張立証が求められる。

　東京家裁では、上記陳述書の記載項目及び提出資料の一覧を、監護親用と非監護親用に分けて作成しているので、参考にするとよい（東京家庭裁判所家事第6部・前掲書114頁・115頁）。

⑵　養育費請求

ア　養育費の請求額の算定方法

　養育費の請求額については、裁判所実務上、最高裁判所が令和元年12月23日に公表した「平成30年度司法研究（養育費、婚姻費用の算定に関する実証的研究）の報告について」の中の「改定標準算定表（令和元年版）」に基づき、

3　親権者・監護者の指定、養育費・婚姻費用分担請求

審理・裁判されているようである。

　算定表は、横軸に権利者の年収、縦軸に義務者の年収が記載されており、該当する収入を当てはめることにより、簡易に算定することができる。この算定表が直接利用できない場合（例えば、子どもが4人以上など、算定表の条件に合わない場合）は、上記算定表の基礎となる算定方式を分析し個別に算定する必要がある。

　なお、上記算定表・算定方式による算定額は、あくまで標準的な養育費であり、上記算定表等によることが著しく不公平となるような特別な事情がある場合には、上記算定表等による算定額が加減される（判タ1111号292頁）。

　したがって、養育費の審理の流れとしても、まず当事者の収入を把握し、必要に応じて、家計収支状況表の提出が求められ、特別の事情があるかどうか確認される（小河原寧・前掲書30頁・31頁・126頁参照、「家計収支状況表」の書式も掲載されている）。

　代理人としては単に算定表に従うのみならず、考慮すべき個別事情の有無を精査しなければならない。そのため、最高裁が示した「改定標準算定表（令和元年版）」だけでなく、日本弁護士連合会が平成28年11月15日付けで取りまとめた「養育費・婚姻費用の新しい簡易な算定方法・算定表に関する提言」等も抑えておく必要がある。

　なお、「実際に支出した額を問題にして、家計簿や領収書等の膨大な資料を提出してくる例もあるが、多くは不要あるいは関係がないものであり、むしろ収入の立証に力を注ぐべきであろう」という指摘があるので注意が必要である（東京家庭裁判所家事第6部・前掲書28頁）。

イ　養育費請求に関する証拠

a　当事者の収入に関する証拠

①　清算的財産分与請求の「(収入)」の証拠と共通

②　賃金センサス等の統計資料（収入に関する資料がない場合、統計資料から収入を推計する）

　なお、相手方の収入について、相手方の明かした収入以外に収入があると考えられるとき（勤務医のアルバイト収入など、相当多額にわたることもある）

実践編　第10章　親族関係

は、その事実を示して相手方から資料を提出させることが必要である。例えば、主たる給与の支払者からの源泉徴収票だけでなく、確定申告書の提出を求めるなど、申告外所得があるときはその旨を指摘して資料を提出させる。

b　支出に関する証拠

①　家計簿

②　賃貸借契約書、預貯金通帳（家賃引き落とし口座）など（住居費に関する資料）

③　振込明細書（授業料、学習塾の月謝）、定期券（通学費）など（教育費に関する資料）

④　領収書など（医療費に関する資料）

⑤　住宅ローンの明細など（ローンに関する資料）

(3)　婚姻費用分担請求

ア　請求する婚姻費用分担額の算定方法

離婚前に請求する婚姻費用分担請求（いわゆる生活費の請求）についても、請求する婚姻費用分担額の算定は、前記「改定標準算定表（令和元年版）」に基づき行われる。

イ　婚姻費用分担請求に関する証拠

養育費請求に関する証拠と共通

【参考文献】

・東京家庭裁判所家事第6部『東京家庭裁判所における人事訴訟の審理の実情（第3版）』（判例タイムズ社、平成24年）

・小河原寧編著『人事訴訟の審理の実情（第2版）』（判例タイムズ社、令和5年）

・二宮周平・榊原富士子著『離婚判例ガイド（第3版）』（有斐閣、平成27年）

・東京弁護士会法友全期会家族法研究会編『離婚・離縁事件実務マニュアル（第4版）』（ぎょうせい、令和4年）

・東京弁護士会調査室編『弁護士会照会制度（第6版）』（商事法務、令和3年）

・群馬弁護士会編『立証の実務：証拠収集とその活用の手引（改訂版）』（ぎょう

せい、平成28年）

4　婚姻・離婚無効確認訴訟

(1)　婚姻無効・離婚無効の要件

ア　婚姻無効

　婚姻は、当事者間に婚姻の意思がないとき、当事者が婚姻の届出をしないときに限り、無効となる（民742条1号・2号）。実務上多く問題となるのは、婚姻の届出がなされたものの、当事者間に婚姻の意思がなかった場合である。婚姻の意思の内容は、真に社会観念上夫婦であると認められる関係の設定を欲する効果意思である（最二小判昭和44年10月31日民集23巻10号1894頁）。

イ　離婚無効

　離婚無効も婚姻無効と同様、実務上多く問題となるのは、離婚の届出がなされたものの、当事者間に離婚の意思がなかった場合である。離婚の意思の内容は、実質的な夫婦関係を解消する意思までは要求されず、法律上の婚姻関係を解消する意思で足りるものとされ（最一小判昭和38年11月28日民集17巻11号1469頁）、強制執行の回避、氏の変更、生活扶助の受給等の便法のための離婚も有効とされている。

(2)　証拠収集の方法

ア　婚姻・離婚の届出がなされたこと

　婚姻・離婚の届出がなされたことは、戸籍謄本によって証明できる。戸籍謄本は、本籍地の市区町村役場の戸籍課に請求して取り寄せる（戸籍謄本の取寄せについては基本編第1章4参照）。

イ　婚姻の意思がなかったこと

a　夫婦関係の設定とは別の目的で婚姻の届出がなされた場合

　子に嫡出子としての地位を得させる便法とする場合や、外国人が日本国の在留資格を得る目的で日本人との婚姻届出をなす場合などが典型例である。夫婦関係の設定とは別の目的で婚姻届が提出されたことを理由として婚姻の

実践編　第10章　親族関係

無効を主張する場合には、その別の目的が存在したことを裏付ける事実を関係者から聴取する。夫婦としての生活関係の実体が希薄であればあるほど婚姻意思の不存在が推認されるので、同居の有無、同居期間、交信の有無程度、婚姻費用の分担の有無・程度等を当事者から聴取する必要がある。

b　婚姻意思が確定的ではなかった場合

婚姻意思が確定的ではなかったことを裏付ける事実として、婚姻届を作成したが提出する際には改めて話し合う約束が当事者間で交わされたこと、婚姻届の作成後提出前に当事者の一方から他方に対して婚約を解消する旨の申入れがあったこと、当事者が婚姻の届出後に同居していない等夫婦としての生活関係がないことが考えられる。これらの事実は関係者から聴取する。

c　婚姻届が偽造された場合

夫婦の一方が自分の手で婚姻届に署名押印していない場合には、その届書が婚姻意思の不存在を裏付ける有力な証拠となりうる。婚姻届等の戸籍届書類については、「利害関係人」で「特別の事由がある場合」に限り、閲覧又は記載事項証明書の交付を受けることができるものとされている（戸48条2項）。「利害関係人」とは当該届出事件と何らかの利害関係を有する者であるところ、具体的には、届出事件本人又は届出人、届出事件本人の家族又は親族等が該当する。「特別の事由がある場合」とは、戸籍に記載されていない事項で、届書類を閲覧するかその証明を受けなければその目的を達することができない場合をいい、具体的には、身分行為の無効確認の裁判若しくはその前提として届書類の記載事項を確認する必要がある場合等身分上の権利行使のため必要とする場合等が該当する。この戸籍法48条2項の手続に従い、記載事項証明書として婚姻届の写しを入手することが可能である。弁護士が利害関係人の代理人として請求する場合にはその代理権限を証する書面（委任状）を呈示することが求められる。

なお、令和6年2月29日までに届出された届書類の記載事項証明書は本籍地の市区町村を管轄する法務局に閲覧や記載事項証明書（としての婚姻届の写し）の公開請求を行う。これに対し、令和6年3月1日以降に届出された届書類については届出を受理した市区町村もしくは本籍地の市区町村に対

し、届書等情報内容証明書（届書等の画像情報のこと）の請求を行う（戸120条の6第1項）。

訴訟提起後は、文書送付嘱託により入手が可能である（民訴226条）。

d　不受理申出制度（戸27条の2第3項）

平成20年5月1日施行の戸籍法の一部改正により、戸籍の不受理申出制度が明文化され、婚姻についても、本人が窓口に直接出向いて届出したことが確認できない限り、届出を受理しないとの取扱いがなされることとなった。不受理申出人又はその申出にかかわる届出の相手方等利害関係人は、不受理申出人の本籍地市町村長に対し、特別の事由がある場合に閲覧又は記載事項証明書の交付を受けることができるから（戸48条2項）、不受理申出を行った事実は、記載事項証明書（としての不受理届の写し）により証明できる。

ウ　離婚の意思がなかったこと

a　離婚届に署名押印したが翻意した場合

不受理申出がなされると、本人が窓口に直接出向いて届出したことが確認できない限り、届出を受理しないとの取扱いがなされる。不受理申出の有効期間はないため、本人が申出の取下げを行わない限り、不受理の取扱いが続くことになる。離婚届の不受理申出がなされなかったことによって離婚届が受理された場合には離婚届が受理される前に相手方に対して離婚を翻意する旨の申入れがなされた事実が、翻意を裏付ける重要な証拠となる。この事実は関係者から聴取する。

不受理申出を行った事実は、記載事項証明書（としての不受理届の写し）により証明できる。

b　離婚届が偽造された場合

夫婦の一方が自分の手で離婚届に署名押印していない場合には、その届書が離婚意思の不存在を裏付ける有力な証拠となりうる。そこで、婚姻届が偽造された場合と同様に、離婚届の写しを入手する。

【参考文献】
・木村三男著、青木惺補訂『改訂設題解説戸籍実務の処理Ⅰ総論編』（日本加除出

実践編　第10章　親族関係

版　令和4年)

・木村三男・竹澤雅二郎著、青木惺補訂『改訂設題解説戸籍実務の処理Ⅱ戸籍の
記載・届出（通則）編』（日本加除出版　令和5年)

・戸籍時報2024年7月号№855

5　養子縁組無効確認訴訟

⑴　養子縁組無効の要件

　養子縁組の無効の要件は、養子縁組の届出がなされたことと、養子縁組を
する意思がなかったことである（民802条1号）。養子縁組の意思とは、実際
に養親子関係を形成する意思（実体的意思）、つまり真に養親子関係の設定を
欲する効果意思のことである（最一小判昭和23年12月23日民集2巻14号493頁）。

⑵　証拠収集の方法

ア　養子縁組の届出がなされたこと

　養子縁組の届出がなされたことは、戸籍謄本によって証明できる。戸籍謄
本は、本籍地の市区町村役場の戸籍課に請求して取り寄せる（戸籍謄本の取
寄せについては基本編第1章4参照）。

イ　養子縁組の意思がなかったこと

a　養親子関係の設定とは別の目的で養子縁組の届出がなされた場合

　過去には、芸妓稼業をさせることを目的とする芸妓養子（大判大正11年9
月2日民集1巻448頁）、婚姻に際し家柄を引き上げるためになされる仮親縁
組（東京高判昭和55年5月8日判時967号69頁）、純粋に財産的な法律関係を作
出することのみを目的とする養子縁組（大阪高判平成21年5月15日判時2067号
42頁）、越境入学のためになされる養子縁組（札幌家審昭和38年12月2日家月
16巻5号163頁）等、縁組を便法として仮託した事例については、養子縁組が
無効と判断されている。他方、財産相続など他の目的があったとしても、当
事者間に養子関係を形成する意思があれば、養子縁組を有効とする傾向があ
る（最二小判昭和38年12月20日家月16巻4号117頁等）。

300

このように親子関係の形成とは別の目的で養子縁組がなされたことを理由として養子縁組の無効を主張する場合には、その別の目的が存在し、かつ実際に養親子関係を形成する意思がなかったことを裏付ける事実を関係者から聴取することがまず必要である。例えば、養子縁組後、養親子間が疎遠であればあるほど、養子縁組意思の不存在が推認されるので、養子縁組後に養親子が同居したことがあるのかどうか、同居した期間、養親子間で手紙等のやり取りがどの程度あったのか、養子は養親の葬式に出席したかどうか等について親族関係者から併せて聴取する。特に、別の目的の存在については、養親が自分の親族関係者に対して養子縁組するに至る事情を詳しく説明していることが多いので、親族関係者に法廷での証言を頼む必要がある。なお、断片的なものであっても関係者の供述の裏付けとなる書類等の証拠を集める。

b　養子縁組届が偽造された場合

養子縁組の当事者の一方が自らの手で養子縁組届に署名押印していない場合には、そのことが縁組意思の不存在を裏付ける有力な証拠となりうる。養子縁組届等の戸籍届書類については、「利害関係人」で「特別の事由がある場合」に限り、閲覧又は記載事項証明書の交付を受けることができるものとされている（戸48条2項）。「利害関係人」で「特別の事由がある場合」とは、戸籍に記載されていない事項で、届書類を閲覧するかその証明を受けなければその目的を達することができない場合であって、届出事件本人又は届出人、届出事件本人の家族又は親族等によって請求されたときがこれに該当する。

この戸籍法48条2項の手続に従い、戸籍届書の記載事項証明書として養子縁組届の写しを入手することが可能である。そこで、養子縁組届の写しを本籍地の市区町村役場の戸籍課で取り寄せるように依頼人に指示して入手する。

ただし、戸籍記載後の届書類は1か月ごとに監督法務局に送付することになっているため、法務局に送付された後はその法務局において手続を行う。

届書類は、戸籍事務がコンピュータ化されている場合には、戸籍に記録をした後遅滞なく、副本データが法務局に送信されるため、保存期間は当該年度の翌年から5年となっており（戸規49条の2）、東京23区の保存期間は5年とされている。ただし、法務局によっては、5年以上前の届書類が保存され

実践編　第10章　親族関係

ていることもあるため、保存されているか否かにつき、法務局に確認する必要がある。

　なお、弁護士法23条の2の照会請求は、弁護士会は戸籍法48条2項の「利害関係人」ではないとして回答を拒否されることが多いようである。依頼者が「利害関係人」で「特別の事由がある場合」には、直接、法務局等に請求する方法もあるため、法務局（届出受理後1か月以内は市区町村）に問い合わせをすべきである。

　また、訴訟提起後は、文書送付嘱託により入手が可能である（民訴226条）。

c　不受理申出制度（戸27条の2第3項）

　平成20年5月1日施行の戸籍法の一部改正により、戸籍の不受理申出制度が明文化され、養子縁組についても、不受理申出がされた場合、本人が窓口に直接出向いて届出したことが確認できない限り、届出を受理しないとの取扱いがなされることとなった。不受理申出を行った事実は、受理証明書や戸籍届書の記載事項証明書（としての不受理届の写し）により証明できる。

【参考文献】

・テイハン法令編纂部戸籍実務研究会編『こせき相談室Ⅱ』（テイハン、平成18年）18頁以下

・東京法務局戸籍課職員編『戸籍小箱：戸籍実務のワンポイント・セミナー』（テイハン、昭和61年）44頁以下、386頁以下

・福岡法務局戸籍実務研究会『最新戸籍の知識123問（第2版）』（日本加除出版、平成23年）

・東京弁護士会調査室編『弁護士会照会制度（第6版）』（商事法務、令和3年）100頁

1 相続財産の調査

第11章　相続関係

1　相続財産の調査

⑴　はじめに

　相続関係の事件を受任した際、対象となる相続財産の内容がはっきりせず、その調査が必要になる場合がある。本稿では、その調査方法について検討する。

⑵　基本的調査方法

ア　遺族からの聴取

　相続関係事件の依頼者が相続人である場合、まず、遺族から相続財産に関する情報をできる限り聴取する。遺族は、相続財産に関する情報を一番知りうる立場にあるから、些細なものも含めて調査の手がかりとなる情報をできるだけ得るよう努力する。

イ　被相続人宛の通知類

　遺族からの事情聴取の際、被相続人宛の通知類をできる限り収集し、持参してもらう。不動産の固定資産税の通知から不動産の存在が判明することもあるし、また、株主総会の招集通知、配当通知などから株式の存在が判明することもある。また、証券会社、銀行等からの取引明細書等も株式、投資信託、預金等の発見の有力な手がかりとなる。

ウ　被相続人の税務申告を担当していた税理士からの聴取

　被相続人が、税務申告を税理士に委任していた場合には、税理士から有力な情報が得られる場合がある。

⑶　相続財産ごとの調査のポイント

ア　不動産の調査

　判明している不動産の登記簿謄本（登記事項証明書）を取得し、乙区欄の共同担保の記載を確認することで、（閉鎖）共同担保目録等から、新たな不動産の存在が判明することがある。

303

また、市区町村ごとに発行される名寄帳を取得することで、被相続人が所有していた不動産の所在等を調査することができる。名寄帳には、未登記不動産や非課税不動産についても記載がなされているため、被相続人が所有していた当該市区町村に存在する不動産を一覧で把握することができ、相続人が把握していなかった不動産の存在が判明することもある。

このほか、被相続人の税務担当税理士からの事情聴取や、固定資産税の通知類も手がかりとなりうる。

イ　動産類の捜索

自宅に保管してあるものは、遺族の協力を得ることで、発見できるであろう。貸金庫に保管している（と思われる）場合には、まず、貸金庫の有無を調査する必要がある。相続人であることを証明する戸籍謄本（全部事項証明書）等を用意して、貸金庫のある可能性のある銀行の支店（被相続人の生活圏内の支店など）に問い合わせ、相談してみるとよいであろう。

ウ　株券、有価証券、ゴルフ会員権等

株券、有価証券類については、配当通知等の通知類、証券会社等からの通知類を確認することで調査することができる。上場株式については、口座を開設している証券会社や信託銀行が不明な場合であっても、証券保管振替機構（ほふり）に照会することにより、口座開設先の証券会社等を調査することができる。また、ゴルフ会員権については、会員権証書のほか、ゴルフバッグの名札が手がかりになることもある。

エ　預貯金の捜索

被相続人の通帳やキャッシュカードを確認することで口座の存在を調査する。また、金融機関等に対して照会することによっても調査できる。金融機関に照会を行うことで、相続人が把握していない被相続人名義の口座が判明することもある。金融機関では全店照会を行うことも可能であるため、預金口座のあると思われる銀行さえ特定することができれば、調査を進めることは可能である。なお、被相続人の預金の取引経過の開示請求は、相続人の1人から行うことができる（最一小判平成21年1月22日民集63巻1号228頁）。

また、郵便貯金の場合、照会先は、「貯金事務センター」である。被相続人

の郵便貯金の預入局の所在地域、新規口座開設時期によって照会先の「貯金事務センター」は異なる。照会申出の際は、事前に株式会社ゆうちょ銀行のホームページ等で照会先となる「貯金事務センター」を確認する必要がある。

オ 暗号資産

暗号資産とは、資金決済に関する法律（以下、「資金決済法」）によると、「物品等を購入し、若しくは借り受け、又は役務の提供を受ける場合に、これらの代価の弁済のために不特定の者に対して使用することができ、かつ、不特定の者を相手方として購入及び売却を行うことができる財産的価値（電子機器その他の物に電子的方法により記録されているものに限り、本邦通貨及び外国通貨、通貨建資産並びに電子決済手段（通貨建資産に該当するものを除く。）を除く。次号において同じ。）であって、電子情報処理組織を用いて移転することができるもの」及び「不特定の者を相手方として前号に掲げるものと相互に交換を行うことができる財産的価値であって、電子情報処理組織を用いて移転することができるもの」と定義されている（同法2条14項1号・2号）。暗号資産も財産的価値を有するものである以上、積極的財産として相続財産の対象となるものと考えられている。

暗号資産は、取引所を通じて取引を行うことが一般的であり、被相続人のスマートフォン内に取引所のアプリケーションがダウンロードされていないか、メールやPCのブラウザ情報内に取引所とのやり取りがないか等を調査することになるだろう。なお、暗号資産の売却により生じた利益は、雑所得に区分されて所得税の確定申告が必要となるので、被相続人の確定申告書を確認することで、暗号資産の取引を示す情報が取得できる可能性もある。

カ 債権・債務

被相続人の自宅から契約書類等を探し出すことで調査をする。債務については、不動産登記簿謄本の乙区欄や被相続人の預貯金口座の取引履歴から判明することがある。また、信用情報機関に対して照会を行うことで、一定の属性の債権者からの債務の存在を調査することも可能である。

キ 生命保険契約等

被相続人の死亡を保険事故とする生命保険金は、指定受取人の固有の財産

実践編　第11章　相続関係

になるので、相続財産には含まれない。ただ、みなし相続財産として相続税の対象となる可能性があるほか、遺産分割に際して斟酌される場合もあるので、探すことは有用である。むろん、被相続人が契約者であり、いまだ保険事故が発生していない生命保険契約は、相続財産に含まれる。これらの生命保険契約については、まずは、被相続人の自宅から生命保険証券を探し出すべきである。その他、被相続人宛の生命保険会社からの通知類や保険料が口座引落しの場合には通帳の記載等から、手がかりが得られることもある。

　生命保険会社への契約の有無の問い合わせ方法については、実践編第7章4「保険金請求訴訟」を参照されたい。

ク　相続財産の評価

　相続財産の評価については、基本編第2章1「時価」を参照されたい。

2　遺言書に関する問題

⑴　遺言書の存在の調査

ア　遺言書の方式

　遺言書には、普通方式（自筆証書遺言・公正証書遺言・秘密証書遺言）と特別方式（危急時遺言・隔絶地遺言）とがあるが、以下、普通方式について述べる。

イ　自筆証書の所在

　普通方式遺言のうち、特に自筆証書遺言については、従前は遺言書の保管方法に特別の定めがなかった。そのため、金庫・仏壇・机の引き出しなど通常重要な書類を保管していると思われる場所、遺言者名義の貸金庫などを探すほか、弁護士や親しい友人その他に預けていることも考えられるので、遺言者の交友関係を示すもの（アドレス帳・年賀状等）も参考にこれらの者へ確認することが一般的であった。なお、弁護士が遺言書を保管している場合、遺言者の生前は守秘義務により遺言書の存否を回答しない場合がある。

ウ　法務局における自筆証書遺言保管制度

　前記イのような保管に加え、新たに令和2年7月10日から法務局における遺言書の保管等に関する法律（平成30年法律第73号）（以下「遺言書保管法」と

306

いい、同法に基づく政令（令和元年政令第178号）を「遺言書保管政令」という）に基づく自筆証書遺言保管制度が開始されたことにより、遺言者は、住所地、本籍地又は所有不動産の所在地を管轄する遺言書保管所に指定されている法務局へ自筆証書遺言による遺言書の保管を申請することができるようになった。法務局は、保管申請された遺言書原本（遺言者死亡後50年間）のほか、その画像データ（遺言者死亡後150年間）を保管している。ただし、遺言者の生前中は、遺言者本人のみが保管されている遺言書の内容を確認することができる（遺言書保管法6条2項、遺言書保管政令4条1項）。

　遺言者の死亡後は、誰でも自己を相続人や受遺者、遺言執行者などの関係相続人等とする遺言書（関係遺言書）が保管されているか否かについて、遺言書保管事実証明書の交付を請求することにより調べることができる（遺言書保管法10条1項）。また、遺言書保管官は、遺言者の死亡後に、遺言書情報証明書の交付や遺言書の閲覧等がされたときなどには、遺言者の相続人、受遺者及び遺言執行者へ関係遺言書を保管している旨を通知するものとされており（同法9条5項。別途、保管申請時に遺言者が指定する場合には遺言保管官は死亡確認時に指定者へ通知する。）、この通知を受けた者は遺言書保管の事実を知ることができる。その他、遺言書の保管申請時に遺言者へ交付される保管証が確認できれば、遺言書保管の事実を知ることができる。

　遺言書が遺言書保管所に保管されている場合には、遺言者の死亡後に、関係相続人等は遺言書情報証明書の交付を請求することにより遺言書の内容を確認することができる（同法9条1項）。さらに、関係相続人等は遺言書が保管されている遺言書保管所への遺言書の閲覧又は全国の遺言書保管所への遺言書保管ファイルの記録（画像データ等）の閲覧も請求することができる（同法9条3項、遺言書保管政令9条1項）。

エ　信託銀行の提供する遺言信託

　自筆証書遺言及び公正証書遺言の場合、信託銀行が遺言信託契約等（法的性質は委任ないし準委任契約）により遺言書を預かっている場合がある。この場合、定期的に信託銀行から遺言者に照会がされているので、当該信託銀行に問合せを行うことになる。遺言信託契約の有無が不明でも、取引のある信

実践編　第11章　相続関係

託銀行に対し、照会を行うことができる。なお、信託銀行も遺言者の生前は
守秘義務により遺言書の存否を回答しない場合がある。

オ　遺言書検索システム

公証役場で作成された公正証書遺言・秘密証書遺言は、日本公証人連合会
の遺言書検索システムで検索をすることができる。全国各地のどの公証役場
に検索を依頼してもよい。遺言者が作成した公証役場に限定されない。依頼
した公証役場から日本公証人連合会に対して照会がされ、回答が得られる。
必要に応じて作成した公証役場へ遺言書の謄本を申請する。ただし、秘密証
書遺言の場合には、遺言書の存否は確認できるが、公証役場に遺言書自体は
保管されていないため内容を把握することはできない。

このシステムの収録範囲は全国的には平成元年以降であり（大阪公証人会
の公証人作成のものは昭和55年1月1日作成以降のもの、東京公証人会の公証人
作成のものは昭和56年1月1日作成以降のものが対象とされている）、原則とし
て遺言者の生前は利害関係人に対する教示は行わないこととされており、遺
言者死亡後は、公文書等により遺言者が死亡した事実及び法律上利害関係を
有することの証明があった場合に教示がされる。原資料である遺言者索引
カードは1か月分を翌月に連合会事務局に送付することでシステムに登録さ
れるので、直近のものは未登録の可能性もあり、時期をみて再度照会をする
必要があろう。なお、連合会に対する利害関係人からの直接照会は認められ
ていない。

(2)　遺言の真否・内容に関する調査

ア　遺言書の筆跡

公正証書遺言・秘密証書遺言・自筆証書遺言保管制度で保管されていた自
筆証書遺言については、その真正は通常これら遺言の作成手続上確保されて
いるので、遺言の真否が問題となるのは主として通常の自筆証書遺言につい
てである。筆跡の真偽が問題となったときは、筆跡鑑定によるほかない。筆
跡鑑定の詳細は当該箇所（基本編第6章1参照）に譲るが、筆跡鑑定には対
照すべき資料が必要であり、遺言者は既に死亡しているので、その確保が必

要となる。例えば、日記その他の遺言者が書いたことが確かな資料や、契約書、各種届出文書等の第三者のもとに残っているもので真正の立証が可能な資料も考えうる。はがき・書状等の書簡類（知人等から入手。これらは消印による時期の特定が可能である）も一考の余地がある。

遺言書の場合、当該遺言により利益を受ける受遺者等による偽造の可能性があり、鑑定においてはそれらの人物の筆跡も真否判定の参考にされる。

筆跡以外にも遺言書発見や検認申立ての経緯等の事情も広く問題となるので、それらの事情も調査が必要である。

イ　遺言者の真意

遺言の方式については厳格な形式的判断がされるのに対し、遺言の内容の確定に際しては、合理的・合目的的解釈がされている。そのため、遺言者の真意の探求に資する資料を広く収集すべきである。問題の条項と遺言書の全記載との関連、遺言書作成当時の事情及び遺言者の置かれていた状況なども考慮される。使用された語の解釈にも種々の状況が勘案され、例えば「青桐の木より南方地所」という文言の遺言において、土地の形状・占有状況・経緯を勘案して当該地が特定された事例（東京地判平成3年9月13日判時1426号105頁）もあるので、遺言書のみならず当該土地の状況を示す資料を収集すべきである。また、遺言による利害得失、関係者の人間関係等も参酌されるので、それらの事情についても調査が必要である。

(3)　遺言書作成の時期と遺言者の意思能力の調査

ア　作成時期

遺言書作成の時期についても、公正証書遺言・秘密証書遺言では作成時期は明確であり問題は少ない。また、自筆証書遺言保管制度で保管されていた自筆証書遺言は、保管申請時に遺言書保管官が自筆証書遺言の方式（日付や氏名の自書など）へ適合しているかについて外形的な確認をすることとされている。さらに、通常の自筆証書遺言においても日付の記載が要求されており、原則としては遺言書の記載自体から作成時期は判明することが多い。

日付に明白な誤記がある場合に「真実の作成の日が遺言証書の記載その他

実践編　第11章　相続関係

から容易に判明する場合には」遺言の無効を来さないとされた判例（最二小判昭和52年11月21日裁判集民122号239頁）がある。そこで日付以外の遺言書の記載やその他の事実から遺言書作成の時期を確定すべき場合もあるので、真実の作成時期をうかがわせる事実を調査すべき場合もある。

イ　遺言者の意思能力

遺言者の意思能力については、公正証書遺言においてすら問題とされることがある。この場合、当該遺言書の証人の証言が有力な資料となる。

病床で作成された公正証書遺言や死亡危急者の遺言においては、病院のカルテ、医師・看護師等病院関係者の証言等が重要であるほか、関係者が見聞した遺言者の言動も判断資料になり得る。また、遺言書の内容自体が病状との関係で口授可能であったかどうかの検討も必要である。認知症や精神疾患等が疑われる場合は、受診していた医療機関の記録や介護施設の介護記録、介護保険の介護認定記録等の認定資料、遺言書作成当時に行った他の財産行為の事例も参考となるので、その記録や関係者の証言等を調査することになる。

3　相続放棄・限定承認の有無の調査

⑴　問題の所在

被相続人（以下「相続債務者」という）が死亡し相続が開始すると、相続人は、法定相続分に応じて相続債務者の債務を引き継ぐ。相続債務者の債権者（以下「相続債権者」という）は、相続人に対して、各相続人が相続した債務の範囲で債権を行使できるから、相続債務者が有していた財産のみならず、相続人固有の財産もまた債権回収の対象とすることができる。したがって、相続債権者としては、相続債務者の相続人及び相続放棄ないし限定承認の有無を調査することが必要である。

310

3 相続放棄・限定承認の有無の調査

(2) 具体的調査方法

ア 相続放棄・限定承認の申述の方式と期間

相続放棄・限定承認は、家庭裁判所に対する書面による申述を必要とする要式行為であり（民924条・938条、家事39条別表第1の92・95・201条5項）、申述の期間は、「自己のために相続の開始があったことを知った時」から3か月が原則である（民915条1項）。

申述書を提出する裁判所は、相続開始地の家庭裁判所（被相続人の最後の住所地の家庭裁判所）である（家事201条1項）。

イ 相続放棄・限定承認の申述受理証明書（申述者による証明書の取得の場合）

相続放棄・限定承認の申述をした者は、申述を行った裁判所に対して、申述受理の証明書の交付を請求できる（家事47条1項、家事規49条1項）。

相続債務者の法定相続人にとって、この証明書を相続債権者に示すことは、自分に対する責任追及を免れることになるから、この証明書の取得について相続債務者の法定相続人の協力を得られることが多いと思われる。

ウ 相続放棄・限定承認の申述の有無についての照会（申述者以外の者による申述の有無の調査の場合）

相続債権者、相続人等の利害関係を疎明した者は、家庭裁判所に対し、特定の相続を指定して、特定の相続人が申述期間中に相続放棄・限定承認の申述をしているか否かについて回答を求めることができる。この証明は、事件に関する事項の証明（家事47条1項）には該当しないものの、その必要がある場合に交付することは差し支えないとされており、実務上、裁判所書記官において事務処理がされている。

エ 照会の手続

a 照会先

相続開始地の家庭裁判所である。相続開始地（被相続人の死亡の時における住所地。民883条）は、相続債務者（被相続人）の戸籍の附票又は住民票の除票により確認する。

311

実践編　第11章　相続関係

b　照会の方法

　照会を請求する者は、照会申請書添付書類を照会先の家庭裁判所へ提出して申請する。照会申請書では、被相続人等目録により被相続人及び照会対象者となる相続人を特定する必要があり、そこに記載された氏名に基づき調査が行われるため、戸籍等を確認の上、正確に氏名を記載する必要がある。

　添付書類として、被相続人の住民票の除票（本籍地が表示されているもの）、照会者の資格を証明する書類（個人の場合は住民票、法人の場合は商業登記簿謄本または資格証明書）、利害関係の存在を証明する書面の写し（金銭消費貸借契約証書、訴状、競売申立書、競売開始決定、債務名義等の各写し、担保権が記載された不動産登記簿謄本、その他債権の存在を証する書面など）等が必要とされる。なお、照会手数料は無料である。

c　回答書の交付

　裁判所書記官は、その必要がある場合に、相続放棄・限定承認の申述の有無に対する回答書を交付する。

【参考文献】

・中川善之助・泉久雄編『新版注釈民法26』（有斐閣、昭和63年）

・谷口知平・久貴忠彦編『新版注釈民法27』（有斐閣、平成元年）

・長山義彦ほか著『〔新版三訂〕家事事件の申立書式と手続』（新日本法規出版、令和3年）

第12章　民事保全・民事執行関係

1　仮差押え・仮処分

保全命令の申立てにおいては被保全権利及び保全の必要性を疎明しなければならない（民保13条2項）。保全命令申立てに関する疎明は、即時に取り調べることができる証拠によるので（民訴188条）、保全手続においては書証、証拠物が主な資料となる。

書証は即時に取り調べることができる文書に限られ、文書提出命令や送付嘱託によることはできない。検証、鑑定についても即時に取り調べることができる検証物、出廷した鑑定人を取り調べるにとどまる。証人尋問、本人尋問も可能だが、在廷していない証人の採用決定や証人呼出はできないため、人証に代えた債権者又は事実関係を知る関係者の陳述書、代理人宛の報告書が活用されている。陳述書、報告書は、具体的な内容を織り込んで記載すべきである。

(1)　仮差押え

ア　被保全権利の疎明

仮差押えにおける被保全権利は金銭債権である（民保20条1項）。具体的には貸金債権、売買代金債権等である。疎明資料として、それぞれの契約書や借用書を提出する場合が多い。

イ　必要性の疎明

仮差押えの必要性は、強制執行をすることができなくなるおそれがあるとき又は強制執行をするのに著しい困難を生ずるおそれがあるときに認められる（民保20条1項）。

例えば、債務者が多額の債務を負い他にみるべき財産もないため債権の引当てとなるべき財産を処分・隠匿するおそれがあるとき、債務者が逃亡・転居を重ねて執行を免れようとするおそれがあるとき等である。「多額の債務を負い他にみるべき財産もないこと」、つまり債務者の財産状態の疎明資料

実践編　第12章　民事保全・民事執行関係

の例として、会社四季報等の情報誌、信用調査会社の財産調査結果、計算書類・附属明細書、債務者名義の不動産の登記簿謄本、債務者所有不動産の固定資産税評価証明書、不渡付箋つき手形等がある。被保全債権が連帯保証債務履行請求権であれば、原則として主債務者の無資力を疎明する必要もある。

「債務者が逃亡、転居するおそれ」の疎明資料として、商業登記簿謄本（登記事項証明書）、住民票（会社の場合代表者の住民票が必要）、会社本店所在地や個人の住所地の写真等がある。

ウ　債権仮差押えの場合

債権仮差押えの場合、東京地裁民事9部では、債務者が会社であると個人であるとを問わず、債務者所有不動産の調査を要求され、それが存在しないとき又は存在しても高額の担保権がついているときに必要性が認められる。したがって、債務者が会社の場合は会社の本店・支店所在地の不動産登記簿謄本、個人の場合は自宅不動産の登記簿謄本をそれぞれ提出すべきである。

なお、給料仮差押えの場合、債権者が本執行で完全な満足を得るまでの間に債務者が勤務先を退職するおそれがあることの疎明のため、東京地裁民事9部で「債務者が会社を辞めそうである」という陳述書を要求された例が少なからずある。

(2)　係争物に関する仮処分

ア　被保全権利の疎明

被保全権利は金銭以外の特定物の給付を目的とする請求権である。具体的には移転登記手続請求権、特定物明渡し又は引渡請求権等である。疎明資料の例として、不動産登記簿謄本（登記事項証明書）、売買契約書がある。

イ　必要性の疎明

係争物に関する仮処分の必要性は、係争物の現状の変更により債権者が権利を実行することができなくなるおそれがあるとき又は権利を実行するのに著しい困難を生ずるおそれがあるときに認められる（民保23条1項）。占有移転禁止の仮処分の場合、主に係争物の毀損、隠匿、占有移転のおそれについて疎明する。例えば「占有移転が容易である」ことを、債務者が現に占有し

314

1　仮差押え・仮処分

ている状況の写真、債権者の報告書等で疎明する。

　処分禁止の仮処分の場合、係争物処分のおそれについて疎明する。例えば「債務者の財産状態が悪化し、既に他の財産を処分している」事実を、債権者の報告書や不動産登記簿謄本で明らかにする。

ウ　不法占有の疎明

　不法占有を疎明する必要がある場合（建物明渡請求権保全のための占有移転禁止の仮処分の場合等）、占有者の認定に必要な資料を要求される場合がある。この場合には、現地に行って表札、看板、郵便受け等の表示を見て陳述書にする、写真を撮る等の方法がある。また、公共料金の契約者となっていることが占有者であることの確定の基礎となるが、電気・ガス・水道・電話等の契約者が誰であるかについて、管轄の事務所に電話をして聞くと教えてくれる場合がある。

　平成15年の民事保全法の改正により、不動産に関する占有移転禁止の仮処分については、執行前に現実の占有者を特定することを困難とする特別の事情を具体的に疎明すれば、債務者を特定しないまま占有移転禁止の仮処分を発令できることとなった（民保25条の２。ただし仮処分執行時には債務者を特定しないと執行不能となる）。この特別の事情の疎明のためには、報告書や現場写真、管理会社や近隣住民からの聴取書等を提出する方法がある。

(3)　仮の地位を定める仮処分

ア　被保全権利の疎明

　被保全権利は保全すべき権利関係（争いがある権利関係）である。例えば、労働者が解雇の効力を争う場合には、解雇の無効を疎明する資料を提出する。

イ　必要性の疎明

　仮の地位を定める仮処分の必要性は、債権者に生ずる著しい損害又は急迫の危険を避けるために必要であるときに認められる（民保23条２項）。暫定的な地位を形成するものであるため、必要性がより厳格に要求されている。特に断行の仮処分は、現状を変更し本案判決で勝訴したのと同様の結果を実現するものであるため、「債権者に、債務者が受ける不利益を大きく上回る、

315

回復しがたい損害が生ずること」を疎明する必要がある。

　例えば、賃金仮払仮処分の必要性は、「労働者及びその扶養する家族の経済生活が危殆に瀕し、これに関する本案判決の確定を待てないほど緊迫した事態に陥り又はかかる事態に当面すべき現実かつ具体的なおそれが生じた場合」に認められるとされ、通常、「賃金を唯一の生計手段とする労働者が解雇によって収入の途が絶たれた事実」が疎明されればよいとされる（東京地判昭和51年9月29日労民集27巻5号489頁）。支払われるべき金額については標準生計費の疎明を要求される場合がある。そのほか、支払期間など、詳しくは、飯島健太郎「賃金仮払仮処分の必要性」林豊・山川隆一編『新・裁判実務大系(16)労働関係訴訟法Ⅰ』（青林書院、平成13年）249頁を参照されたい。

　人が平穏に生活する権利（人格権）の侵害排除又は予防のために暴力団事務所の使用禁止を求める仮処分も断行の仮処分である。この場合の必要性は、「債権者ら住民に及ぼす危険感や不安感が強」いか否か、「外部から容易に現認し、又は看取し得るもの」か否かが一応の基準とされている（一力一家事件：静岡地浜松支決昭和62年10月9日判時1254号45頁）が、外観にこだわらない判断もある（加藤総業事件：神戸地決平成6年11月28日判時1545号75頁）。

(4)　その他仮差押え・仮処分の申立てに必要とされる添付書類（民保規20条・23条参照）

　民事保全規則20条は、仮差押命令申立書に添付しなければならない特定の書面について規定している。同条は、仮処分命令の申立てにそのまま当てはまるわけではないが、民事保全規則23条によって仮処分命令の場合にも準用される。

　　ア　目的物が債務者の所有に属することを示す資料として、不動産登記簿謄本（不動産登記事項証明書）、登録原簿の謄本（船舶、航空機の場合）、自動車登録ファイルの記載事項証明書、建設機械登記簿謄本、NTTの電話加入権に関する帳簿に記載されている事項を証明した書面が必要である。登記簿に債務者以外の者が所有者として記録されている場合は売買契約書などが必要となる。また、未登記不動産の場合、所有関係を証

明する資料（固定資産税評価証明書、建築確認申請書、検査済書等）が必要である。

　なお、未登記不動産の場合、仮差押命令の登記嘱託をするため、土地については土地所在図及び地積測量図、建物については建物の図面、各階の平面図並びに不動産登記令別表の32の項の添付情報欄ハ又はニに掲げる情報を記載した書面が必要である（民保規20条1号ロ(2)(3)）。

イ　目的物の価額算定の資料（保証金算定の資料）として、固定資産評価証明書及びそれが発行されていない場合には価額を推定できる資料（不動産、船舶、航空機の場合）、査定価額表（自動車、建設機械の場合）その他これらに代わる上申書等が必要である。

　また、算定資料として不動産の時価の疎明を要求された場合、住宅情報誌を提出したり、不動産業者に時価の証明書の作成を依頼したりするなどの方法がある。

2　民事介入暴力事件に関わる保全処分

⑴　民事介入暴力事件の主な類型

　民事介入暴力とは、民事執行事件、倒産事件、債権取立事件その他の民事紛争事件において、いわゆる事件屋、整理屋、取立屋又はこれに類する者が、当事者若しくは利害関係人又はこれらの代理人として、事件関係者に対して行使する暴行、脅迫その他の違法行為及び社会通念上権利の行使又はその実現のための限度を超える不相当な行為をいう（東京弁護士会「民事介入暴力対策特別委員会規則」第2条参照）。

　このような民事介入暴力事件に対する弁護士の具体的な対応としては、組長責任訴訟、暴力団事務所の明渡し・使用制限、街宣禁止の仮処分、面談禁止の仮処分、刑事告訴その他の多様な対応が考えられるが、以下においては、これらに共通する証拠収集について述べる（なお、民事執行法上の保全処分については、本章4を参照）。

317

実践編　第12章　民事保全・民事執行関係

⑵　事件処理に必要な証拠の収集

ア　相手方の特定に必要な証拠

　相手方が暴力団などの組織又はその構成員である場合、暴力団事務所の明渡し・使用制限、街宣禁止の仮処分、面談禁止の仮処分などの法的手続きを行うためには、相手方を特定する必要がある。しかしながら、平成4年の「暴力団員による不当な行為の防止等に関する法律」（いわゆる「暴対法」）の施行以来、暴力団員の潜在化が進み、相手方の特定に困難を生ずる事案も多くなっている。近年では、匿名・流動型犯罪グループ、いわゆる「トクリュウ」（令和5年版警察白書）への対応も課題となっている。このような場合、相手方の特定に必要な情報・証拠を収集する方法としては、以下のような方法が考えられる。

a　所轄警察署への協力要請

　所轄警察署の協力を得ることが有効であることは、言を待たない。もっとも、案件により、事件対応の積極性に差があることは否めないため、警察の立場に配慮しつつ、協力関係を作ることが必要とされる。

　警察庁は、令和6年2月26日付け通達「暴力団排除等のための部外への情報提供について」（警察庁丙組組一発第26号）において、警察の保有する暴力団情報の提供についての基準を示している。これによると、情報提供の相手方が行政機関以外の者である場合には、法令の規定に基づく場合のほかは、①暴力団排除等の公益目的の達成のために必要であり（必要性）、かつ、②警察からの情報提供によらなければ目的を達成することが困難（非代替性）な場合に暴力団情報の提供を行うものとしている。

　なお、相手方の特定に必要な情報について、所轄警察署に弁護士会照会を行う方法もあるが、弁護士会照会をしても回答を得られない場合がある。照会に先立ち、照会先の所轄警察署等に対して、情報提供に関する事前相談を行った方が回答を得やすくなる（東京弁護士会調査室『活用マニュアルと事例集　弁護士会照会制度〔第6版〕』商事法務125頁）。

b　弁護士会の民事介入暴力被害者救済センターを通じての情報収集

　弁護士の場合、各弁護士会において、民事介入暴力対策委員会（いわゆる「民

暴委員会」）が、民事介入暴力被害者救済センターを設置するなどして、必要な資料の提供、警察庁・警視庁その他に対する協力の要請等を行っているのでこれを活用する途がある。具体的には、各弁護士会によって窓口等が違うことから、各弁護士会に確認して協力を求めることになる（東京弁護士会の場合は、司法調査課内（電話：03-3581-2207））。

c 暴力団追放運動推進センターを通じての情報収集

都道府県の公安委員会は、各都道府県に一つだけ、民間での暴力排除運動の推進母体となる公益法人として、都道府県暴力追放運動推進センターを指定している。暴力追放運動推進センターは、適格団体訴訟（暴力団訴訟）の訴訟当事者となる公益法人であり、広く暴力団等に関する事件の相談に乗るとともに、情報管理システムを駆使して暴力団等に関する情報を提供している。

d 街宣車等のナンバープレートからの特定

相手方が街宣車等を用いている場合には、その車両の自動車登録事項等証明書などにより、相手方を特定する（基本編第1章3「車両・船舶の登録事項」参照）。

e 政治団体名簿

いわゆる右翼団体は、通常、各都道府県の選挙管理委員会又は総務大臣に所定事項を届け出ており（政資6条）、各都道府県の選挙管理委員会に届け出ているものについては選挙管理委員会や各都道府県のウェブサイト等に（東京都の場合は東京都選挙管理委員会事務局のウェブサイト https://www.senkyo.metro.tokyo.jp/organization/seijidantai-meibo/）、総務大臣に届け出ているものは総務省のウェブサイト（https://www.soumu.go.jp/senkyo/seiji_s/naruhodo04.html）に、団体の名称、代表者の氏名、会計責任者の氏名、主たる事務所の住所、設立年月日が記載されていることがある。そのほかにも、書籍としてはやや古くなるが、政治資金制度研究会編『政治団体名簿（平成21年版）』（地方財務協会、平成21年）、二十一世紀書院編『右翼民族派団体名鑑（平成7年）』（二十一世紀書院、平成7年）が市販されている。

f 道路使用許可

街宣車により街宣活動をする場合、通常、所轄警察署長に道路使用許可の

申請が行われるところ(道交77条・78条)、道路使用許可申請書には申請者の住所及び氏名(法人の場合は法人名及び代表者名)、現場責任者の住所及び氏名等が記載されているので(道交規10条)、道路使用許可申請の内容を確認することにより、相手方を特定することも考えられる。ただし、正式な回答を得るためには弁護士会照会や情報公開条例に基づく開示請求が必要とされることから、仮処分を申請する場合に回答が間に合わないこともあるので注意を要する。

g 名 刺

相手方の名刺は、入手できれば有力な資料となる。ただし、暴対法施行後、相手方が名刺を渡すことが少なくなっている。

h 相手方作成文書

相手方が公開質問状や抗議文といった文書を送付してくる場合があるが、これらの文書に相手方の団体名や住所等が表示されていることがある。

i 電話会社に対する弁護士会照会

交渉段階で相手方から連絡先として電話番号を指定された場合には、電話会社に対して弁護士会照会を行うことで、契約者の住所・氏名、請求書送付先の住所・氏名等が判明する。

j インターネット検索

上記aないしiの方法等で収集した情報・証拠をインターネット検索し、過去の事件等の情報を集めることも有用である。

イ 相手方の行為・被害の立証に必要な証拠

相手方を特定したとしても、実際に相手方の行為と被害の立証ができなければ、法的手続を用いることはできない。事案によってかなり異なるが、以下のような方法が考えられる。

a 報告書・写真撮影報告書

介入状況やこれによる被害の存在の立証に、当事者や関係者の報告書や写真撮影報告書が有用なことは通常の訴訟や保全処分の場合と同様である。ビデオ撮影をした場合には、スチール写真も撮影しておく。なお、スマートフォンで撮影しておくと、動画を一時停止の上、スクリーンショットを保存することが可能であることから、スマートフォンの利用も有用である。

b　録音テープ等

街宣活動の演説内容や相手方との交渉内容をICレコーダーやスマート
フォンで録音し、その音声データを記録したCD-R等を疎明資料として提出
することも考えられる。音声データの提出に際しては、併せて反訳文も提出
する。なお、反訳文の作成にあたっては、スマートフォンアプリの文字起こ
し機能等も有用である。

c　音量測定器による記録

測定方法については、実践編第1章5「日照、通風、騒音訴訟」参照。

測定結果は測定結果報告書の形で書面化して提出することになるが、①測定
機器の仕様、②測定日時、③測定方法、④測定結果を分けて記載するとよい。

d　事実実験公正証書

事実実験公正証書とは、公証人が五感の作用により直接体験（事実実験）
した事実に基づいて作成する公正証書をいう。加害状況、被害状況を再現す
るため、事実の証明力は強いが、公証人が現場に臨場しなければならないた
め、現実には困難な場合もある。

e　相手方作成の文書

相手方から送付された抗議文、公開質問状等の文書は、相手方の特定の疎
明資料としてだけではなく、相手方の行為、被害の疎明のための資料にもなる。

3　民事執行申立手続

⑴　債務名義等の取得

民事執行を申し立てるためには、原則として執行文が付与された債務名義
が必要となる。具体的には、確定判決、仮執行の宣言を付した判決、執行受
諾文言付きの公正証書（執行証書）など（民執22条）を取得したうえで、執
行文付与機関である裁判所書記官又は公証人に執行文を付与してもらうこと
となる（民執26条）。

また、強制執行が開始されるためには、債務名義があらかじめ、又は同時
に債務者に送達されていなければならないため（民執29条）、送達証明書を

実践編　第12章　民事保全・民事執行関係

取得しておく必要がある。

(2)　送達先の調査

ア　総　論

　民事執行を申し立てる際には、郵便が届く場所を特定して申し立てなければならず、執行申立人にとっては、送達先の調査が不可欠となる。

　裁判所は、申立書等の事件記録に記載された送達先に特別送達することを要するが、この際、補充送達や差置送達ができないときは、直ちに付郵便送達（発送したときに送達したものとみなす）ができるとされている（民執16条4項）。

　この点、民事訴訟の場合は、送達場所の届出がない場合（訴状の送達がこれに該当する）は、まず住所等への特別送達を実施し、これが失敗した場合は就業場所へ特別送達し、更にこれが失敗した場合（就業場所が不明の場合も含む）にようやく付郵便送達ができる順序となっていることと異なる。

イ　送達先が個人の場合

　個人の住所地は、住民票記載の住所であることがほとんどである。執行申立人が把握している住所地から転居して、所在不明となっている場合は、住民票を取り寄せれば転居先が記載されている。何度も転居を繰り返している場合や、住民票が職権で消除されている場合は、戸籍の附票を取り寄せれば、数度の移転を一挙に知りうる。

　なお、東京地裁では、執行申立ての際に、債務者等の住所確認のために発行後1か月以内の住民票の写しの提出を求められることが多い（債務者等の住所、氏名が債務名義に記載された住所、氏名と異なっている場合（引っ越したり、旧姓に戻った場合等）は、債務名義に記載された住所、氏名と現在の住所、氏名のつながりを明らかにするために申立日から1か月以内（債権者の場合は2か月以内）に発行された住民票等が必須）ので、注意したい。

　住民票や戸籍の附票の取寄せ方法については、基本編第1章4「戸籍・住民登録」を参照されたい。

ウ　送達先が会社の場合

　会社の所在地は、商業登記簿謄本（登記事項証明書）に記載されている。

322

本店を移転した場合も、新旧所在地が記載される。何度も本店を移転している場合は、履歴事項全部証明書を取り寄せるとよい。

商業登記簿謄本や閉鎖登記簿謄本の取寄せ方法については、基本編第1章2「商業・法人登記」を参照されたい。

エ　会社倒産、所在不明の場合

会社が倒産したりして郵便物が届かない場合は、会社代表者の自宅宛てに送達してもらう。

会社代表者の住所は、商業登記簿謄本（登記事項証明書）の役員欄に代表取締役の肩書地として記載されていたが、令和6年10月1日から代表取締役の住所を非表示とすることが可能になったため注意が必要である（代表取締役等住所非表示措置）。

なお、会社が法的整理を完了し法人格がなくなってしまったような場合は、法人の旧本店所在地を送達住所とするのではなく、送達郵便物を受領できる特別代理人の選任申立てをしなければならない。

オ　外国人の場合

外国人の所在は、外国人登録原票を取り寄せて確認をすることができる。既に登録が閉鎖されている場合や国内のどこにいるか全くわからない場合には、弁護士会照会手続等で、法務省入国管理局や市区町村に対し、外国人登録の確認が必要となる。外国人登録の確認方法等は、基本編第1章6「外国人登録」を参照されたい。

カ　その他

住民票や商業登記簿謄本（登記事項証明書）に住所が記載されていても、現実の住まいや現実の本店がそこにあるとは限らない。住居や本店が賃借物件であるような場合は、不意に移転して所在不明になる可能性もある。もし不在が判明したときは、直ちに近隣への聞き込み等を実施する等することが肝要である。

実践編　第12章　民事保全・民事執行関係

4　民事執行法上の保全処分

⑴　総　論

　民事執行法上の保全処分としては、売却のための保全処分（民執55条）、買受けの申出をした差押債権者のための保全処分（同68条の2）、最高価買受申出人又は買受人のための保全処分（同77条）、担保不動産競売の開始決定前の保全処分（同187条）がある。これらの保全処分は、債務者や占有者などが目的不動産の価値減少行為を行った場合やそのおそれのある行為をする場合について、主に、占有移転禁止命令、工事禁止・工事続行禁止命令、退去命令、収去命令、執行官保管命令という形で発令される。しかも、債務者・所有者以外の第三者に対しても直接発令される。

　これらの保全処分では、特に主体の特定と価格減少行為性が問題となる。

⑵　主体の特定と証拠収集の方法

　主体の特定とは、占有者が誰か、工事を行わせているのは誰か、対象物件の所有者は誰かという問題である。これらの保全処分が執行を前提とする以上、結局は執行官が現場でどのように認定するかを考えて調査し、証拠を収集することになる。

　執行官保管等を内容とする保全処分について、執行の前に相手方を特定することが困難である特別の事情があるときは、相手方を特定しないで発令することができるが（民執55条の2第1項）、不動産の占有を解く際にその占有者を特定することができなければならない（民執55条の2第2項）。

ア　占有認定

　執行官は、占有認定に当たっては、占有者等の供述のほか、表札・看板・郵便受け等の表示、電気・ガス・水道、電話等の公共料金を誰が支払っているか（いわゆるライフラインの調査。ただし、電気・ガス・水道の契約は本名使用がなされていない場合があるので、注意を要する）、公的機関からの郵便物・書類（国民健康保険証書、選挙投票用紙等）、店舗であれば営業許可や届出などの名義人等を基準として判断をするのが一般的である。

324

そこで、申立人としては、これらを事前に調査すれば、占有認定が容易になるといえる。

具体的には、電気・ガス・水道・電話等の契約者・使用者について弁護士会照会を行う、執行官の現況調査報告書を閲覧する、住民票等について調査を行う、営業許可や届出などの名義人については、所轄の監督官庁へ、例えば、風俗営業については所轄の都道府県公安委員会（風営3条）へ、飲食店については所轄の保健所（食品55条）へ、弁護士会照会を行うといった方法が考えられる。

このほかに、現場へ行って、聞き込みをしたり、メーター類を調べたり（契約者氏名が記されていることもある。また、供給停止により居住者が既にいないこともある）、停車車両のナンバーから運輸支局で車両登録事項証明書を取ったりして、証拠を収集するとよい。

イ　工事の依頼主の認定

工事依頼主の認定のためには、現場に行って工事責任者に質問するという方法が考えられる。もっとも、工事責任者は曖昧な回答しかしない場合が多いので、その場合には土地所有者を相手方として発令してもらうしかない。

ウ　対象物件の所有者の認定

対象物件の所有者の認定のためには、不動産登記簿（不動産登記事項証明書）を閲覧して所有者を確認する。執行妨害者は、プレハブなどの簡易建物であっても表示・保存登記していることが多い。

また、建物が建築途中で、まだ登記がされていないという場合には、その建物が建築基準法6条に該当する建築物であれば、建築主は建築主事等による建築確認を受けなければならないので、同法93条の2により建築計画概要書を閲覧するという方法もある。

以上の方法でもわからない建物や構築物の場合、また、土砂等の動産については、現場に行って調査するしかない。

(3)　価格減少行為性と証拠収集の方法

債務者・所有者・占有者の行為が価格減少行為に該当するか否かは、執行

実践編　第12章　民事保全・民事執行関係

官の執行時の問題ではなく、申立ての際の裁判官に対する疎明の問題である。

　価格減少行為であることが、行為自体の客観的態様から明らかである場合には（毀損行為・改造行為・建築等の物理的価格減少行為）、それ自体を立証すればよい。証拠としては、写真・ビデオ・担当者の報告書を用意することになる。

　これに対して、行為自体の客観的態様からは価格減少行為であるとは直ちにいえないが、競争売買を阻害することにより価格を減少させる場合（占有等による競争売買阻害価格減少行為）には、占有者に執行妨害の目的があることや占有等により執行が妨害されていることなどを疎明する必要がある。これは、債務者・所有者や介入者の発言に現れたりするので、これらの者との面談の際には、会話を録音するようにして、反訳文を用意したり、報告書を作成したりする必要がある。

　また、介入者と債務者・所有者との特別な関係からこのような意図を推認することや、介入者が別件でも同様の執行妨害をしていたという事実（事件屋・占有屋）により認定する場合もある。

　そこで、介入者の商業登記簿（登記事項証明書）を調査したり、興信所情報・警察情報をチェックしたり、別の弁護士や執行補助者から情報を収集したりする。そして、介入者の賃借権設定仮登記の記載のある不動産登記簿謄本（不動産登記事項証明書）や別件の執行妨害に関する決定書写し、新聞報道記事等を収集する。

⑷　相手方を特定しないで発する保全処分の申立て時の証拠収集の方法

　相手方を特定しないで発する保全処分（民執55条の2第1項）を申し立てる際には、「相手方を特定することを困難とする特別の事情」の疎明も必要となる。

　この特別の事情の疎明資料としては、執行官による現況調査報告書、申立人による調査報告書（不動産を外部から観察して、看板や表札の有無、居住者への質問などを試みたが特定できなかったことの報告や占有者が頻繁に入れ替わっていることの報告など）、不動産登記事項証明書、住民票、ライフラインに対

326

する弁護士会照会回答書、商業登記事項証明書（交付申請に対して登記が無い旨の記載がされて返還された交付申請書）などが考えられるとされている（中村さとみ・劔持淳子編著『民事執行の実務（第5版）不動産執行編（上)』（きんざい、令和4年）420頁）。

5　現況調査報告書

(1)　裁判所閲覧室の3点セット

　不動産競売情報は、東京地裁の場合は、入札期間開始日の15日前から、裁判所の物件明細書閲覧室で閲覧・謄写できる（https://www.courts.go.jp/tokyo/saiban/minzi_section21/kaiuketetuzuki_fudousan/index.html)。閲覧・謄写できる書類は、現況調査報告書、評価書及び物件明細書のいわゆる3点セットと当該物件の不動産登記簿謄本（不動産登記事項証明書）の写しである。なお、不動産競売を取り扱う東京地裁民事21部は、霞が関庁舎ではなく、東急東横線「学芸大学駅」の民事執行センターにある。

　3点セットについて、作成される順に従って説明する。

ア　現況調査報告書

　現況調査報告書とは、執行裁判所から執行官への現況調査命令（民執57条1項・188条）に対して執行官から執行裁判所に提出される現況調査の結果を記載した報告書のことをいう（民執規29条1項・173条1項）。執行官が現地に臨場して、不動産の形状（建物の間取りを含む）や占有関係（賃借人や不法占拠者の有無・氏名等）を調査したうえで作成されるもので、数点の写真が添付されている。

イ　評価書

　評価書とは、不動産の最低売却価格を決定するために、執行裁判所から不動産鑑定士への評価命令（民執58条1項・188条）に対して、評価人から執行裁判所に提出される不動産の評価の結果を記載した報告書のことをいう（民執規30条・173条1項）。評価人は、現地に臨場して占有関係を調査し、近隣売買事例を調査し、また、賃貸ビルのような場合は賃料収益率等を勘案して、

実践編　第12章　民事保全・民事執行関係

不動産の競売手続における妥当な評価額を計算する。この際、評価人は、強制競売の手続において不動産の売却を実施するための評価であることを考慮する必要がある（民執58条2項後段・188条）。一般市況と比較して約3割の減価がなされるので、これが「競売物件は安い」といわれる所以である。

ウ　物件明細書

物件明細書とは、執行裁判所が、現況調査報告書と評価書等をもとに、事実認定及び法律判断を行った結果を記載した書類のことをいう（民執62条・188条）。例えば、競落人に対抗できる地上権、質権、短期賃借権や競売によって発生する法定地上権等が記載される。また、無権原で占有している者があるとか、マンションの管理費が滞納になっているといった買受け後に生ずる可能性のあるトラブルについても記載されている。物件明細書は、現況調査報告書及び評価書と共にその内容が一般に公開されることとなっており（民執62条2項・188条、民執規31条・173条1項）、買受希望者にとって、競売による売却によって不動産の法律関係がどのように変動すると見込まれるか、不動産の占有者に対して引渡命令を得ることができるか否か等を判断することができる重要な書類である。

(2)　不動産情報の入手（法務局）

法務局で入手できる情報の代表は不動産登記簿謄本（不動産登記事項証明書）であるが、これは、3点セットに添付されているものと同一である（ただし、最新情報が手に入る）。法務局には、更に、500分の1の地図（「14条地図」と呼ばれるもの。この地図が完備されていない地域では「公図」が補完的に使用されている）や、建物所在図が用意されているので、不動産の位置や形状を把握することができる。また、不動産登記簿謄本（不動産登記事項証明書）の附属書類として、建物図面・各階平面図も保存されている。

(3)　役所で入手できる情報

古家付土地を競落して建物を新築しようとするとき、建築基準法上4m幅以上の道路に2m以上接道していなければならない（建基43条1項）。この要

328

件を満たさない場合は、セットバックしなければならなかったり（建基42条
2項）、極端な場合は建築確認が下りなかったりすることもあるので注意を
要する。また、土地が都市計画道路予定地に入っていて建築できる建物に制
限があることもある。土地の用途地域（住居地域か商業地域か等）によっても
建てられる建物の構造等に違いがある。

⑷　現地でわかる情報

　実際に競落したいと考えるのであれば、現地に赴き、現況調査報告書の記
載内容の正確性を調査したり（執行官の現地臨場後に不法占拠建物が建築され
ることもある）、鑑定評価が正しいかどうかを検討したり（評価時よりも時価
が下落することもある）しなければならない。たとえば、土地のセットバッ
クが必要かどうかは現地において隣地建物の建築状況を確認すれば容易に判
断し得るし、現況調査報告書に記載のない建物があるかどうかについても現
地に状況を確認することで一目瞭然となる。対象物件がマンションであれば、
管理人が常駐しているか、ゴミの捨て方はどうかといったことのほか、ポス
トを確認することで空室が多いかどうかといったことについても把握するこ
とができる。また、対象物件たるマンションの室内に入ることができなかっ
たとしても、トイレや風呂の配置やリビングの日当たり等を知ることはでき
るし、場合によっては、管理人からマンションの図面を確認させてもらうこ
とができるかもしれない。

　競売物件は、不動産業者が仲介する物件ではないため重要事項説明は実施
されない。全ては自己責任となるため、念には念を入れて調査をすることが
必要となろう。

6　競売物件の情報収集

⑴　裁判所で得られる情報

ア　3点セット等の情報

　裁判所では、閲覧期間内に物件明細書、現況調査報告書、評価書のいわゆ

る３点セットを閲覧・謄写することができる。閲覧期間は、各裁判所で異なるが、東京地方裁判所民事執行センターでは、物件明細書等閲覧室において、売却される不動産に関する３点セットが、通常、入札期間が始まる日の15日前から入札期間終了まで備え置かれるものとされている（https://www.courts.go.jp/tokyo/saiban/minzi_section21/kaiuketetuzuki_fudousan/index.html）。

また、裁判所が運営する不動産競売物件情報サイト「BIT」（http://bit.sikkou.jp）では、閲覧期間中であれば、３点セットをインターネットで取得することができる。「BIT」では、３点セットのほか、売却結果や売却スケジュールを確認することができ、過去のデータを検索することもできる。ただし、「BIT」に公開されない物件もある。

東京地裁では、競売を取り扱う民事21部が「インフォメーション21」というサイト（https://www.courts.go.jp/tokyo/saiban/minzi_section21/index.html）を運営しており、執行手続や必要書式等を確認できる。

イ　競売記録の閲覧・謄写

競売事件について、利害関係を有する者（申立人、債務者、連帯保証人、配当要求した債権者など）であれば、競売記録の閲覧・謄写を請求することができる（民執17条）。一般に公開されている３点セット以外の情報を取得することができるため、必要があれば、競売記録の閲覧・謄写を行って、情報を収集することができる。

ウ　新聞、インターネットから得られる情報

裁判所の競売物件情報は、新聞によっても情報収集することができる。ただし、概要しか掲載されていないため、詳細を確認するには裁判所の３点セットなどの確認が必要となる。

また、インターネットを活用して情報収集することもできる。例えば、アットホーム株式会社のホームページ（https://kankocho-athome.jp/）では、競売物件の情報に加えて、公売物件や国・公有財産売払物件の情報も確認することができる。

いずれにせよ、これらから得られる競売物件情報は、裁判所で閲覧できる３点セット（現況調査報告書・物件明細書・評価書）のダイジェスト版であるから、その詳細は、裁判所で閲覧して確認する必要がある。

7　財産開示手続

(1)　概　要

　財産開示手続とは、債権者が債務者の財産に関する情報を取得するため、債務者(開示義務者)を裁判所に出頭させて財産状況を陳述させる手続である。

　財産開示手続は、債権者が債務者の財産の全てを任意に特定することが困難であるがために、金銭債権について判決等の債務名義を取得しても、差押等強制執行により債権が十分に満足できず権利の実現ができない事態が多くみられたことを踏まえ、このような事態を解消すべく平成15年の民事執行法改正により設けられた制度である。令和2年4月1日に施行された民事執行法の改正により、申立権者が拡大されるとともに罰則が強化されたことで、その実効性が格段に高まり、債権者の権利実現のための債務者財産調査の有用な手段の一つとして再認識されるようになった。

(2)　申立権者

ア　執行力のある債務名義の正本を有する金銭債権の債権者

　執行力のある債務名義の正本を有する金銭債権の債権者は、財産開示手続の申立てを行うことが可能である（民執197条1項）。具体的な債務名義の種類は、以下のとおりである（民執22条）。

　　①確定判決（1号）

　　②仮執行宣言付判決（2号）

　　③抗告によらなければ不服を申し立てることができない裁判（3号）

　　④仮執行宣言付損害賠償命令（3号の2）

　　⑤仮執行宣言付届出債権支払命令（3号の3）

　　⑥仮執行宣言付支払督促（4号）

　　⑦訴訟費用額・執行費用額の確定処分（4号の2）

　　⑧執行証書（5号）

　　⑨確定した執行判決のある外国判決（6号）

　　⑩確定した執行決定のある仲裁判断（6号の2）

実践編　第12章　民事保全・民事執行関係

⑪確定した執行等認可決定のある暫定保全措置命令（6号の3）

⑫確定した執行決定のある国際和解合意（6号の4）

⑬確定した執行決定のある特定和解（6号の5）

⑭確定判決と同一の効力を有するもの（7号）

　⑭については、和解調書（民訴267条）、破産債権者表（破124条3項、221条1項）等がある。

　また、債務名義に執行力があることが必要であることから、これらの債務名義に原則として執行文が付与されていることが必要である。

イ　債務者の財産について一般の先取特権を有することを証する文書を提出した債権者

　一般の先取特権者（民306条参照）は、債務者の総財産からの優先弁済権が認められており、その存在を証する文書を提出することで強制執行を申し立てることが認められているから（民執181条1項4号、193条1項等）、当該債権者には、財産開示手続の申立権が認められている（民執197条2項）。

　申立てにあたっては、共益費用（民306条1号）、雇用関係（民306条2号）、葬式の費用（民306条3号）、日用品の供給（民306条4号）によって債権が生じたことを示す資料を提出することが必要となる。

(3)　申立ての要件

ア　強制執行を開始することができること（執行力のある債務名義の正本を有する債権者による申立ての場合。民執197条1項但書）

　財産開示手続の申立てには、一般的な強制執行における執行開始要件（民執29条ないし31条）を具備していることが必要である。

　そのほか、個別法において定められた強制執行及び財産開示手続を行うことができない場合（破249条、民再123条3項、会更134条3項、会社515条等）に該当しないことを要する。

イ　一般の先取特権を実行することができること（一般の先取特権を有する債権者による申立ての場合。民執197条2項）

　個別法において定められた財産開示手続を行うことができない場合（破

332

249条、民再123条 3 項、会更134条 3 項、会社515条等）に該当しないことを要
する。

**ウ　①強制執行又は担保権の実行における配当等の手続（申立ての日より
6 箇月以上前に終了したものを除く。）において、申立人が当該金銭債
権（被担保債権）の完全な弁済を得ることができなかったこと、又は、
②知れている財産に対する強制執行（担保権の実行）を実施しても、申
立人が当該金銭債権（被担保債権）の完全な弁済を得られないことの疎
明があったこと**

財産開示手続には、①強制執行又は担保権の実行における配当等の手続（財
産開示の申立ての日から 6 箇月以上前に終了したものを除く。）において、当該
金銭債権（被担保債権）の完全な弁済を得ることができなかったこと（民執
197条 1 項 1 号及び 2 項 1 号）、又は、②知れている財産に対する強制執行（担
保権の実行）を実施しても、当該金銭債権（被担保債権）の完全な弁済を得ら
れないことの疎明があったこと（民執197条 1 項 2 号及び 2 項 2 号）の、いず
れかの要件の充足が必要である。

②については、債権者が、債権者として通常行うべき調査を行った結果、
知れている財産がどれだけ存在するのか、そしてそれらの財産に対する強制
執行（担保権の実行）を実施しても、請求債権の完全な弁済を得られないこ
とを具体的に主張する必要がある。また、その疎明資料として、債務者の資
産であることが確認できる資料やその評価額に関する資料を提出する。例え
ば、不動産の場合は不動産登記簿謄本（不動産登記事項証明書）や固定資産
評価証明書、不動産会社の査定書等、預貯金の場合は弁護士会照会による金
融機関からの回答書や第三債務者からの陳述書等が考えられる。

**エ　債務者が申立ての日前 3 年以内に財産開示期日においてその財産を開
示した者でないこと（民執197条 3 項）**

本要件は、債権者が積極的に立証する必要はないと解されている。ただし、
裁判所が実施決定を出す前に、当該債務者が過去 3 年内に全部の財産を開示
したことが明らかになった場合には、債権者において、一部の財産の非開示
（ 1 号）、新たな財産の取得（ 2 号）又は雇用関係の終了（ 3 号）を立証する

実践編　第12章　民事保全・民事執行関係

必要が生じ、その立証がなければ申立ては却下されることとなる。

⑷　**申立手数料（収入印紙）**

　2,000円（民訴費3条別表第1の11の2イ）

　なお、同一の債務名義に複数の債務者が記載されている場合であっても、財産開示手続の性質上、債務者ごとに別事件として申し立てる必要がある。

　そのほか、各裁判所所定の予納金（郵送料）を納付する。

⑸　**管轄裁判所**

　債務者の現在の住所地を管轄する地方裁判所の専属管轄である（民訴4条、民執196条、19条）。

⑹　**申立添付書類**

　ア　すべての申立て共通

　　a　当事者が法人の場合

　商業登記事項証明書、代表者事項証明書等（申立人は2箇月以内、債務者は1箇月以内に発行されたもの）

　　b　代理人による申立ての場合

　弁護士：委任状

　許可代理人：代理人許可申立書、委任状、代理人と本人との関係を証する書面（社員証明書等）

　　c　債務名義上の氏名又は名称及び住所について、変更又は移転がある
　　　場合

　住民票、戸籍謄本、戸籍の附票、履歴事項証明書、閉鎖商業登記事項証明書等

　　d　申立の各要件を立証する証拠書類

　イ　執行力のある債務名義の正本を有する金銭債権の債権者

　　①　執行力のある債務名義の正本

　　②　①の送達証明書

　　　　　　　　　　　　　　　　　　　　　　　7　財産開示手続

③　債務名義が更正されている場合は、その決定正本

④　③の送達証明書

⑤　債務名義が家事審判の場合は、その確定証明書

⑥　その他執行開始要件を備えたことの証明を要する場合は、その証明
　文書

⑦　債務名義等還付申請書（受書を含む。）

⑧　上記①〜⑦の写し各1通

ウ　一般の先取特権を有する債権者

一般の先取特権を有することの証明文書

(7)　財産開示手続の流れ

　財産開示手続の申立てが要件を満たすものとして実施決定がなされると、
債務者は財産開示決定について不服申立（執行抗告）を行うことができる（民
執197条5項）。不服申立期間（財産開示実施決定正本が債務者に送達されてから
1週間。民執10条2項。）経過後、財産開示実施決定が確定する。

　財産開示実施決定が確定すると、通常、1か月程度後に財産開示期日が指
定される。債務者（開示義務者）の財産目録提出期限が財産開示期日前の一
定時期に指定され、提出された財産目録は、申立人を含む一定の者が、財産
開示期日前においても閲覧、謄写することができる（民執201条）。

　申立人（代理人）の財産開示期日への出頭は必要的ではないが、出頭した
場合、執行裁判所の許可を得て、開示義務者に対し質問することができる（民
執199条4項）。事前に質問書の提出を求められることがあり、根拠のない探
索的な質問や債務者を困惑させる質問は許可されない。

　財産開示期日に開示義務者が出頭しなかった場合、財産開示手続は終了する。

　なお、財産開示手続後に第三者からの情報取得手続（民執204条以下）を予
定する場合は、裁判所に財産開示期日が実施されたことの証明書を申請して
おく。

　　　　　　　　　　　　　　　　　　　　　　　　　　　　　　　335

実践編　第12章　民事保全・民事執行関係

(8)　罰　則

　開示義務者（債務者）が、財産開示期日に正当な理由なく出頭せず又は宣誓を拒んだ場合、あるいは、財産開示期日において宣誓したうえで正当な理由なく財産に関する陳述を拒み又は虚偽の陳述をした場合に、6月以上の懲役又は50万円以下の罰金が法定されている（民執213条1項5号、6号）。

　また、債権者の立場でも、開示された財産情報を当該債務者に対する債権の本旨に従って行使する目的以外のために利用・提供した場合には30万円以下の過料の罰則がある（民執202条、214条）。

8　第三者からの情報取得手続

(1)　概　要

　第三者からの情報取得手続とは、債務者の財産に関する情報を債務者以外の第三者から提供してもらう手続である。

　財産開示手続と同様、債権者の権利実現の実効性確保のために設けられた制度で、令和2年4月1日に施行された民事執行法の改正により創設された。

(2)　取得の対象となる情報

ア　不動産に関する情報

　債務者名義の不動産（土地・建物）の所在地や家屋番号

イ　給与（勤務先）に関する情報

　債務者に対する給与の支給者（債務者の勤務先）

ウ　預貯金に関する情報

　債務者の有する預貯金口座の情報（支店名、口座番号、額）

エ　上場株式、国債等に関する情報

　債務者名義の上場株式・国債等の銘柄や数等

　なお、取得した情報は、当該債務者に対する債権の本旨に従って行使する目的以外のために利用・提供することはできず、これに違反した場合には罰則がある（民執210条、214条）。

336

8　第三者からの情報取得手続

⑶　申立権者

ア　執行力のある債務名義の正本を有する金銭債権の債権者（民執205条1項1号、207条1項本文）

具体的な債務名義の種類は、民事執行法22条に規定がある。ただし、給与に関する情報についての申立権者は、民事執行法151条の2第1項各号に掲げる義務（養育費や婚姻費用等）に係る請求権又は人の生命若しくは身体の侵害による損害賠償請求権について執行力のある債務名義の正本を有する債権者（民執206条1項本文）に限られる。

イ　債務者の財産について一般の先取特権（民306条）を有することを証する文書を提出した債権者（民執205条1項2号、207条2項）

申立てにあたっては、共益費用（民306条1号）、雇用関係（民306条2号）、葬式の費用（民306条3号）、日用品の供給（民306条4号）によって債権が生じたことを示す資料を提出することが必要となる。ただし、給与に関する情報については、一般先取特権を有する債権者が取得できる情報からは除かれる（民206条参照）。

⑷　第三者

ア　不動産に関する情報

法務省令で定める登記所（各不動産を管轄する法務局）

イ　給与等に関する情報

a　市町村（特別区を含む）

b　厚生年金を扱う団体

具体的には、日本年金機構、国家公務員共済組合（裁判所共済組合、法務省共済組合、日本郵政共済組合等）、国家公務員共済組合連合会、地方公務員共済組合（都職員共済組合（東京都の職員及び特別区の職員）、地方職員共済組合（道府県の職員等）、公立学校共済組合（公立学校の職員）、警察共済組合（都道府県警察の職員及び警察庁職員）及び全国市町村職員共済組合連合会傘下の各共済組合（市町村の職員）等）、全国市町村職員共済組合連合会又は日本私立学校振興・共済事業団等が挙げられる。

337

実践編　第12章　民事保全・民事執行関係

　国家公務員共済組合について、債務者の所属が分からない場合は、国家公務員共済組合連合会を第三者とすることが考えられる。また、債務者が市町村の職員である場合は、全国市町村職員共済組合連合会を第三者とすることも考えられる。

ウ　預貯金に関する情報

　銀行等（銀行、信用金庫、信用金庫連合会、労働金庫、労働金庫連合会、信用協同組合、信用協同組合連合会、農業協同組合、農業協同組合連合会、漁業協同組合、漁業協同組合連合会、水産加工業協同組合、水産加工業協同組合連合会、農林中央金庫、株式会社商工組合中央金庫又は独立行政法人郵便貯金簡易生命保険管理・郵便局ネットワーク支援機構）

　外国銀行を第三者とする場合は、日本国内の支店の記載がある資格証明書の提出が必要となる。

エ　上場株式、国債等に関する情報

　振替機関等（社債、株式等の振替に関する法律2条5項に規定する振替機関等）

　すなわち、口座管理機関（社債、株式等の振替に関する法律2条4項）である証券会社等の金融商品取引業者や銀行等が第三者となる。

　なお、株式会社証券保管振替機構及び日本銀行については、債務者が証券会社等の金融機関でない法人又は個人の場合、申立てをしても情報は得られないようである。

(5)　申立ての要件

ア　強制執行を開始することができること（執行力のある債務名義の正本を有する債権者による申立ての場合。民執205条1項但書、206条1項但書、207条1項但書）

　第三者からの情報取得手続の申立てには、一般的な強制執行における執行開始要件（民執29条ないし31条）を具備していることが必要である。

　そのほか、個別法において定められた強制執行及び第三者からの情報取得手続を行うことができない場合（破249条、民再123条3項、会更134条3項、会社515条等）に該当しないことを要する。

338

8 第三者からの情報取得手続

イ　一般の先取特権を実行することができること（一般の先取特権を有する債権者による申立ての場合。民執205条1項2号、207条2項）

　個別法において定められた財産開示手続を行うことができない場合（破249条、民再123条3項、会更134条3項、会社515条等）に該当しないことを要する。

ウ　申立て前3年以内に財産開示期日を実施していること（不動産に関する情報及び給与に関する情報のみ）

　不動産に関する情報及び給与に関する情報を対象とする情報取得手続は、財産開示期日から3年以内に限り申し立てることができる（民執205条2項、206条2項）。そのため、財産開示期日における手続が実施されたことを立証する必要がある。財産開示手続の管轄裁判所に申請することで証明書を取得することが可能である。

エ　①強制執行又は担保権の実行における配当等の手続（申立ての日より6箇月以上前に終了したものを除く。）において、申立人が当該金銭債権（被担保債権）の完全な弁済を得ることができなかったこと、又は、②知れている財産に対する強制執行（担保権の実行）を実施しても、申立人が当該金銭債権（被担保債権）の完全な弁済を得られないことの疎明があったこと

　第三者からの情報取得手続には、①強制執行又は担保権の実行における配当等の手続（財産開示の申立ての日から6箇月以上前に終了したものを除く。）において、当該金銭債権（被担保債権）の完全な弁済を得ることができなかったこと、又は、②知れている財産に対する強制執行（担保権の実行）を実施しても、当該金銭債権（被担保債権）の完全な弁済を得られないことの疎明があったことの、いずれかの要件の充足が必要である（民執205条1項本文、206条1項本文、207条1項本文）。

　②については、債権者が、債権者として通常行うべき調査を行った結果、知れている財産がどれだけ存在するのか、そしてそれらの財産に対する強制執行（担保権の実行）を実施しても、請求債権の完全な弁済を得られないことを具体的に主張する必要がある。また、その疎明資料として、債務者の資産であることが確認できる資料やその評価額に関する資料を提出する。例え

339

実践編　第12章　民事保全・民事執行関係

ば、不動産の場合は不動産登記簿謄本や固定資産評価証明書、不動産会社の
査定書等、預貯金の場合は弁護士会照会による金融機関からの回答書や第三
債務者からの陳述書等が考えられる。

(6)　申立手数料等（収入印紙）

　申立て1件につき1,000円（民事訴訟費用等に関する法律第3条別表第1の16）

　第三者の数は手数料に影響しないが、同一の債務名義に複数の債務者が記
載されている場合であっても、債務者ごとに別事件として申し立てる必要が
ある。そのほか、各裁判所所定の予納金（郵送料）を納付する。

(7)　管轄裁判所

　原則として、債務者の現在の住所地を管轄する地方裁判所である（民執
204条、民訴4条）。

(8)　申立添付書類

　第三者が法人である場合には、1か月以内に発行された商業登記事項証明
書、代表者事項証明書等が必要であるが、その他は、財産開示手続における
申立添付書類と同様である。

(9)　情報取得手続の流れ

ア　不動産に関する情報と給与に関する情報について

　情報取得の申立てが要件を満たすと判断された場合、情報提供命令が発令
され、債務者及び申立人に対して、情報提供命令正本が送付される（民執
205条3項、206条2項）。債務者は情報提供命令正本が送達されてから1週間
以内（民執10条2項）に不服申立（執行抗告）を行うことができる（民執205条
4項、206条2項）。不服申立期間経過により情報提供命令が確定する。

　情報提供命令が確定すると、第三者に対し情報提供命令正本が送付される
（民執規188条）。情報提供命令正本の送付を受けた第三者は、執行裁判所に
対し、債務者の財産情報を書面で提供する（民執208条1項）。提出期限の法

340

令上の定めはないが、基本的には、2週間程度が一つの目安である。ただし、第三者の状況等によっては、回答に相当の時間を要する場合がある。

第三者が作成した情報提供書の写しは、執行裁判所を経由して又は第三者から直接、申立人に送付される（民執208条、民執規192条2項）。

第三者から執行裁判所に情報提供書が届くと、執行裁判所は、債務者に対し、情報提供命令に基づいて財産情報が提供されたとの通知をする（民執208条2項）。通知書は、第三者から（第三者が2人以上いる場合は、最後の）情報提供書が提出された後1か月が過ぎた時点で送付される。

イ　預貯金に関する情報と上場株式、国債等に関する情報について

情報取得の申立てが要件を満たすと判断された場合、情報提供命令が発令され、第三者及び申立人に対し、情報提供命令正本が送付される（民執規188条）。

情報提供命令の正本が第三者に送達されて以降の手続きは、前項の不動産に関する情報と給与に関する情報の場合と同様である。

⑽　既存の情報取得手続との差異

民事執行法に基づく第三者からの情報取得手続が創設される以前から、執行力のある債務名義を有する債権者には、金融機関等の第三者から情報取得する手段として、弁護士会照会（弁護23条の2）の方法が利用されてきた。弁護士会照会は、弁護士に事件を委任しなければ利用できないほか、第三者が回答を拒否するケースも多く見られた一方、民事執行法に基づく第三者からの情報取得手続は、弁護士への委任が不要であるほか手数料も比較的安価なうえ、裁判所という司法機関から情報提供命令がなされるという利点がある。もっとも、弁護士会照会は、照会の審査をする弁護士会から債務者に対し通知はなされないのに対し、第三者からの情報取得手続きは、裁判所から情報提供後に必ず債務者に通知がなされるという違いがあり、この点も考慮して、いずれの手続きを選択するかを検討する必要がある。

341

事項別索引

【A-Z】

DNA鑑定　59
　——の方法　60
DNAフィンガープリント法　60,63
GPS　95
IPアドレス　80,94
MCT118法　60,61
PCR法　60
PDF保存　75
SNS　96
STR法　60

【あ行】

悪意の遺棄　286
アジャスター　164
アポスティーユ　69
医学文献の調査　169
囲繞地通行権　156
遺言者の意思能力　309
遺言者の真意　309
遺言書検索システム　308
遺言書作成の時期　309
遺言信託　307
遺言書の筆跡　308
慰謝料請求　291
意匠権侵害訴訟　251
意匠公報　252
意匠登録原簿の認証付謄本　252
逸失利益　165
違法配当　222
医療過誤　166

印影の鑑定　58
イン・カメラ手続　119
印鑑証明　16
印鑑登録の方法　17
インターネット上の記事　173
ウェブサイト　95
訴えの提起前における照会　108
訴えの提訴前の証拠収集処分　109
営業秘密に係る不正行為　262
閲覧（民事裁判記録の）　42
音声データ　91

【か行】

外国人登録　18
外国で作成された文書の署名認証　70
外国における戸籍謄・抄本に代わる書類
　66
外国法人の日本支店に係る認証　70
外国法令　38
改製原戸籍　13
改製原住民票　15
過去の法令の調査　37
火災保険　228
家事審判事件の閲覧・謄写　44
家事審判事件の記録　44
家事調停事件の閲覧・謄写　47
家事調停事件の記録　46
課税処分取消訴訟　276
各階平面図　4
割賦販売　181
株式の相場　26
株主総会関係訴訟　217

事項別索引

株主総会議事録 218
株主総会決議取消訴訟の証拠収集 217
仮差押え 313
仮処分手続の流れ 77
仮の地位を定める仮処分 315
カルテ 165, 166, 213
鑑定 56
企業倒産 195
技術的制限手段に対する不正行為 266
基準地価 24
規制区域、規制基準値に関する資料 147
キャッシュ 96
休業損害 165
給与等に関する情報 337
給料仮差押え 314
境界確定訴訟 149
行政不服審査制度 269
業務過重性に関する資料 210
業務起因性 207
協力医からの助言 169
虚偽の事実 268
近隣建物などに関する私人間の訴訟 159
空中写真 152
クーリングオフ 182
クレサラ関係 192
刑事裁判記録 49
刑事の確定記録 38
刑事不起訴事件記録 50
係争物に関する仮処分 314
形態模倣商品を譲渡等する行為 261
建築計画の概要に関する資料 145
競売記録の閲覧・謄写 330

競売物件の情報収集 329
欠陥 177
結合商標 244
限界利益説 245
現況調査報告書 327
献金 189
現行法令の調査 36
原告が土地・建物の所有権を有している
　ことの立証 127
現在事項証明書 6
現在証明書 9
検索エンジン 96
原産地、品質等誤認惹起行為 267
建築関係訴訟 157
建築基準法の規定する行政処分に関する
　訴訟 157
限定提供データに係る不正行為 265
現場の状況 164
後遺障害診断書 165
後遺障害の等級 165
公課証明書 24
公示価格 23
公証人による私署証書の認証 69
公図 4, 151
公正証書 28
公知・周知意匠 254
交通事故 161
交通事故証明書 161
公道 153
抗弁権の接続 181
公務災害 208
公務災害認定請求書 210
国際ロマンス詐欺 88
国税不服審判所に提出した書類の還付請

343

求　279
古写真　151
戸籍　12
　——の附票　15
戸籍抄本　12
戸籍謄本　12
戸籍謄本・抄本の交付請求　12
古地図　151
固定資産課税台帳　25
固定資産税路線価　24
古文書（地境証文）　151
婚姻届の偽造　298
婚姻費用分担請求　296
婚姻無効　297
婚姻・離婚無効確認訴訟　297
コンテンツプロバイダ（CP）　72
混同惹起行為　258

【さ行】

サーバー管理者の調査　73
災害現認報告書　210
債権仮差押え　314
債権者一覧表　192
債権譲渡の登記制度　7
財産開示手続　331
財産分与請求　288
財産分与の割合　289
裁判記録等の調査　42
債務者の詐害意思　201
債務名義　321
在留カード　19
詐害行為　199, 201
詐害行為取消関係訴訟　199
詐害行為取消権　200

先物取引　183
査証制度　237
査証手続　237
査定図　154
残業の成果物　211
評価証明書　24
敷金返還請求訴訟　133
事件番号　43, 46, 48
時刻日影図　145
事故現場の写真撮影　178
事故現場の図面作成　178
事故情報収集制度報告書　179
事故態様の立証　161
事実実験公正証書　28
地震保険　228
実印　17
実況見分調書　179
実勢価格　22
私的独占　271
私道　153
私道関係訴訟　153
自動車の登録事項等証明書　8
自筆証書遺言　306
借地・借家訴訟　131
写真　91, 151
宗教団体　187
　——に関する紛争　187
　——の発行物　188
宗教法人登記簿謄本　188
住所・氏名の開示を求める手続　82
住宅用家屋証明書　24
住民基本台帳　14
住民票　14
受益者・転得者の悪意　202

344

事項別索引

主治医、大学教授の意見書　213

出願包袋　232

出願書類（包袋記録）　241

受忍限度の判断要素　144, 147

商業登記簿謄本　220

商業・法人登記　5

消去禁止命令　86

証券取引　183

証拠保全　105

　　──の手続　106

証拠保存の必要性　73

証拠保存の方法　73

詳細証明書　10

上場株式　26

上場株式、国債等に関する情報　338

使用相応数量　246

譲渡数量　245

少年事件記録　54

商標権侵害訴訟　238

商標公報　241

商標登録原簿　240

商標の類否　244

情報公開制度　102

情報公開法に基づく開示請求手続　103

将来の法令の調査　37

所轄警察署への協力要請　318

除票　15

署名の認証の意義　68

所有権の保存の登記　141

親権者・監護者の指定　293

診断書　213

新聞・雑誌・書籍等の出版物　172

信用毀損行為　267

診療記録　167

スクリーンショット等による画像保存
　74

スポーツ事故　175

清算的財産分与　288

政治団体名簿　319

生死不明　286

製造物責任　177

製品の鑑定　180

製品の保管　178

生命保険　226

接続プロバイダ　72

宣誓認証　29

船舶原簿等　11

船舶登記簿　11

船舶の公示方法　10

船舶の登記簿・登録原簿　10

占有移転禁止の仮処分　124

占有者　123

　　──の調査　123

占有認定　324

騒音測定資料　147

騒音訴訟　146

総会検査役の調査報告書　218

増改築許可申立て　136

相続財産の調査　303

相続放棄・限定承認の有無の調査　310

相続放棄・限定承認の申述受理証明書
　311

送達証明書　321

相場のない株式　26

測量図　151

その他婚姻を継続し難い重大な事由
　286

345

事項別索引

【た行】

退去強制令書発付処分等取消訴訟　280
第三者からの情報取得手続　336
代表者事項証明書　7
代理人　268
代理人等の商標冒用行為　268
多段プロバイダへの開示請求　76
建物収去（退去）土地明渡請求　125
建物図面　4
建物の設計・建築請負に関する訴訟
　159
知財調停　242
地積測量図　4
駐日外国領事による認証　69
調査嘱託　112, 227
調停前置主義　284
著名表示冒用行為　260
治療関係費　164
賃金仮払仮処分　316
賃借権譲渡・土地転貸許可申立て　135
賃料増減額請求訴訟　134
通行権の時効取得　156
通行地役権　155
通信記録の保存措置　80
提供命令　86
提供命令の手続の流れ　85
手形・小切手訴訟　223
デジタルカメラ　90
テレビ、ラジオ　172
電子内容証明郵便　34
電子メール　93
動画保存　75
登記関係訴訟　137

登記・供託オンラインシステム　4, 6
登記事項証明書　3, 6
登記情報交換サービス　3, 6
登記手続請求訴訟　139
登記簿謄本等の取寄せ方法　3, 6
登記簿の附属書類　4, 7
動産譲渡の登記制度　8
等時間日影図　145
投資詐欺　88
当事者照会　111
謄写（民事裁判記録の）　43
同種事故情報　179
登録型サイトへの開示請求　75
道路使用許可　319
道路台帳　154
独占禁止法　271
特徴記載書　253
特定数量　250
匿名型サイトへの開示請求　76
土地建物に関する図面　144
土地・建物の明渡請求訴訟　123
土地登記簿謄本　151
特許登録原簿謄本　232
特許権侵害訴訟　230
特許公報　232
特許情報プラットフォーム　232
ドメイン名に係る不正行為　266
ドライブレコーダー　163
取引履歴　193

【な行】

内容証明の出し方　33
内容証明郵便　33
名寄帳　25

346

事項別索引

日照・通風訴訟　144

日本商品先物振興協会　186

日本商品先物取引協会　185

入信に関するトラブル　190

年金分割　292

除かれた戸籍　13

【は行】

配達証明郵便　35

破産手続開始申立書の添付書類　195

発信者情報開示命令　86

　　――の手続の流れ　84

発信者情報が開示された後の手続　83

判例等の調査方法　37

被害者参加対象事件の不起訴記録　50

被害者等以外の者による閲覧謄写請求
　55

被害者等による閲覧謄写請求　54

日影規制図　145

非上場株式　26

筆跡鑑定　56

　　――の方法　57

ビデオカメラ　92

誹謗中傷の投稿　72

被保全権利　201, 313, 314

　　――の存在　78

被保全債権　199

評価書　327

評価証明書　24

ビラ・チラシ　172

フィルムカメラ　90

不公正な取引方法　271

不受理申出制度　299, 302

不正競争行為の類型　256

不正競争防止法関係訴訟　256

物件明細書　328

物損　166

物品販売に関するトラブル　189

不貞行為　285

不動産価格等の調査　22

不動産登記　3

不動産登記法63条1項にいう「確定判決」
　138

不動産登記法74条1項2号の「確定判決」
　141

不動産に関する情報　336

不動産の時価・評価　22

不当な取引制限　271

不法占有の疎明　315

扶養的財産分与　291

文書送付嘱託　113

文書提出命令　114

　　――の対象となる文書　115

　　――の申立手続　118

並行輸入　249

閉鎖事項証明書　6

閉鎖登記簿の謄抄本　7

弁護士会照会制度　99

法務局における自筆証書遺言保管制度
　306

訪問販売　181

法律関係文書　115

暴力団追放運動推進センター　319

法令の調査　36

保管期間　55

保管場所　55

保険会社　164

保険金請求訴訟　226

347

事項別索引

補充性　79
保全の必要性　79

【ま行】

マイナンバー　14
マインド・コントロール　191
マンション・区分所有権関係訴訟　128
未払費用請求訴訟　130
民事介入暴力　317
民事介入暴力事件に関わる保全処分
　317
民事介入暴力被害者救済センター　318
民事裁判記録　42
民事執行法上の保全処分　324
民事執行申立手続　321
民事の確定記録　38
民事法務協会　5, 8
名刺　320
名誉毀損　171
目撃者　164
　——の特定のための情報の提供　53

【や行】

有価証券報告書及び添付書類　221
養育費請求　294
養子縁組届の偽造　301
養子縁組無効確認訴訟　300
用途地域図　145
預貯金に関する情報　338

【ら行】

離婚事件　284
離婚届の偽造　299
離婚無効　297

利息制限引き直し計算表　194
履歴事項証明書　6
ルールの調査　175
レセプト　164
レッドブック　166
レントゲンフィルム　165
労働関係訴訟　204
労働災害　208
　——に関する訴訟　207
労働審判手続　214
労働審判の対象　215
録画データ　92
ログファイル　94
ログ 保存仮処分　81
路線価　23

348

裁判例年月日別索引

大 9. 2.25大判（民録26-152） 125

大11. 9. 2大判（民集1-448） 300

大15. 6.23大判（民集5-536） 141

昭11. 3.10大判（民集15-695） 150

昭23.12.23最一小判（民集2-14-493） 300

昭30.12.26最三小判（判時69-8） 156

昭31. 3.22東京地判（下民集7-3-726） 140

昭32. 9.17最三小判（民集11-9-1555） 139

昭34. 1. 8最一小判（民集13-1-1） 127

昭34. 6.25最一小判（民集13-6-779） 126

昭35. 4. 7最一小判（民集14-5-751） 124

昭36. 6.27最三小判（民集15-6-1730）：
　　　　橘正宗事件　245

昭37. 3. 6最三小判（民集16-3-436） 200

昭38.11.28最一小判（民集17-11-1469） 297

昭38.12. 2札幌家審（家月16-5-163） 300

昭38.12. 5最一小判（民集17-12-1621）：
　　　　リラ宝塚事件　244

昭38.12.20最二小判（家月16-4-117） 300

昭39.11.26東京高判（高民集17-7-529） 150

昭40. 5.20東京高決（判タ178-147） 115

昭40. 8.25東京地判（判時427-41） 224

昭41. 6.23最一小判（民集20-5-1118） 174

昭43. 2.27最三小判（民集22-2-399）：
　　　　氷山印事件　244

昭43. 3. 1最二小判（民集22-3-491） 143

昭44.10.31最二小判（民集23-10-1894） 297

昭45. 3.26最一小判（民集24-3-165） 112

昭46. 3.30最三小判（判時628-52） 142

昭46.11.25最一小判（判時655-26） 143

昭49. 1.23東京高判（東高民事報25-1-7） 155

昭50. 2.24東京地判（判時789-61） 114

昭51. 1.28東京地判（判タ340-233） 156

昭51. 9.29東京地判（労民集27-5-489） 316

昭51.11.12最二小判（判時837-34）：
　　　　熊本地裁八代支部廷吏事件　212

昭52. 7.12最三小判（判時867-58） 201

昭52. 7.15東京高判（判時867-60） 92

昭52.11.21最二小判（裁判集民122-239） 310

昭52.12.19最二小決（刑集31-7-1053） 117

昭54.11.29東京高判（判タ408-86） 201

昭55. 5. 8東京高判（判時967-69） 300

昭55. 8.29奈良地判（判時1006-90） 156

昭56. 4.16最一小判（刑集35-3-84） 174

昭56. 4.17東京地判（判時1018-89） 202

昭56. 9.21東京高判（判時1020-43） 202

昭57. 1.19最三小判（裁判集民135-39） 25

昭57. 6.10東京高判（訟務月報29-1-36） 156

昭57. 8.25名古屋地判（判時1065-161） 156

昭58. 9. 8最一小判（判時1094-121）：
　　　　関西電力事件　205

昭58. 9.16最二小判（判時1093-135）：
　　　　ダイハツ工業事件　205

昭58.12.19最二小判（民集37-10-1532） 200

昭61.11.21広島地決（判タ633-221） 107

昭62. 7. 2最一小判（民集41-5-785） 276

昭62. 7.17最三小判（裁判集民151-605） 25

昭62.10. 9静岡地浜松支決（判時1254-
　　　　45）：一力一家事件　316

平元. 5. 8名古屋地判（金判821-42） 56

平元. 8.31東京地判（判時1350-87） 175

平 2.12.17大阪地判（資料版商事法務83-38） 219

平 3. 4.19最二小判(裁判集民162-489) 154

平 3. 5.14福岡地判(判時1392-126) 219

平 3. 9.13東京地判(判時1426-105) 309

平 5. 3.24仙台地判(資料版商事法務
　　　　109-64) 219

平 5.11.26最二小判(判時1502-89) 154

平 5.12.16最一小判(判時1480-146)：
　　　　アメックス事件 259

平 6. 2. 8最三小判(民集48-2-373) 125

平 6. 3.23東京高判(判時1507-133) 188

平 6. 3.24最一小判(判タ862-260) 147

平 6.11.15東京地判(判時1540-65) 176

平 6.11.28神戸地決(判時1545-75)：
　　　　加藤総業事件 316

平 7. 3. 7長野地佐久支判(判時1548-121) 177

平 7. 6.29広島高判(判タ893-251) 63

平 8. 3.14松山地今治支判(労判697-71) 191

平 8.11.25神戸地判(判タ958-272) 259

平 9. 3.11最三小判(民集51-3-1055)：
　　　　小僧寿し事件 245, 250

平 9.10.29静岡地沼津支判(公刊物未登載) 188

平 9.12.18最一小判(判時1625-41) 154

平10. 2.26東京高判(家月50-7-84) 289

平10. 6.11最一小判(民集52-4-1034) 35

平10. 6.12最二小判(民集52-4-1121) 200

平10. 9.18名古屋地判(先物取引裁判例
　　　　集25-103) 185

平10. 9.25浦和地判(判時1673-119) 176

平11. 7.13最三小判(判時1687-75) 157

平11.11.12最二小決(民集53-8-1787) 118

平12. 1.27最一小判(判時1703-131) 154

平12. 3.10最一小決(判時1711-55) 116

平12. 3.10最一小決(民集54-3-1073) 117

平12. 7.17最二小判(判タ1044-79) 64

平12. 9.14広島高岡山支判
　　　　(判時1755-93) 191

平12.10.26東京高判(判タ1094-242) 57

平12.12.14大阪地判(最高裁HP) 268

平13. 6. 8最二小判(民集55-4-727)：
　　　　円谷プロダクション事件 240

平14. 9.17東京高判(公刊物未登載) 291

平14.12. 5高松高判(最高裁HP) 104

平15. 2.27最一小判(民集57-2-125)：
　　　　フレッドペリー事件 249

平15.10.16最一小判(民集57-9-1075) 171

平15.10.31東京地判(最高裁HP) 104

平16. 2.20最二小決(判時1862-154) 116

平16. 7. 2東京地判(判時1890-127) 259

平16.11.26最二小決(民集58-8-2393) 117

平17. 7.19最三小判(民集59-6-1783) 193

平17. 7.26東京高判(家月58-5-78) 64

平17.10.14最三小決(民集59-8-2265) 117

平18. 1.13最二小判(民集60-1-1) 192

平18. 9.26東京地判(判タ1228-330) 268

平18.12.26東京地判(判時1963-143)：
　　　　バーバリー事件 249

平19. 1.30大阪高判(判時1962-78) 99, 113

平19. 2.16東京高決(金判1303-58) 275

平19.12.17東京地判(公刊物未登載) 175

平20. 3.13名古屋地判(判時2030-107) 264

平20. 7. 4東京地判(最高裁HP)：
　　　　ストッキング事件 262

平20. 9. 8最二小判(裁判集民228-561)：
　　　　つつみのおひなっこや事件 244

平20. 9.12東京地決(証券取引被害判例
　　　　セレクト32-154) 185

平21. 1.22最一小判(民集63-1-228) 304

平21. 5.15大阪高判(判時2067-42) 300

平21. 5.20東京地判(労判990-119)：
　　　渋谷労基署長事件　208
平21. 6.23東京高判(判タ1303-90)　61
平22. 3.26宇都宮地判(判時2084-157)　61
平22. 6.29知財高判(最高裁HP)　74, 96
平23. 5.26東京地判(LLI/DB判例秘書)　202
平24. 2.14知財高判(判時2161-86)：
　　　楽天市場事件　241
平24.10.24東京高判(判時2168-65)　113
平25.12.19最一小決(民集67-9-1938)　117
平26. 2.26知財高判(LLI/DB判例秘書)　261
平26. 7.17最一小判(判タ1406-59)　64
平29. 2.28最三小判(民集71-2-221)：
　　　エマックス事件　249

令 2.10.27東京地判(公刊物未登載)　156
令 2. 7.30名古屋高判(ウエストロー
　　　2020WLJPCA7309005)　144
令 3. 1.13仙台高判(判タ1491-57)　56
令 3. 5.12東京地判(公刊物未登載)　92
令 3. 6.28東京地判(LLI/DB判例秘書)　246
令 4. 2.18最二小判(判タ1498-49)　62
令 6. 3.11知財高判(最高裁HP)　249
令 6. 6.21和歌山地判(LLI/DB判例秘書)　56

裁判実務のデジタル化に対応！
証拠収集実務マニュアル　第4版

平成11年10月21日　初版第1刷発行
平成21年9月15日　改訂版第1刷発行
平成29年2月28日　第3版第1刷発行
令和7年2月25日　第4版第1刷発行

編　　集　東京弁護士会法友全期会
　　　　　民事訴訟実務研究会
発　　行　株式会社　ぎょうせい

〒136-8575　東京都江東区新木場1-18-11
URL：https://gyosei.jp

フリーコール　0120-953-431

〈検印省略〉　　ぎょうせい　お問い合わせ 検索 https://gyosei.jp/inquiry/

印刷・製本　ぎょうせいデジタル株式会社　　　　　©2025 Printed in Japan
＊乱丁・落丁本はお取り替えいたします。

ISBN978-4-324-11475-9
(5108980-00-000)
〔略号：証拠マニュアル4版〕